经济学家到底在想什么：
从亚当·斯密到凯恩斯

销量仅次于《国富论》的经济学入门书，把300年来经济学家的思想讲得趣味十足！

［美］罗伯特·L.海尔布罗纳　著
（Robert L. Heilbroner）

马林梅　译

北京日报出版社

图书在版编目（CIP）数据

经济学家到底在想什么：从亚当·斯密到凯恩斯／
(美)罗伯特·L.海尔布罗纳著；马林梅译. -- 北京：
北京日报出版社, 2024.8
　　ISBN 978-7-5477-4719-3

Ⅰ.①经… Ⅱ.①罗…②马… Ⅲ.①经济史-世界
-通俗读物 Ⅳ.①F119-49

中国国家版本馆CIP数据核字(2023)第232246号

THE WORLDLY PHILOSOPHERS
Authorized translation from the English language edition, entitled The Worldly Philosophers, updated 7th Edition, by Robert L. Heilbroner, published by Simon & Schuster, inc., publishing as Touchstone,Copyright © 1953,1961,1967,1972,1980,1922, 1999 by Robert L. Heilbroner. ALL rights throughout the world are reserved to Proprietor.

中文版权：©2024读客文化股份有限公司
经授权，读客文化股份有限公司拥有本书的中文（简体）版权
图字：01-2024-4133

经济学家到底在想什么：
从亚当·斯密到凯恩斯

作　　者：	［美］罗伯特·L.海尔布罗纳
译　　者：	马林梅
责任编辑：	王　莹
特约编辑：	吕颜冰
封面设计：	贾旻雯　　汪文景
出版发行：	北京日报出版社
地　　址：	北京市东城区东单三条8-16号东方广场东配楼四层
邮　　编：	100005
电　　话：	发行部：（010）65255876
	总编室：（010）65252135
印　　刷：	三河市龙大印装有限公司
经　　销：	各地新华书店
版　　次：	2024年8月第1版
	2024年8月第1次印刷
开　　本：	880毫米×1230毫米　1/32
印　　张：	12
字　　数：	280千字
定　　价：	79.00元

版权所有，侵权必究，未经许可，不得转载
凡印刷、装订错误，可调换，联系电话：010-87681002

第 7 版序言

我大约在 46 年前写了这本书,这是第七次修订,现在《经济学家到底在想什么:从亚当·斯密到凯恩斯》的"年龄"比我当年写书时的年龄大多了。这本书的生命周期如此之长是我始料未及的。写这本书时,我还在读研究生。在谈及第七版,也是最后一次的重要改动之前,我要先谈谈当年的写作经过。

20 世纪 50 年代初我在读研究生,那时我以自由撰稿谋生,出于需要或偶然的目的,有时我写的文章与经济学毫不沾边。由于这些文章,西蒙 & 舒斯特出版社(Simon & Schuster)的高级编辑约瑟夫·巴恩斯(Joseph Barnes)邀我共进午餐,探讨各种出书的意向,但我们没有找到一个合适的主题。当沙拉上桌时我有点失望,我想我的第一次出版商的午餐很难以达成签约收尾了。不过,巴恩斯倒没那么容易气馁。他开始询问我在新学院大学[1]的研

---

[1] New School for Social Research,于 1919 年创立,现为新学院大学(The New School),是一所位于美国纽约的高等教育机构,以人文社科研究著称。——译者注。(后文如无特别说明,脚注均为译者注。)

究生学习情况，我兴致勃勃地聊起了一门有关亚当·斯密（Adam Smith）的研讨课。这门课特别有趣，由阿道夫·洛威（Adolph Lowe）教授主讲。在甜点还没上桌时，我们都意识到，我找到了适合的写作主题。等到下一次课结束时，我兴冲冲地告诉洛威教授，我打算写一部有关经济思想史演进的著作。

洛威教授是个典型的德国学者，他惊呆了。他专断地说："你写不了这个主题！"但我坚信自己能写好，因为我生来就具备研究生的特点：既自信又无知，我在别处也写过这一点。我一边自由撰稿，一边深入研究这个主题，完成了前三章后就惴惴不安地把稿子给洛威教授过目，他读后说："你一定要写下去。"这就是大家风范（洛威教授102岁逝世，他一直是我最热心、最严厉的批评者）。在他的帮助下，我确定了要写的内容。

既然决定了书的内容，就得起个书名。我认为"经济学"（economics）这个词对提升销量没什么好处，便绞尽脑汁地想找个替代词。我的第二顿重要的午餐是与弗雷德里克·刘易斯·艾伦（Frederick Lewis Allen）共度的。他是《哈珀》（*Harper's*）杂志的编辑，对我非常友好，也给过我很多帮助，我也为他写过一些文章。其间我向他诉说了取书名的苦恼。尽管我知道"金钱"一词不太合适，但我还是对他说，我打算把书名定为《金钱哲学家》（*The Money Philosophers*）。他对我说："你的意思是'世俗的'（worldly）。"我说："这顿饭我请。"

我对《世俗哲学家》这个书名很满意，但出版商不这么想。这本书上市后令所有人惊讶的是，出版商建议把书名改为《伟大的经济学家》（*The Great Economists*）。幸好没这么做。可能他们以为，人们不太熟悉"世俗的"这个词，也确实有很多学生在作业中把它误写为"wordly"；或者他们可能预料到了一些问题，比如多年后我听说了这样一件事：一名学生在大学的书店里寻找一本书，但他记不清作者的名字，冥思苦想了好一阵后，才想起奇怪的书名，即《满是龙虾的世界》。

多年来，本书的销量超出了我的想象，还有人告诉我，它诱使成千上万毫不知情的受害者开始学习经济学课程。我不会替由此产生的痛苦经历辩解，不过听很多经济学家说他们最初之所以对经济学萌生兴趣，就是因为看了这本书所描绘的经济学愿景，我倒是感到很高兴。

这一版与之前的版本有两点不同。第一，和此前一样，重新审视文稿能使我纠正一些错误，有些错误是当初校稿时未发现的，有些错误是在书出版后的研究中发现的。借着修订的机会，我可以调整重点和阐释的内容来反映我自身观点的变化。这些变化很细微，可能只有经济学领域内的学者才能发觉，也不是重大变化，因此不值得出一个新版。

第二个变化更为重要。一段时间以来，我一直在思考是否忽略了一个把各章内容更紧密联系在一起的重要线索，而不仅仅是把思想有趣的杰出人物按时间顺序排列。几年前，我确信这样的线索隐藏在所有社会分析中不断变化的"愿景"概念中。这个想法是约瑟夫·熊彼特（Joseph Schumpeter）于 20 世纪 50 年代提出的，他是世俗哲学家中最富想象力的人之一。考虑到熊彼特本人没有把这一见解应用于经济思想史中，我希望自己多年来没有想到这一点也能得到大家的谅解。

我不想在序言中进一步讨论这种世俗哲学演变的新观点，否则，就跟在开始写推理小说之前透露剧情一样。因此，尽管我会在本书中多次提及社会愿景的作用，但直到最后一章，我才会讨论它和我们时代的关联。

这就引出了本书最后一章的内容。看过目录的读者可能已经注意到，最后一章的标题是"经济学的终结？"这看似有些奇怪。标题中的问号表明，这不是末日宣言，但它肯定意味着我们探讨的主题的性质发生了变化，至于变化是什么，我们必须等到最后才能揭晓答案。我绝没有戏弄读者的意思，我之所以这么做，是因为只有到了最后，也就是到了今天，这种变化才对经济学思想的本质和意义构成了挑战。

但这一切都还有待证明。最后，我要感谢我的读者，尤其是细心周到地向我发来订正、异议或赞同意见的学生和老师们。我希望本书将继续为那些想成为捕龙虾渔夫或出版商的读者，以及那些立志成为经济学家的勇士打开经济学的大门。

罗伯特·L.海尔布罗纳

1998年7月于纽约

目 录

第 1 章　导言　001

第 2 章　经济革命　009

第 3 章　亚当·斯密的美妙世界　039

第 4 章　马尔萨斯和李嘉图的悲观预测　077

第 5 章　乌托邦社会主义者的梦想　111

第 6 章　马克思的无情体系　147

第 7 章　维多利亚时代的世界与经济学的地下世界　187

第 8 章　凡勃伦眼中的野蛮社会　237

第 9 章　凯恩斯的异端学说　277

第 10 章　熊彼特的自相矛盾　323

第 11 章　经济学的终结?　349

延伸阅读指南　362

作者简介　373

第 1 章

导言

第1章 导言

本书谈及的是几位声名奇特的人物。按所有学生历史教科书的标准来看,他们无足轻重:他们既不统率三军,也不掌握生杀大权,既不统治任何帝国,也很少参与历史性决策。他们之中,有几位声名赫赫,但没有一位能称得上是民族英雄;有几位声名狼藉,但没有一位被视为民族败类。然而,他们的所作所为,比那些荣耀加身的政治家的行为更具有历史意义,比军队穿梭于国境更令人惶恐不安,比国王和立法机构出于好意或恶意颁布的法令更具影响力。这一切皆因为,他们塑造和撼动了人们的思想。

他们能左右人心,比手握刀剑或权杖的人影响力更大,因此能塑造和撼动世界。他们之中,鲜有人以行动影响世人,相反,他们主要以学者的身份默默地开展工作,而且不在意世人对他们的看法。但他们的影响力是巨大的:他们可以毁灭帝国,分裂大陆;他们可以巩固政权,也可以颠覆政权;他们还可以造成阶级间的对立,甚至是国家间的对立——这并非因为他们的阴谋诡计得逞,而是因为他们的思想具有非凡的威力。

那么,他们究竟是些什么人呢?答案是,他们都是伟大的经济学家。令人奇怪的是,世人对他们知之甚少。人们通常认为,在一个深受经济问题困扰的世界里,在一个经济事务得到广泛关注和经济问题不时被谈及的世界里,大经济学家和大哲学家或政治家一样,都是家喻户晓的人物,但事实并非如此,世人对过去的大经济学家们的印象很模糊，对他们当年激烈争论的问题也持敬而远之的态度。有人说，经济学很重要，这一点无可否认，但它冷僻艰涩，因此最好把它留给那些思想深奥的人去探究。

没有比这更脱离现实的说法了。认为经济学只应由教授们探究的人忘记了这一事实：这门学科也曾让人走上街头反抗政府。读了一本经济学教科书就断言经济学枯燥无味，就跟读了一本后勤学入门书就认定兵法研究必定枯燥无味一样。

事实绝非如此。大经济学家们在探究的过程中体验到的那种兴奋和紧张是无与伦比的。与大哲学家不同，大经济学家倡导的思想会对世人的日常工作产生不小的影响；与一般的科学家不同，大经济学家提出的试行方案无法在隔离的实验室里实施。诚然，大经济学家的观念足以撼动世界，但他们的错误也足以产生灾难性的后果。

伟大的经济学家凯恩斯勋爵曾经写道："经济学家和政治哲学家的思想，无论对错，都比常人所了解的更具威力。事实上，统治了这个世界的正是它们，鲜有别的。一些实干家自认为能够免受经济学家思想的影响，但他们往往是已故经济学家的精神奴隶。那些狂妄的当权者的荒诞念头也源自若干年前某些末流学者的思想。我确信，与思想的潜移默化相比，既得利益的作用被过分夸大了。"

当然，并非所有的经济学家都这么超群绝伦。有很多经济学家著书立说，一些枯燥沉闷，一些则带着中世纪学者的那股热情劲儿钻研细节。如果说今天的经济学缺乏魅力，给人一种缺乏冒险意识的感觉，那也只能怪经济学的实践者。因为卓越的经济学家不只是在智力上追求极致的人，他们还以整个世界为主题，无畏地以愤怒的、绝望的、希望的态度来描绘世界。他们把异端观点转变为常识，把常识揭露为迷信，这无异于逐步构建起当代生活的知识结构。

　　这个奇怪群体的成员不像是注定要重塑世界的人，他们的身份让人难以想象。

　　他们之中有哲学家，有疯子，有牧师，有股票经纪人，有革命者，有贵族，有唯美主义者，有怀疑论者，还有流浪汉。他们来自各个民族，各个阶层，什么性格的都有。他们有的才华横溢，有的令人厌烦；有的喜欢讨好他人，有的则拒人于千里之外。他们中至少有三位腰缠万贯，但同样有三位穷得叮当响；有两位是杰出的商人，有一位是旅行推销员，还有一位则耗尽了家财。

　　他们对世界的看法就如同他们的财产一样千差万别——如此喜好争论的思想家群体真可谓世所罕见：一位终生倡导妇女权利，另一位则坚信女子不如男；一位认为"绅士"只是伪装的野蛮人，而另一位则认为非绅士才是野蛮人；一位堆金积玉的人主张消灭富有阶级，另一位穷困潦倒的人却反对慈善事业。一些人声称，尽管这个世界存在种种缺点，但它是所有可能的世界中最好的；而其他一些人则毕生致力于证明事实并非如此。

　　他们都曾著书立说，不过内容的驳杂程度前所未有。有一两位所著的书极为畅销，甚至为亚洲的大众所读；其他人则不得不自费出版晦涩难懂的著作，而且从未被他们圈子之外的人读过。

少数几个人写的文字让数百万人血脉偾张；其他人写的文字对世界同样重要，但让读者如堕入雾中。

因此，把他们联系在一起的既不是他们的个性、职业、偏向，也不是他们的思想。他们的共同点是都有一颗好奇心。这个世界纷繁复杂，表面看混乱无序，假装的神圣掩盖了真实的残酷，却有不为人所察觉的成就，这一切都令他们心醉神迷。他们也对周围人的行为着迷，这些人先是创造了物质财富，然后又通过损人利己的手段，从邻居创造的财富中分得一杯羹。

因此，他们可被称为世俗哲学家，因为他们试图把人类活动中最为世俗的方面——对财富的追求——纳入他们的哲学方案中。这也许不是最高雅的哲学，却是最有趣或最重要的哲学。谁会想在贫穷的家庭和即将破产的投机者身上寻找秩序与设计呢？谁会想在街上游行的暴徒和以笑脸迎客的果蔬零售商身上寻求一致的法则和原理呢？然而，大经济学家们相信，可以把这些看似不相关的线索联系起来，编织成一幅挂毯，站在足够远的距离观察，支离破碎的世界可被视为一个有序的进程，而混乱的喧嚣也会转变成和声。

这确实体现了他们对宏大秩序的信仰。然而，令人惊讶的是，事实证明他们是对的。当经济学家们把规律展现在世人面前时，穷人和投机者、果蔬零售商和暴徒就不再是被莫名其妙地推上舞台的一群不协调的演员了；无论他们是否高兴，在世人眼里，他们每个人都扮演了一个角色，都对人类戏剧的发展至关重要。当经济学家们完成使命时，原本单调或混乱的世界变成了一个有序的社会，有了意义明显的生命历程。

这种对社会历史秩序和意义的探索正是经济学的核心,因此,它也是本书的中心主题。读者不打算逐个介绍相关的原理,而是想完成一次探寻塑造历史的思想旅程。读者在旅途中不仅会遇到教师,还会遇到许多穷人、或失败或成功的投机者,还有暴民,甚至还有杂货商。读者将从大经济学家发现的社会模式的起伏中,重新发现我们所处的社会的根源。在此过程中,读者将了解大经济学家本人,不仅因为他们个性鲜明,还因为他们提出了原创的思想。

直接从第一位大经济学家亚当·斯密开始谈起可能会很方便,但斯密生活在美国独立战争时期,因此我们必须先解释这一令人困惑的事实:在斯密之前,有文字记载的历史已长达6000年了,但始终没有出现过一位居支配地位的世俗哲学家。一个奇怪的事实是,早在法老时代之前,人类就已经在处理经济问题了,在数千年的历史长河里,有大量的哲学家、科学家、政治思想家、历史学家、艺术家和政治家涌现,但为什么唯独没有经济学家呢?

我们需要用一章的篇幅来解释个中原因。在现代世界出现之前的那个存续时间更长的世界里,经济学家不仅没有必要出现,而且也不可能出现。不探讨这样的世界,我们就无法确定伟大的经济学家出现的背景。我们主要关注的是近300年以来的这一小群人,然而,我们首先必须了解他们登上历史舞台之前的世界,必须观察早期的世界如何催生了现代世界——在一场重大变革引发的动荡和剧痛中,经济学家的时代来临了。

第 2 章

经济革命

第2章 经济革命

人类从树上爬下来后，就面临着生存问题。这不是从个人层面来说的，而是从社会群体之一员的层面来说的。人类的存续就是人类成功解决了生存问题这一事实的证明。但是，即使是在最富裕的国家也长期存在匮乏和贫困，这也表明人类的生存问题并没有得到彻底解决。

虽然没有建成人间天堂，但人类也不应因此受到苛责。在这个星球上维持生计不容易。难以想象，人类第一次驯养动物、第一次发现植物种子、第一次开采矿石时付出了怎样的努力。正因为善于相互合作，人类才得以持续生存。但是，个人的生存不得不依赖同胞，这一事实令生存问题变得异常困难了。人不像蚂蚁生来就具有群居本能。相反，人似乎生来就强烈地以自我为中心。当因体质较弱而被迫寻求与他人合作时，人内心的力量会不断驱使他破坏社会合作的伙伴关系。

在原始社会里，是以自我为中心还是与他人合作要看环境。当整个社群像因纽特人一样笼罩在饥饿的阴影中时，出于确保自身生存的纯粹需求，人们通过社会合作完成日常劳作。人类学家告诉我们，在不太严酷的条件下，人们依据广为认可的规范完成日常任务，而规范是建立在血缘关系和互助互惠基础之上的。伊丽莎白·马歇尔·托马斯（Elizabeth Marshall Thomas）在她的经典著作里描述了非洲布须曼人如何按亲属、亲属的亲属次序分配一只大羚羊,直到最后"没有人比其他人吃得更多"。但高级社群缺乏这种可感知的环境压力或社会义务网络。当人们不再肩并肩地从事与生存直接相关的任务时——事实上,有2/3的人从未种过地、采过矿、盖过房子,甚至从未进过工厂——或者当建立在亲属关系之上的权利消失时,人类的延续就成了非常了不起的社会成就。

确实了不起。事实上,人类社会的存续命悬一线。现代社会面临着无数危险:如果农民种不出足够多的庄稼;如果铁路工人想当记账员,或者记账员想当铁路工人;如果想当矿工、炼铁工或读工程学的人太少——总之,在诸多相互关联的社会任务中,若有任何一项未能完成,产业生活很快就会变得混乱无序。社会每天都可能崩溃,这不是因为自然界的力量,而纯粹是因为人类的行为不可预测。

千百年来,人类只找到了三种防范这种灾难的方法。

为了确保社会的连续性,人们因袭传统,根据习俗和惯例将各种必要的任务代代相传,以子承父业的方式保护社会模式。亚当·斯密说,在古埃及"每个人都受继承父业教规的约束,如果换了职业,就会犯下最可怕的亵渎罪"。同样,印度的某些职业直到最近还是只能由特定种姓的人来从事。事实上,在许多未工业化的地区,个人从事什么职业,仍然是生来就注定的。

或者社会也可以用其他方法来解决这个问题。它可以采用专制的手段做需要的事情。古埃及的金字塔并不是因为某个富有进取心的承包人突发奇想才建造起来的,苏联的五年计划也不是因为它们恰好符合流传下来的习俗或个人利益而得以实施的。俄国和埃及都是命令式社会，撇开政治不谈，它们都是通过权威机关的法令和最高权威机关认为适宜的惩罚措施来确保自己经济上的持续生存。

长久以来，人类一直按照这两种方案中的一种来应对生存问题。只要用传统或命令的方法应对这一问题，被称为"经济学"的专业研究领域就不会产生。尽管历史上的社会呈现出惊人的经济多样性，尽管它们褒扬的政府和国王用鳕鱼干和固定的石头作货币，以最简单的共产主义模式或最仪式化的方式分配物品，但只要它们按照习俗或命令运转，就不需要经济学家解释相关的行为。在这样的社会里有神学家、政治理论家、政治家、哲学家、历史学家，但奇怪的是，唯独没有经济学家。

经济学家要等到第三种解决生存问题的方法问世时才会出现。这是一种令人惊讶的安排。根据这一安排，个人遵循一条基本的指导原则，完全以自认为合适的方式行事，就能确保整个社会持续存在。这种安排被称为"市场体系"，其指导原则看起来很简单，即人人都应该做能使自己获得最多货币收益的事情。在市场体系中，是利益的诱惑，而非传统或威权的制约，引导着绝大多数人完成自己的工作。然而，尽管每个人都可以在利益的驱使下自由地去往任何地方，但人与人之间的相互影响导致了社会任务得以完成。

正是这种看似自相矛盾、微妙、难以理解的生存问题解决方案让经济学家有了用武之地。根据这种方案，每个人只需追求自己的利益，社会就能长期存在。这种方案与简单的习俗和命令不同，背后的道理不是那么显而易见。当习俗和命令不再主宰世界时，社会上所有的工作，无论是肮脏的还是舒适的，都能被完成，这一点不太容易被人理解。当社会不再服从统治者的命令时，谁会知道结果是什么呢？

承担解释这个谜题重任的正是经济学家。但是，在市场体系这个概念被人们接受之前，是不存在什么待解之谜的。直到几个世纪之前，人们还以怀疑、厌恶和不信任的眼光看待市场体系。长期以来，世界已经习惯了传统和命令的制约，要放弃它们带来的安全感，转而遵循令人怀疑和困惑的市场体系运作模式，需要经历一次革命。

从塑造现代社会的角度来看，这是有史以来最重要的革命，比法国、美国甚至俄国革命造成的冲击还要大。为了理解它的重要性，理解它给社会带来的冲击，我们必须置身于那个遭到长久遗忘的、孕育了现代世界的更早的世界中。唯有如此，我们才能明白，经济学家为什么等了这么久才登上历史舞台。

第一站：法国。时间：1305年。

我们来到一个集市。早晨，旅行商人带着他们的护卫抵达这里，他们搭建起了华丽的条纹帐篷，然后开始与其他旅行商人以及当地居民做交易。他们出售各种各样的异国商品，包括丝绸和塔夫绸、香料和香水、皮革和毛皮等。一些商品来自地中海东部沿岸诸国和岛屿，一些来自斯堪的纳维亚，还有一些是从几百英里[1]外运来的。除了平民，当地的领主及其夫人们也常光顾这里，

---

[1] 1英里约等于1.6千米。

第2章 经济革命

借机透透风，以缓解他们无聊的庄园生活；他们很想获得来自阿拉伯国家的奇特商品，想了解异国他乡的新事物，比如阿拉伯语诗集、糖浆、关税、洋蓟、菠菜、玻璃罐子等。

但在帐篷里，我们看到了一幕奇怪的景象。桌子上的商业账簿里记载着各种事项，比如有这样一条记录："圣灵降临节[1]当日，有个人欠了10个古尔登，不过我忘了他叫什么了。"计算主要是用罗马数字完成的，而且常常算错金额。人们还不懂长除法，也不清楚如何使用零。陈列的商品琳琅满目，人们也兴致勃勃，但集市的规模很小。当时一年内通过圣哥达山口（建有历史上第一座悬索桥）进入法国的货物总量还装不满一辆现代货运列车；当时庞大的威尼斯船队所载的货物总量装不满一艘现代货轮。

下一站：德国。时间：1550年前后。

留着胡子、穿着皮衣的商人安德烈亚斯·雷夫（Andreas Ryff）正返回他位于巴登的家中。他在给妻子的信中写道，此次出行他去了30个市场，其间被马鞍灼伤，很是痛苦，但让他更痛苦的是时代造就的麻烦：在旅途中，他大约每隔10英里就会被拦截一次，只有支付了海关通行费后才会被放行；在巴塞尔和科隆之间，他总共缴费31次。

更不可思议的是，他去过的每个社区都有自己的货币、制度、法律和规则。仅在巴登一带，就有112种不同的长度单位、92种不同的面积单位、65种不同的干货计量单位、163种不同的

---

[1] 又称"五旬节"（最初是犹太人的重要节日）。

谷物计量单位和 123 种不同的液体计量单位、63 种酒类特殊计量单位和 80 种磅重单位。

继续前行：1639 年，我们来到了波士顿。

一场审判正在进行。被告名叫罗伯特·基恩，是"一位年事已高的福音传播者，一位杰出人士，家庭富有，育有一子，为行善和传播福音来到了这里"。他被控犯下了滔天大罪：用 1 先令[1]的本钱赚取 6 便士[2]的收益，这是令人发指的行为。法庭正在辩论是否应把他逐出教会，最后考虑到他过去表现清白，法庭对他做了宽大处理，罚款 200 英镑了事。但是，可怜的基恩先生却非常沮丧，他在教会长老面前"一把鼻涕一把泪地承认自己贪得无厌"。波士顿的牧师抓住这个难得的好机会，在周日布道时以基恩这个活生生的例子为由猛烈抨击了一些错误的交易原则，包括：

（1）以尽可能低的价格买入，以尽可能高的价格卖出。

（2）当部分货物在海运中受损时，提高其余商品的价格。

（3）买入价过高时，以高价卖出……

牧师喊道：这些都是错误的做法，为利逐利，会陷入贪婪的罪恶深渊。

我们再回到英国和法国。

---

[1] 英国现在不再使用先令作为货币单位。
[2] 1 英镑等于 100 便士，1 英镑约等于 9 元人民币。

第2章 经济革命

在英国，庞大的商业组织——商人冒险家公司起草了公司章程，其中规定：参与交易的商人不得使用粗俗的语言，不得争吵，不得打牌，不得饲养猎犬。任何人都不能在街上携带不雅的包裹。这确实是一家奇怪的商业公司，听起来更像是个兄弟会。

在法国，纺织行业最近涌现出了很多创新，为了消除这种易引发混乱的危险趋势，柯尔培尔[1]于1666年颁布了一项法令。自此以后，第戎和瑟隆热的织物，包括布边，一律要包含1408根丝线，不能多也不能少；在欧塞尔、阿瓦隆和另外两个制造业城镇，规定的丝线数目是1376根；在沙蒂隆是1216根。不符合规定的织物一旦被发现就会被示众，并遭受批评。当这样的布料被第三次发现时，其制造商会遭到公开批评。

对旧世界的这些描述存在一些共同点：首先，以**个人利得**为基础组织的体系是否适当（更不用说是否必要了）还没有定论。其次，独立、完备的经济世界还不能从社会环境中独立出来。现实世界与政治、社会和宗教生活密不可分，相互交织。在这两个世界分离之前，现代生活的节奏和感觉不会出现。而要使这两个世界分离，就必须经过漫长而激烈的斗争。

利得是一个比较现代的概念，这一点可能会令人感到惊讶。我们所受的教育告诉我们，人本质上是贪婪的生物，若任其随心

---

[1] 让·巴普蒂斯特·柯尔培尔（Jean Baptiste Colbert, 1619—1683），法国政治家、国务活动家，曾长期担任财政大臣和海军国务大臣。

所欲，他就会像重利的商人一样行事。我们经常被告知，逐利动机是人与生俱来的本能。

但事实并非如此，只有"现代人"才有我们所说的逐利动机。即使是在今天，在很大一部分人看来，纯粹以逐利为目的的观念也是很陌生的，而且在历史上有文字记载的大部分时期里，这一概念显然不存在。17世纪的杰出人物威廉·配第[1]爵士（他曾做过船上侍者、小贩、服装商、医生、音乐教授，还是"政治算术"学派的奠基人）声称，当工资很高时，劳动力"反而难找到，他们劳动只是为了吃饭或喝酒，行为非常放纵"。威廉爵士此言表达的不只是那个时代资产阶级的偏见。他观察到了前工业化社会中存在的一个事实：未经训练的生手不习惯于为获得工资而劳动，他们不适应工厂里的生活，没有逐步提高生活水平的观念。当工资提高时，他们不是更努力地工作，而是会减少工作时间。古埃及、古希腊、古罗马的中下层人民和中世纪的人，对于经济收益、每个人应该努力改善物质生活的观念还是很陌生的。到了文艺复兴和宗教改革运动时期，这些观念才得以传播，而且在大多数东方文明中，这些观念基本不存在。经济收益作为普遍存在的社会特征，与印刷术的发明一样时新。

不仅经济收益的概念不像我们想象的那样普遍为人所理解，而且对经济收益的社会认可来得更晚，其发展也更受限。

---

[1] 威廉·配第（William Petty，1623—1687），英国古典政治经济学之父，统计学创始人，最早的宏观经济学者。

在中世纪，教会不准基督徒经商，因为商人是扰乱社会的因素。事实上，在莎士比亚时代，普通老百姓的生活目标并不是提高生活水平，而是维持现状。即使是在清教徒祖先的眼里，也只有恶魔般的人才会把获得经济收益视为可容忍的，甚至是有用的生活目标。

当然，财富总是存在的，《圣经》里就有提及贪财之心的故事。但是，由少数权贵的财富引发的嫉妒与整个社会对财富的争夺之间存在着巨大的差异。腓尼基[1]水手中就已经有商人冒险家了，在历史的长河里，这类人的身影随处可见，包括罗马的投机者、威尼斯贸易商、汉萨同盟，以及想找到通往印度群岛航线、获取个人财富的葡萄牙和西班牙的大航海家们。但少数人的冒险与整个社会都受冒险精神驱动不可同日而语。

我们以16世纪德国的大银行家富格尔家族为例进行说明。鼎盛时期的富格尔家族拥有金矿和银矿、贸易特许权，甚至有货币铸造权，其财富远远超过国王，真可谓富可敌国，就连战争经费和王室开销都由富格尔家族资助。但当老安东·富格尔去世时，他的大侄子汉斯·雅各布拒绝接管家族庞大的银行帝国，理由是他忙于城市的生意和个人事务，无暇他顾；而汉斯·雅各布的哥哥乔治说他宁愿过平静的生活，也不愿意插手家族的银行业务；第三个侄子克里斯托弗也同样无心接管家族企业。显然，在潜在的继承人中，没有一个人认为接管家族企

---

[1] 生活在地中海东岸（相当于今天的黎巴嫩和叙利亚沿海一带的古代民族），善于航海和经商，在全盛期曾控制了西地中海的贸易。

业是值得做的事情。

　　除了有钱的国王和富格尔家族这样的富豪外，早期的资本家并不是社会的支柱，而是受到社会排斥的弃儿。在一些地方，也会出现如芬查尔的圣戈德里基那样上进的小伙子。他最初只是在海滩拾荒，依靠从沉船中收集残存的物品度日，后来他成了一名商人。在发财之后，他却过起了隐居生活。不过，像他这样的人屈指可数。俗世生活只是实现永生的先行阶段，只要这一思想还是主流，商业精神就不会被鼓励，也不会自行滋长。国王们想获得财富，为此他们发动了战争；贵族们想获得领地，有自尊心的贵族都不愿卖掉祖先的领地，这也需要通过战争实现。但大多数人，包括农奴、乡村工匠，甚至制造业行会的师傅，都希望子承父业，延续上一辈人的生活。

　　在10~16世纪的奇特世界里，逐利理念还不是日常生活的指导原则，事实上，教会对这一理念大泼脏水，这与亚当·斯密之前一两个世纪的那个世界（已类似于现代世界了）存在着巨大的差异，但二者之间还存在着更加根本性的区别。"赚钱谋生"的思想尚未形成，经济生活和社会生活还是一回事。工作还不是达到目的的手段——目的是获得金钱及其买到的东西。工作本身就是目的，当然工作也能获得金钱和商品，但工作是传统的一部分，是一种自然的生活方式。简言之，现代意义上的"市场"这一伟大的社会发明尚未出现。

　　市场很早之前就已经存在了。泰勒阿马尔那石碑上记载了公元前1400年埃及法老和地中海东部各个国家国王之间的贸易，

第2章 经济革命

他们用黄金和战车交换奴隶和马匹。不过，尽管自人类诞生以来，交易和经济收益的概念就已经存在了，但我们不应错误地认为，全世界的人都跟现在的美国学童一样喜欢讨价还价。据说你不能问新西兰毛利人一个钓鱼钩值多少食物，因为他们从未做过这样的交易，在他们看来，提出这样的问题实属荒谬。然而，在一些非洲社区，询问一名妇女值多少头牛是完全合法的——尽管彩礼的存在缩小了我们和这些非洲人之间的差距，但在我们看来，这样的交易就跟食物和鱼钩的交易一样荒谬。

然而，无论是原始部落间那种随意将物品扔在地上的交换市场，还是中世纪令人兴奋的商旅集市，它们都与市场体系不同。因为市场体系不仅仅是交换商品的手段，**还是维系整个社会运转的机制**。

中世纪的人对这种机制一无所知。正如我们所看到的，营利在当时被视为亵渎神明的概念。更进一步说，人人逐利能将整个社区的人凝聚起来被视为极端愚蠢的理念。

这样的无知有其原因。在中世纪、文艺复兴和宗教改革时期，也就是说，在16世纪或17世纪之前，市场体系是无法想象的，因为土地、劳动力和资本这三个由市场体系配置的基本生产要素尚不存在。如果把土壤、人和工具分别理解为土地、劳动力和资本，那么它们当然早就存在了，自社会存在以来，它们就存在了。但是，人们不明白抽象的土地或劳动力概念具体指什么，就跟不明白抽象的能量或物质概念一样。作为生产"要素"的土地、劳动力和资本是不具有人格的客观经济要素，它们跟微积

021

分一样，是近代才出现的概念。事实上，它们并不比微积分的历史悠久多少。

以土地为例。直到14世纪或15世纪，还没有现代意义上能够自由买卖、出租获利的土地。那个时候当然有土地，如庄园、领地和封邑，但它们绝非必要时可买卖的地产。这些土地形成了社会生活的核心，为个人的威望和地位奠定了基础，也为社会的军事、司法和行政组织奠定了基础。尽管在某些条件下，土地可以出售（附带许多条件），但通常情况下不是**为了出售**。声誉良好的中世纪贵族不会想卖掉自己的土地，就像康涅狄格州的州长不会想把几个县卖给罗得岛州的州长一样。

同样，劳动力也不可以买卖。我们今天所说的劳动力市场指的是供个人向出价最高的一方出售其劳务的巨大网络。在前资本主义世界里，这样的网络根本不存在。当时有大量的农奴、学徒和工人，但大多数人没有进入劳动力买卖市场。在乡下，农民在领主的庄园里生活；他们用领主的烤炉烤面包，在领主的磨坊里磨麦子，耕种领主的田地，在战争期间为领主效力，但他们几乎得不到任何报酬，他们所做的一切都是在履行农奴的职责，而不是作为自由签约者在提供"劳动"。在城镇里，学徒跟着师傅学习；他的学徒时限、同事人数、报酬、工作时间、采用的方法都是由行会统一规定的。学徒和师傅之间很少或根本不会讨价还价，只有在忍无可忍时才会偶尔罢工。与其说这是劳动力市场，不如说这是收容所的禁闭室。

再来看看资本。若把资本理解为私人财富，那么在前资本主义世界里当然有资本。不过，尽管当时存在资本，但人们没有动力把它们应用于前景光明的新领域。人们的座右铭不是"冒险"和"求变",而是"安全第一"。人们首选的生产技术不是耗时最短、效率最高的工艺,而是耗时最长、耗力最大的工艺。广告是被禁止的,行会成员制作出比同行更好的产品被视为大逆不道之举。在16世纪的英格兰,当纺织业的大规模生产初露端倪时,行会向国王提出了抗议。据说一家"神奇作坊"里有200台织机,还有一名屠夫和面包师为工人们提供服务。国王判定这家作坊是非法的,理由是这样的高效率和财富集中会开创坏先例。

因此,中世纪世界无法孕育市场体系,这一事实有确切的、充足的理由,因为其无法孕育出生产本身的抽象元素。中世纪没有土地、劳动力和资本,也就没有市场;没有市场(尽管有各种各样的本地集市和商旅集市),社会就按命令和传统运转。领主们发号施令,生产也相应地起起落落。在没有命令下达的地方,生活依旧例进行。如果亚当·斯密生活在公元1400年之前,他就没有必要创立政治经济学理论。中世纪社会靠什么凝聚在一起,这个问题没什么神秘之处,关于当时的社会秩序和设计,也没什么奥秘可言。至于伦理和政治,比如下级领主和上级领主、上级领主和国王的关系中确实有很多需要解释的地方,教会的教义和商人阶层屡教不改的逐利倾向之间的冲突,也有大量谜题有待破解。但经济学没什么可解释的。当用庄园、教堂和城市的法律以及既定的习俗就能解释清楚世界上发生的一切时,谁还会去寻求抽象的供求、成本或价值规律呢?在那个较早的时代里,亚当·斯密可能成为一位伟大的道德哲学家，但绝不会成为一位伟大的经济学家，因为那时他根本就没有用武之地。

在那几个世纪里，任何经济学家都没有用武之地，直到18世纪，这个原先自我复制、自给自足的世界迸发成了熙熙攘攘、匆匆忙忙、一切自由的世界。使用"迸发"这个词可能太过夸张了，因为这种变化不是一蹴而就的，而是持续了好几个世纪。不过，虽然这种变化旷日持久，但它不是一种和平的演变，而是一次令人痛苦的社会动荡，一次革命。

仅仅是把土地商业化，即把维持社会关系等级制度的土地转变为众多的空地和具有商业价值的地皮，就需要铲除根深蒂固的封建生活方式。无论在家长式管理的掩盖下对农奴和学徒的剥削有多严重，要把他们转变成"工人"，都需要创造一个受到惊吓、无所适从的无产阶级。要使行会里的师傅变成资本家，就必须向守在仓院里胆小的居民传授丛林法则。

种种变化都不是和平的。没有人想要这种商业化的生活。只有回到旅程的最后一段，看看那时发生的经济革命，我们才能体会到，它当时遭到的抵制有多强烈。

我们回到了1666年的法国。

当时的资本家正面临着一个恼人的挑战：市场机制的扩张不可避免地导致了变革。

随之而来的问题是，是否应允许纺织业行会的师傅们创新产品。官方的裁决是："若织布工打算按自己发明的方法加工布料，他不得擅自在织布机上操作，需要得到镇上法官的批准，而且他使用的工人和纱线的数量,要由四位资格最老的商人和四位行会内资格最老的织布工考虑。"能想象得出,在这样严苛的条件下,当时变革建议的数量之多。

纺织行业的问题得到处理后不久,纽扣制造商行会发出了怒吼,因为裁缝们开始用布料做纽扣了,这可是前所未闻的事情。这一创新会对行业的稳定性造成威胁,政府对此大为恼火,重罚了布纽扣制造商。但纽扣行会的会长还是不满意,他们要求当局授权他们搜查人们的住宅和衣柜,甚至在街上逮捕穿戴这些破坏性产品的人。

这种对变革和创新的恐惧不只表现在少数惊慌失措的商人的滑稽抵抗上,资本也在认真地对抗变革,而且为达目的不择手段。在几年前的英国,当局不仅驳回了一项有关织袜机的革命性专利申请,而且枢密院下令,国内严禁使用这种危险的奇异机械。在法国,印花布进口被视为危及国内服装业的行为,为此,法国当局采取了一系列措施,导致 16 000 人丧生!仅在瓦朗斯,某一次因经营违禁花布制品罪被判处绞刑的就多达 77 人,被判处车轮刑[1]的有 58 人,还有 631 人被投入了大牢,只有 1 名幸运儿被无罪释放。

但资本并不是唯一疯狂寻求避免市场化生活方式危险的生产要素。劳动力的情况更加令人绝望。

让我们再回到英国。

此时是 16 世纪末,正是英国对外扩张和冒险的黄金时代,伊

---

[1] 将人绑在车轮上,通过旋转和拉扯肢解身体的刑罚。

丽莎白一世女王刚完成了一次庆祝胜利的全国巡游。返回宫中的她闷闷不乐。她悲叹道："到处都是乞丐！"得出这样的结论颇令人费解，因为就在100年前，英国的乡村里大都是耕种自有土地的农民，即自耕农，他们是英国的骄傲，是世界上最大的独立、自由和富足的居民群体。但现在，"到处都是乞丐！"这100年间到底发生了什么？

答案是大规模的圈地运动，或者更确切地说，是大规模圈地运动的开始，因为当时这一运动才刚刚开启。羊毛成了有利可图的新商品，羊毛生产商需要牧场。他们把公共用地圈围了起来，不是用围栏，而是以树木和石块划界。就像把碎布拼接成百纳被一样，他们把零散的小块土地拼接成了牧场。原本所有人都可以放牧或捡拾泥炭的公用土地，突然就被宣布成为某个庄园主的个人地产，不再归整个教区所有了。原来的共有财产，现在变成了私有财产。从前农民耕种的地方，现在成了绵羊的天下。1549年，约翰·黑尔斯[1]写道："原先有40个人耕作的地方，现在被一个人和他的羊群占据了……是的，一切的根源就在于这些绵羊，是它们把耕作者赶出了乡间，原先产出粮食的地方，现在全都是绵羊了。"

圈地的范围和影响是无法想象的。早在16世纪中叶就多次爆发了反对圈地的暴乱，其中的一次暴乱导致3500人丧命。18世纪中期，圈地仍在如火如荼地进行，这一可怕的历史进程直到19世纪中期才算完成。因此，在美国革命爆发近50年后的1820年，

---

[1] 约翰·黑尔斯（John Hales,？—1571），英国都铎王朝时代政治家。

萨瑟兰公爵夫人侵占了 794 000 英亩[1]土地,赶走了那里的 15 000 名自耕农,放养了 131 000 只绵羊。作为补偿,她让被驱逐的每户家庭租了 2 英亩的贫瘠土地。

但值得关注的不只是对土地的大规模掠夺,还有境遇最悲惨的农民。他们被剥夺了公共土地的使用权,再也无法维持"农民"的身份了。他们想成为工人,但由于没有工厂,他们也无计可施。他们沦为最悲惨的社会阶层,变成农业无产阶级。在没有农活的地方,他们有的沦为了乞丐,有的变成了强盗,但大多数成了贫民。英国议会对全国各地贫困人口的激增感到震惊,想就地处理问题。它把贫困人口与教区联系在一起,教区内的贫困人口可以获得微薄的救济,对流浪者则施以鞭刑、烙刑和断肢之刑。亚当·斯密时代的一位牧师认真地把穷人居住的教区济贫院描述为"恐怖之家"。但最糟糕的是,国家为防止来自贫民的伤害而采取的措施,却把贫民束缚在了当地教区,让他们在那里依靠救济生活,这反而堵死了可能真正解决他们问题的唯一出路。这并不是说英国的统治阶级冷酷无情,他们只是不理解劳动力流动的概念,不理解劳动力的市场需求在哪里,劳动力的供给就要在哪里。劳动力的商业化,就像资本的商业化一样,每前行一步都会遭到误解、惧怕和反抗。

具有土地、劳动力和资本的市场体系就这样在痛苦的挣扎中诞生了,整个过程从 13 世纪开始,直到 19 世纪才结束。从来没有一场革命像它这样不被人理解、不受欢迎和缺乏规划,但是造

---

[1] 1 英亩约等于 4046 平方米。

就市场的巨大力量是不可抗拒的。它们在不知不觉中突破了传统习俗的制约;尽管纽扣制造商叫嚣不休,但布纽扣赢得了最终的胜利;尽管枢密院采取了种种限制,但织袜机变得备受珍视,以至在70年后,枢密院禁止其出口;尽管实施了车轮刑,但印花布的贸易迅速增长。在保守势力的最后一拨反对声中,具有经济意义的土地从祖传的地产中产生了;在雇工和师傅的抗议声中,失业的学徒和被剥夺了财产的农场工人成了经济意义上的劳动力。

长期以来一直沿着平缓斜坡前行的社会大马车,现在发现自己的动力由内燃机提供。交易、交易、交易,获利、获利、获利,成了强大的新动力。

是什么力量摧毁了原本舒适的旧世界,并以不受欢迎的新社会取而代之呢?

这不是单一力量造成的。新的生活方式是从旧的生活方式中成长起来的,就像茧房中的蝴蝶,当它的力量足够强大时,就会破茧而出。引发经济革命的不是重大事件、个别的冒险、某些法律或某些强人,而是一个自发的、多方面变化的过程。

首先是民族国家在欧洲逐渐兴起。在农民战争和国王征服的打击下,早期各自为政的封建主义制度被中央集权的君主政体所取代。与君主政体相伴而生的是民族精神的成长;反过来这意味着王室会赞助看好的产业,比如法国挂毯业、因舰队和军队的发展而出现的辅助性产业。让16世纪的安德烈亚斯·雷夫及其商旅同伴们倍感头疼的无数规则和条例被国家法律、统一的度量衡和较为标准化的货币所取代了。

第2章 经济革命

欧洲出现革命性变化的一大政治变化是,国家对海外探险的鼓励。13世纪,没有武装保护的商人波罗兄弟[1]勇敢地踏上了大汗的国土;15世纪的哥伦布也希望能来这里,于是在伊莎贝拉王室的赞助下扬帆出航。从个人探险转变为国家资助的探险,是个人生活转变为国家生活的缩影。反过来,英国、西班牙和葡萄牙的航海资本家在国家资助下的大探险将大量财富及财富意识带回了欧洲。哥伦布说:"黄金是不可思议的东西!谁拥有了它,谁就能随心所欲,甚至可以让灵魂进入天堂。"他的看法就是那个时代的看法,它加速了一个以营利为导向、以赚钱为动力的社会的出现。顺便说一句,过去东方的财富真是令人叹为观止!伊丽莎白一世女王资助弗朗西斯·德雷克爵士的"金鹿"号完成了一次航行,女王用从这次航行中分得的财富还清了英国的所有外债,平衡了预算,还向国外进行了投资。这笔投资以复利计算的金额相当于1930年英国的海外资产总额!

到了意大利文艺复兴时期,在质疑、探究、人道主义观的影响下,宗教精神逐渐式微,这是第二股巨大的变革力量。明日世界让位于今日世界,而且,随着俗世生活变得更加重要,物质水平和日常享受的概念也变得更加重要。宗教变得日益宽容,新教逐渐兴起,它加速改变了人们对工作和财富的态度。罗马教会一直都以怀疑的眼光看待商人,且不由分说地将放高利贷视为罪恶之举。但现在,随着商人的社会地位日益攀升,他们已经不再只是有用的附属品,而是新世界不可或缺的一部分了,有必要重新评估其功能了。新教

---

[1] 指马可·波罗的父亲尼科洛和叔叔马泰奥,他们都是威尼斯商人。

领袖为精神生活和世俗生活的融合铺平了道路。他们不歌颂贫穷的生活，不歌颂与世俗生活分离的精神沉思，反而宣扬在日常生活中充分利用上帝赋予的才能，认为这才是对上帝虔诚的表现。渴求财富成了一种公认的美德——不是为了个人的享受，而是为了上帝的荣耀。从这里开始，求财离悟道、富人离圣人就只有一步之遥了。

12世纪的一则民间故事说，一名放高利贷者在步入教堂准备举行婚礼时，被一尊倒下的雕像压伤了。事后检查发现，倒下的雕像也是一名放高利贷者的。这则故事显然表明，上帝对金钱贩子很不满。我们还记得，即使到了17世纪中期，可怜的罗伯特·基恩还曾因商业行为触怒了清教当局。在这样充满敌意的氛围中，市场体系不容易扩张。因此，精神领袖逐渐接受市场方式不但无害而且有利的观点，对市场体系的全面发展至关重要。

另一股潜藏于物质变革中的潮流最终使市场体系的出现成为可能。我们习惯性地认为，中世纪是停滞不前和缺乏进步的时代。然而，在那五百年的封建时代里，有上千个城镇形成（这是巨大的成就）。这些城镇以简陋但可使用的道路连接着，而且它们依靠来自乡间的食物维持人口的繁衍生息。所有这些都促使人们熟悉了货币、市场以及与买卖有关的生活方式。在此过程中，权力自然而然地从不懂金钱事务的傲慢贵族手里转移到了懂金钱事务的商人手里。

除了缓慢的货币化进程，技术进步也很重要。在合理的货币记账方式发展起来之前，商业革命无法开启。尽管12世纪的威尼斯人已经使用了复杂的会计方法，但欧洲商人掌握的会计核算知识就跟现在的小学生所掌握的差不多。人们的簿记意识是缓慢形成的。到了 17 世纪，复式记账才成为标准的做法。只有对资金进行合理的核算，大规模的商业运营才能成功进行。

就影响的普遍性来看，也许最重要的变化是人们对科学更加感兴趣了。尽管令人眼花缭乱的技术直到亚当·斯密之后的时代才出现，但若非一系列的发明和发现打下基础，工业革命就不可能发生。在前资本主义时代，印刷机、造纸术、风车、机械钟、地图和其他许多发明都已问世了。发明的理念已经生根，而且人们首次以友好的眼光看待实验和创新。

单凭上述任何一股变革力量都不可能使社会焕然一新。事实上，其中的许多潮流既可能造成人类组织的大动荡，也可能是人类组织大动荡的结果。历史上的变革不是突然间发生的，整体的巨变是随着时间的推移蔓延开来的。市场生活方式与古老的传统生活方式并存，在市场原则真正成为经济组织的指导原则之后，传统的生活方式依然长期存在。因此，直到 1790 年，法国才最终废除了行会和封建特权，而英国直到 1813 年才废除了规范行会活动的《工匠法》（Statute of Artificers）。

但到了 1700 年，也就是亚当·斯密出生的 23 年前，那个曾经审判过罗伯特·基恩、禁止商人携带不雅包裹、担心价格不"公正"、为继承父辈的特权而奋斗的世界衰落了。社会开始注意到一套新的"不言自明"的格言了，它们包括：

"人生下来就对财富垂涎三尺。"

"没有法律反对逐利。"

"逐利是商业活动的核心追求。"

"经济人"的新概念出现了。他是幽灵般的生物,拥有计算器般的头脑,完全遵从大脑的指引。教科书上很快出现了漂流在荒岛上的鲁滨孙这类人,他们像精打细算的会计师一样处理自身事务。

在纷纷扰扰的世界里,一股求财和投机新热潮席卷了欧洲。1718年,一位名叫约翰·劳的苏格兰裔冒险家在法国成立了一家风险投资企业,名为密西西比公司,出售一家将在美国开采金矿的企业的股票。想一夜暴富的男男女女为了争这只股票的认购权在街上大打出手,甚至殒命。一名酒店服务员通过这只股票净赚3000万里弗尔[1]。当该公司即将倒闭,所有投资者将遭受可怕的损失时,政府为了延缓灾难发生,曾召集1000名乞丐,让他们拿着镐和铲子,身着矿工的衣服穿行于巴黎的街道,装作要前往"黄金国"的样子。当然,这家公司很快就倒闭了。100年前还谨小慎微、畏首畏尾的资本家,现在却在甘康普瓦大街[2]打着让人一夜暴富的旗帜招摇撞骗,这是多么大的变化啊!公众是多么渴望赚钱,才导致这么无耻的骗局得逞啊!

毫无疑问,阵痛已经过去,市场体系已经诞生。从此以后,生存问题既不能通过习俗也不能通过命令来解决了,只能通过被市场凝聚在一起的逐利者的自由行动来解决。这个体系被称为资本主义,尽管这个词直到19世纪末才被广泛使用!而为这一体

---

[1] 法国古代货币单位,也译作锂或法镑。
[2] 当时的巴黎金融中心。

第2章 经济革命

系奠定基础的逐利观念已经如此深入人心,以至人们很快就会深信,它是人类永恒、普遍的本性。

这种观念需要哲学基础。

人们常说,人类与其他动物最主要的区别在于,人有自我意识。这似乎意味着,人类在建立了社会之后,不会顺其自然地安于现状,他必须告诉自己,他所处的社会是所有可能的社会中最好的,其内部的安排必然反映了上帝的意志。因此,每个时代都会孕育出哲学家、辩护者、批评家和改革者。

但最早的社会哲学家关注的问题集中在生活的政治而非经济方面。只要习俗和命令统治着世界,富裕和贫穷问题就不会打动早期的哲学家,他们只会发出一声叹息或抱怨这些问题的存在是人无能的表现。只要人像蜜蜂一样生来就是工蜂,就没有人会关心辛劳的穷人,谈论蜂后的变幻莫测更加令人振奋和激动人心。

亚里士多德写道:"人从出生之日就注定了是治人还是治于人。"从这句话可以看出,早期哲学家对劳动人民的态度与其说是蔑视,不如说是冷漠。存在数量庞大的底层劳动人民被视为理所当然,金钱和市场问题不仅让人劳神费力,而且太过粗俗,难以引起绅士和学者的关注。他们辩论的是神授王权、世俗权利以及精神权利,而不是兴起的商人阶级的抱负。尽管个人财富推动了世界的运转,但在追求财富变得普遍、无处不在、对社会明显至关重要之前,没有必要创立一套关于财富的哲学。

有人可能长期忽视了市场世界令人厌恶的一面,而后愤怒地

033

反对它。最后，当它渗透到哲学家自己的圣地时，最好是看看，是否还有一些重要的模式尚未被发现。在亚当·斯密之前的两百年里，哲学家们一直在构建有关日常生活的理论。

但是，当他们试图揭示这个世界的根本意图时，他们却提出了一系列颇为奇怪的观点！

起初他们认为，人类千方百计求生存的最终目的是积累黄金。哥伦布、科尔特斯[1]和弗朗西斯·德雷克等人不仅是为国效力的探险家，也是**经济进步**的推动者。在重商主义者看来，经济活动的目的自然是增强国家实力，而国家实力最重要的成分就是黄金。因此，他们看重的是卓越的舰队和探险活动，是国家财富的积累。他们信奉的理念是：当所有人都努力追求财富时，国家必定繁荣富强。

在这些观念的背后是否有统一的概念基础呢？在这里，我们第一次遇到了序言结尾处提到的一个概念，即"愿景"，它是实践的基础，同时又先于实践出现。事实上，英国哲学家和政治理论家托马斯·霍布斯（Thomas Hobbes）在1651年出版的经典大作《利维坦》（Leviathan）的序言中，就具象化地阐述了这样一个愿景。他在这本书里描绘了一个高高耸立的巨人，他守护着身下宁静的乡村。他一手握宝剑，一手执权杖。仔细观察可发现，他那巨大的身躯是由成百上千个小人组成的。

---

[1] 埃尔南·科尔特斯（Hernando Cortes, 1485—1547），出身于西班牙贵族，大航海时代的西班牙航海家、军事家、探险家，阿兹特克帝国的征服者。

第2章 经济革命

请注意，这是一种政治愿景，而非经济愿景。《利维坦》要表达的核心思想是，要防止人类陷入霍布斯所描述的"孤独、贫穷、肮脏、粗野和短命"的状态，就需要一个强有力的政府。尽管商业活动发挥了重要作用，但它们有可能支持这个集权政府，也有可能造成混乱。因此，所有王室都对积累金银感兴趣，他们都担心商船把金银带到国外，用来购买丝绸和其他奢侈品，从而导致王室的财富受损。

然而，即使在这里，这一愿景也为我们初次尝试经济分析奠定了基础。早在《利维坦》问世之前，商界代言人就发行了许多小册子，意在表明，沿着泰晤士河航行的商船是君主的资产，而不是威胁。诚然，它们携带的一些黄金可能会被用来购买外国商品，但它们运送的英国商品会以更高的价格被出售。事实上，正如东印度公司董事托马斯·孟[1]在《英国得自对外贸易的财富》（*England's Treasure by Forraign Trade*）中所解释的那样，贸易是一个国家增加财富的"常用手段"，"在贸易中，我们必须谨守这一原则：从价值来看，我们每年卖给外国人的货物，必须比我们消费他们的多"。

到了 18 世纪，黄金极为重要的观念开始显得有些幼稚了，新的思想流派正在兴起，它们越来越强调，商业是国家活力的重要源泉。自此之后，它们要解决的哲学问题不是如何垄断黄金市场，而是如何协助崛起的商人阶层创造越来越多的财富。

---

[1] 托马斯·孟（Thomas Mun，1571—1641），英国晚期重商主义的代表人物，英国贸易差额说的主要倡导者。

新哲学带来了新社会问题:如何让穷人安于贫穷。当时广为接受的观点是,除非让穷人保持贫穷,否则就不能指望他们会在不索要过高工资的前提下辛勤工作。18世纪初最精明也是最缺德的社会评论家伯纳德·曼德维尔[1]写道:"要使社会幸福……就必须让大量的人既愚昧又贫穷。"面对英国的廉价农业和工业劳工,重商主义作家们对此观点深表赞同。

为混乱的日常生活加入秩序的不只有黄金和商业这两种观念。当时出现了很多小册子作者、牧师、怪人和偏执狂,他们提出了十几种不同的解释,有的为社会现象做辩护,有的谴责社会现象。但问题是,所有的解释都不能令人满意。一些人说,国家显然不能买得多卖得少;而另一些人则坚持认为,当国家买得多卖得少时,它的境况显然会变好。一些人认为,贸易能增加国家财富,因此极为推崇贸易商;另一些人则认为,贸易的增长只能依靠农民强健的身体。一些人认为,穷人注定是穷人,这是上帝决定的,即使不是这样,他们的贫困也对国家的富强至关重要;另一些人则认为,贫穷是社会毒瘤,看不出贫穷如何能创造财富。

在相互矛盾的理论解释**混战**中,有一点很明确,即人类需要以某种理性的秩序帮助自己理解所处的世界。严酷而令人困惑的经济世界显得越来越重要了,难怪塞缪尔·约翰逊博士[2]说:"没

---

[1] 伯纳德·曼德维尔(Bernard Mandeville,1670—1733),英国哲学家、古典经济学家。

[2] 塞缪尔·约翰逊(Dr. Samuel Johnson,1709—1784),英国作家、文学评论家和诗人。

第2章 经济革命

有什么比贸易更需要用哲学来阐明了。"总之,经济学家的时代已然到来。

理论混战中还出现了一位卓越的哲学家。1776年,亚当·斯密的《国民财富的性质和原因的研究》(*Inquiry into the Nature and Causes of the Wealth of Nations*,简称《国富论》)一书出版,这是这个意义重大的年份里的第二个革命性事件。一个政治上民主的国家在大洋彼岸诞生,而经济蓝图在大洋的这一端展开。尽管并非所有的欧洲国家都追随美国的政治领导,但在斯密展示了现代社会的第一幅真实画面后,整个西方世界都变成了亚当·斯密的世界:他的愿景被几代人奉为圭臬。亚当·斯密从不认为自己是革命者,他只是向世人解释了对他而言明确、合理且严谨的事物。但他描绘出了世界一直在寻求的自我形象。《国富论》问世后,世人开始用新的眼光看待世界。他们看到了自己所承担的工作是如何融入整个社会的,看到了整个社会正大步迈向一个遥远但清晰可见的目标。总之,一个新的愿景出现了。

── 第 3 章 ──

亚当·斯密的美妙世界

这个新愿景是什么样的呢？正如我们所料，它不是一种状态，而是一种体系，更确切地说，是一种完全自由的体系。不过，在深入探究这一非凡的体系之前，我们先来了解一下提出它的非凡之人。

18世纪60年代到访英国的游客很可能听过格拉斯哥大学亚当·斯密的大名。斯密博士即使算不上家喻户晓，也是一位名人；伏尔泰听说过他，大卫·休谟是他的密友，学生们千里迢迢从俄国赶来听他结巴但热情的演讲。除了学术成就，他的个性也非常有名，例如，他常常心不在焉。有一次，他和一位朋友边走路边热烈地讨论问题，不慎掉进了一个制革坑。据说他把面包和黄油加到饮料中，然后说那是他喝过的最难喝的一杯茶。他有很多怪癖，但这些怪癖丝毫没有影响他的智力。亚当·斯密是那个时代杰出的哲学家之一。

亚当·斯密在格拉斯哥大学讲授道德哲学课程，这门学科涵盖的范围要比现在广得多，包括自然哲学、伦理学、法学和政治经济学，从人类对秩序与和谐的最崇高的推动，到个人在严酷的现实中为谋生所从事的不太和谐有序的活动，都在它的研究范围之内。

自古以来，人类一直想把事物合理化，在宇宙的混乱中寻求秩序的自然神学就是其目标。如果斯密博士阐述的是宇宙乱象背后的自然规律，听者会觉得理所当然。但是，斯密探究的是另一个极端，即日常生活喧嚣下的宏大结构。听者会觉得，这位优秀的博士确实把哲学的边界扩展得过头了。

18世纪末的英国社会景象，毫无理性秩序或道德目的。一旦人们把目光从有闲阶级的优雅生活中移开，他们就会看到社会以最粗野的形式呈现出残酷的生存斗争。在伦敦的厅堂或各郡舒适的奢华庄园之外，人们看到的都是掠夺、虐待、堕落的行为，中间还夹杂着早已不合时宜的最不合理、最令人困惑的旧习俗和传统。社会不像是一台精心设计的机器，每个部分都对整体有所贡献，而是像瓦特制造的蒸汽机：乌黑、嘈杂、低效、危险。斯密博士声称要在这一切中看到秩序、设计和意图，这是何等奇特的想法啊！

举个例子。假设游客去参观康沃尔的锡矿，他们会看到这样的景象：矿工在黑色的竖井中降落，一到井底，他们就从腰间抽出一根蜡烛点燃，伸展身体睡一觉，等到蜡烛熄灭时起身。然后他们会在矿井中工作两三个小时，直到下一次休息时间到来，这一次的休息时间只够抽一管烟。一天的时间就是这么度过的，半天时间悠闲、半天时间挖矿。但是，如果游客向北走，大着胆子到达勒姆或诺森伯兰的深坑里看一看，他们会看到完全不同的景象。在这里工作的有男有女，他们衣不蔽体，有的因疲劳而憔悴不堪，变得半人半鬼。这里保留着最狂野、最野蛮的习俗；瞥一眼异性兴起的性欲在废弃的井道中草草解决；7~10岁的孩子整日不见冬日的阳光，为了获得微薄的报酬被矿工利用、虐待，帮忙拖走一桶桶煤；孕妇们像马一样拉着煤车，甚至在漆黑的矿洞里分娩。

各种各样传统或残酷的生活不仅出现在矿井里。善于观察的旅行者在地面上也难以看到与秩序、和谐和设计有关的景象。在英国的许多地方,成群结队的穷苦农民四处寻找工作。到了收获季节,众多自称"老不列颠人"的人会成群结队地从威尔士高地下来;有时整群人中只有一匹没有鞍辔的马,有时大家都步行前进。通常情况下,整群人中只有一个人会说英语,由他代表大家和农场主沟通,请求后者让他们帮着收割庄稼。在这样的情况下,他们每天的工资低至6便士就不足为奇了。

最后,如果游客在一个制造业小镇停留片刻,他们还会看到其他引人注目的景象,但是,在没有受过教育的人眼里,这些景象依然与秩序无关。1742年隆贝兄弟建造的工厂可能会让他们感到吃惊。这在当时是一座巨大的建筑,有500英尺[1]长、6层楼高,根据丹尼尔·笛福[2]的描述,工厂里的机器由"26 586个齿轮和97 746个机芯组成,水轮一分钟转三圈,每转一圈,机器都能缫丝73 726码[3]"。同样值得注意的是,孩子们每隔12小时或14小时轮一次班照看机器,他们在脏兮兮的黑锅炉上做饭,在棚房里轮班休息,据说那里的床总是很暖和。

---

[1] 1英尺约等于0.3米。

[2] 丹尼尔·笛福(Daniel Defoe, 1660—1731),英国作家,著有《鲁滨孙漂流记》等。

[3] 1码约等于0.9米。

无论是在 18 世纪的人眼里还是在现代人眼里，这都是一个奇怪、残酷、无序的世界。然而，更值得注意的是，这样的世界竟然与斯密博士所设想的道德哲学方案相协调，而且这位知识渊博的学者声称，在这样的世界里能彻底了解契合人类发展、意义深远的自然规律的清晰轮廓。

那么，这位温文尔雅的哲学家是个什么样的人呢？

"我是一个只对书钟情的花花公子。"亚当·斯密向朋友炫耀他心爱的书房时，曾这样描述自己。当然，他不是个英俊的人。从圆形金章上的人像可以看出，他下唇突出，有一个大鹰钩鼻，眼皮下垂，眼窝深陷，眼睛向外突起。斯密一生都饱受神经疾病的折磨，他的头总是在颤抖，说话时样子很古怪，而且有点结巴。

此外，他的心不在焉也很有名。18 世纪 80 年代，当斯密快 60 岁时，爱丁堡的居民经常看到他们最杰出的公民的滑稽模样：他穿着浅色外套、及膝马裤、白色丝绸袜、带扣鞋，戴着平宽边海狸帽，拄着手杖，走在鹅卵石道上。他两眼望着天空，口中念念有词。他每走一两步，都会犹豫不前，好像要改变方向，甚至要折回去。一位朋友形容他走路的样子像条"蠕虫"。

他心不在焉的趣事有很多。有一次，他身着睡衣走进了花园，之后陷入了沉思，一直走了 15 英里才回过神来。还有一次，他和一位名人朋友在爱丁堡散步，路遇一名警卫向他敬礼。他曾无数次得到这种礼遇，但这次他好像突然着了魔，用手杖向警卫回了礼。让朋友更为惊讶的是，他紧跟在警卫身后，重复着警卫在前面做的每一个动作。魔咒解除后，斯密站在台阶上，手里的拐杖还挥舞在半空中。他不知道自己刚才做了什么怪异的举动，就把手杖放下来，继续聊之前的话题。

这位爱走神的教授于 1723 年出生在苏格兰法夫郡的柯克卡尔迪镇。柯克卡尔迪镇拥有 1500 人。在斯密出生时，当地一些居民仍然把钉子当作货币使用。在他 4 岁时，发生了一件不寻常的事，他被一群路过的吉卜赛人拐走了。在他叔叔（他父亲在他出生之前就去世了）的努力追赶下，最后吉卜赛人把年幼的他丢在路边。斯密的一位早期传记作家说："我担心他会成为一个可怜的吉卜赛人。"

尽管斯密从小就喜欢天马行空地遐想，但他一直是个聪明的学生。他注定要以教书为业，在 17 岁时他获得了奖学金，骑着马去牛津大学求学，而且在那里一待就是 6 年。但那时的牛津大学还不是求学的好地方，还不像后来那样学风浓厚。大多数知名教授早就不愿意教学了，连样子都懒得装了。1788 年，一位外国游客讲述了他在牛津大学观看一场公开辩论赛时目睹的惊人景象：四位参赛者全程都默不作声，每个人都在全神贯注地读热门小说。由于教学成了例外而非常规的工作，斯密在牛津大学的多年里基本上没得到过教授的指导，只是在阅读自己感兴趣的书籍。事实上，他差点被这所大学开除，因为学校管理人员在他的宿舍里发现了一本大卫·休谟的《人性论》（*A Treatise of Human Nature*）。哪怕他日后将成为一名哲学家，休谟的书也不适合他读。

1751 年，不到 28 岁的斯密被任命为格拉斯哥大学的逻辑学教授，此后不久，他被任命为道德哲学教授。与牛津大学不同，格拉斯哥大学是苏格兰启蒙运动[1]的重要中心，学风浓厚，人才济济，但它与现代意义上的大学仍有很大的差异。一些古板的教授看不惯斯密轻浮的举止和热情的态度，有人指责他在宗教仪式上发笑（毫无疑问他是在遐想），是离经叛道的休谟的铁杆朋友，不支持基督教的主日课程，还向学校评议委员会请求免除上课前的祷告仪式，举行带有某种"自然宗教"意味的祷告。如果我们还记得斯密的老师弗朗西斯·哈奇森打破了格拉斯哥大学的传统，拒绝用拉丁语给学生授课，这一切就都容易理解了！

斯密的行为可能不算太出格，因为他在1758年晋升为院长。毫无疑问，他在格拉斯哥大学过得很惬意。他有时晚上会打惠斯特牌[2]——但因为常常走神而被认为不太靠谱，有时他会去参加学术社团活动，过着平静的生活。学生们很喜欢他。他的讲座很有名，就连博斯韦尔[3]都慕名前来听讲。他奇怪的走路姿势和说话方式也被人模仿。他的小型半身像甚至被摆放在书商的橱窗里。

让他声名远播的不只是他古怪的个性。1759年，他出版了

---

[1] 18世纪苏格兰发生的一场思想启蒙运动，其间涌现出了一批思想家，如弗朗西斯·哈奇森（Francis Hutcheson）、亚当·斯密、大卫·休谟、亚当·弗格森（Adam Ferguson）等。著名学者布罗迪认为，苏格兰启蒙运动是18世纪的一场思想盛宴，对西方文化具有重大意义。

[2] 一种纸牌游戏，17世纪流行于英格兰民间，18世纪盛行于英国上层社会。后演变成现代桥牌。

[3] 詹姆斯·博斯韦尔（Boswell, 1740—1795），苏格兰传记家和日记作家，著有《约翰逊传》。

《道德情操论》(The Theory of Moral Sentiments)一书，立即引起了轰动，跻身英国大哲学家之列。这本书从理论上探讨了道德认同和道德否定的起源。人是利己性动物，当心怀利己思想时，人是如何形成道德判断的？斯密认为，答案就在于人有能力把自己置于第三人的位置，一个中立的观察者的位置，对事情的客观（利己的对立面）价值产生一种同情观念。

这本书及其提出的问题引发了广泛的讨论。在德国，**亚当·斯密问题**成了人们最喜欢讨论的话题。我们认为更为重要的是，这部专著得到了神秘人物查尔斯·汤曾德（Charles Townshend）的青睐。

汤曾德是18世纪的一位杰出人物。他风趣、博学，用霍勒斯·沃波尔[1]的话来说，他是"天赋异禀之人，如果他能再真诚一点、稳重一点和多懂一点常识，他一定是那个时代最伟大的人物"。汤曾德也因变化无常而臭名昭著，人们讽刺他说："汤曾德显示身体一侧疼痛，但他偏不明说是哪一侧。"他缺乏常识的一大证据是，在担任英国财政大臣时，先是拒绝了殖民地人民自行选举法官的权利，然后对美国茶叶开征重税，加速了美国独立战争的爆发。

尽管汤曾德缺乏政治眼光，但他真诚地研究哲学和政治学问题，也是亚当·斯密的忠实信徒。更重要的是，他给了斯密一份不寻常的差事。1754年，汤曾德与巴克卢（Buccleuch）公爵的遗孀达尔基斯（Dalkeith）女伯爵结婚，这桩珠联璧合的婚事对他很

---

[1] 第四任奥福德伯爵（Horace Walpole，1717—1797），英国作家。

有利。那时他正在为继子物色一位家庭教师。当时英国上流社会的年轻人往往会完成一次大陆旅学，即到欧洲游历一段时间，学习礼仪，变得温文儒雅一些，这也是切斯特菲尔德勋爵[1]大力倡导的。汤曾德认为，亚当·斯密博士是陪伴小公爵的理想人选，因此给出了优厚的条件：500英镑的年薪（其他费用另算）和每年500英镑的终身养老金。这么好的条件令斯密无法拒绝，他当大学教授时从学生那里获得的收入从来没有超过170英镑。值得一提的是，当斯密离开学校时，学生们拒绝接受他的退款，他们说自己从斯密身上所得教诲的价值远超这些钱。

1764年，家庭教师斯密和小公爵前往法国。他们先是在图卢兹待了18个月，其间乏味的同伴，外加斯密蹩脚的法语，令小公爵觉得在格拉斯哥的平静生活已经是遥远的事了。之后他们去了法国南部（在那里斯密见到了仰慕已久的伏尔泰，还回绝了一位多情的侯爵夫人的美意），接着去了日内瓦，最后去了巴黎。为了缓解旅途中的乏味，斯密开始撰写一部政治经济学著作。他曾在格拉斯哥大学讲授过这一主题，也在爱丁堡的上层俱乐部"择优学会"里辩论过多次，还与他的挚友大卫·休谟进行过深入详细的讨论。这本书就是大名鼎鼎的《国富论》，不过它要到12年后才能问世。

在巴黎的日子好过多了。此时，斯密的法语虽然还是很糟

---

[1] 切斯特菲尔德勋爵（Lord Chesterfield, 1694—1773），英国政治家和文学家。他出生在伦敦，活跃于政界，是出色的演说家，担任过议会上下两院的议员、驻荷兰大使、爱尔兰总督、国务大臣。

糕，但与之前相比已大有长进，足以与法国最重要的经济思想家弗朗索瓦·魁奈长谈了。魁奈是路易十五[1]的御医、蓬帕杜夫人[2]的私人医生。他创立了名为重农学派的经济学流派，并创制了《经济表》（tableau économique）。《经济表》确实充分展现了这位医生的真知灼见。当时流行的观念认为，财富就是金银实物，但魁奈坚持认为，财富源于生产，而且像血液循环一样，流经全国，注满社会这个大躯体。《经济表》给人留下了深刻的印象，老米拉波[3]把它视为可与文字和货币相媲美的发明。但重农学派的问题在于，它坚持认为只有农业工人才能产生真正的财富，因为只有经过他们的劳动，财富才能从自然中产生，而制造业工人只是改变了财富的形态，"没有创造价值"。因此，魁奈的体系对实际政策的影响有限。诚然，他主张自由放任政策，这一点完全背离了当时的主流思想，但是，他认为工业活动毫无价值，这说明他没有认识到，劳动力可在任何地方创造财富，而不只是在土地上。

"价值"源于劳动而非自然是斯密最深刻的见解之一。也许是因为他生活在贸易繁荣的英国，而不是以农业为主的法国，才有了这样的见解。无论原因是什么，斯密都无法接受重农学派信徒对农业的偏爱（魁奈的追随者只知道奉承他，如米拉波）。斯

---

[1] 太阳王路易十四的曾孙，勃艮第公爵路易之子。法兰西波旁王朝第四位国王（1715—1774年在位）。

[2] 珍妮-安东妮特·普瓦松，蓬帕杜女侯爵（Jeanne-Antoinette Poisson, Marquise de Pompadour），法国国王路易十五的情妇、社交名媛。

[3] 霍诺里·加里布埃尔·米拉波（Honore Gabriel Mirabeau, 1749—1791），18世纪末法国资产阶级革命的著名活动家。

密本人对这位法国医生深怀钦佩之情，要不是魁奈已经去世，斯密会把《国富论》献给他，但重农主义与斯密苏格兰式的愿景格格不入。

1766年，与他们一道旅行的公爵的弟弟突然发烧，因此旅行不得不终止。尽管斯密想尽了办法，甚至请来魁奈本人医治，但公爵的弟弟还是在神志昏迷中去世了。于是，小公爵回到了他在达尔基斯的庄园，斯密则是先去了伦敦，随后回到柯克卡尔迪。尽管休谟多次恳求，但在接下来的10年时间里，他一直待在那里，直到巨著完稿。这部著作的大部分内容都是斯密口述的。他一般倚靠着壁炉口述，时常神经质地用头蹭墙，久而久之，镶板上出现了一条黑带。偶尔他会去小公爵的庄园串门，也会去伦敦与文人学士讨论他的想法。其中一位是塞缪尔·约翰逊博士，斯密与他同属择优学会，不过他和这位德高望重的词典编纂者一见面就会吵起来。沃尔特·斯科特爵士[1]告诉我们，约翰逊第一次见到斯密时，就攻击了他的一些观点。而斯密则极力证明自己的观点是正确的。有人问："约翰逊说了什么？"斯密愤愤不平地说："他说，'你撒谎了！'""你是怎么回答的？""我说，'你是……养的！'"斯科特说，这就是两位大哲学家间的经典对话，他们初次见面就不欢而散。

其间斯密还遇到了一位魅力四射、才华横溢的美国人，他就是本杰明·富兰克林。富兰克林向他提供了大量有关美国殖民

---

[1] 沃尔特·斯科特（Sir Walter Scott, 1771—1832），英国著名历史小说家和诗人。

地的信息，令他相信美国有朝一日将会扮演重要的角色。毫无疑问，正是由于富兰克林的影响，斯密后来才会写到，这些殖民地组成的国家"事实上很有可能成为世界上有史以来最了不起、最强大的国家"。

1776年，《国富论》出版。两年后，斯密被任命为爱丁堡海关关长，这是一份年薪高达600英镑的闲职。他终身未婚，和母亲（90岁去世）一起生活。他的日子过得平静而满足，他心不在焉的老毛病也一直未改。

●●

那么，这部著作怎么样呢？

有人称它"不仅是一位伟大人物思想智慧的结晶，而且是整个时代智慧的结晶"。然而，从严格意义上说，它不是一本"原创的"著作。在斯密之前，有很多观察者对世界的理解与他接近，包括洛克[1]、斯图亚特[2]、曼德维尔、配第、坎蒂隆[3]、杜尔

---

[1] 约翰·洛克（John Locke, 1632—1704），英国哲学家和医生，被公认为最有影响力的启蒙思想家之一，"自由主义"之父。

[2] 詹姆斯·斯图亚特（James Steuart, 1712—1780），英国重商主义经济学家，1767年出版《政治经济学原理研究：或自由国家内政学概论》（An inquiry into the principles of political economy, being an essay on the science of domestic policy in free nations）。

[3] 理查德·坎蒂隆（Richard Cantillon, 1680—1734），爱尔兰经济学家和金融家，曾撰写现代经济学最早的著作《商业性质概论》（Essay on the Nature of Commerce in General）。

哥[1]，更不用说前面提及的魁奈和休谟了。斯密从这些人的著述中汲取了营养，他在《国富论》中提及过100多位作者的名字。但是，其他人只是在某处捕鱼，而斯密则是广撒网；其他人只是澄清了某个问题，而斯密则是阐明了全景。《国富论》不是原创性著作，但它无疑是一部杰作。

《国富论》展现了巨幅全景图。它的开头很著名，描述的是制造别针的精细专业化景象，且还论及"美国殖民地近期的动乱"（斯密显然认为，等到《国富论》出版时，独立战争会结束），学生在牛津大学虚度光阴，以及1771年以来鲱鱼捕捞量的统计数据等主题。

浏览一下坎南[2]为《国富论》的后期版本编制的索引，就能看出斯密的参考文献及涉及的思想范围有多广。以下是列在字母 A 下的十几个词条：

阿拔斯王朝（Abassides），该王朝统治下的撒拉森（Saracen）帝国繁荣富足

亚伯拉罕（Abraham），称过重的锡克尔（shekels）[3]

阿比西尼亚（Abyssinia），以盐为货币

---

[1] 安·罗伯特·雅克·杜尔哥（Anne Robert Jacques Turgot，1727—1781），法国经济学家，18世纪后半叶法国资产阶级古典经济学家，重农学派最重要的代表人物之一。

[2] 埃德温·坎南（Edwin Cannan，1861—1935），英国著名资产阶级经济学家。

[3] 古希伯来金币或银币。

演员（Actors），公开演出，因为职业遭轻视而得到补偿

非洲（Africa），当地在位的国王要比欧洲的农民穷得多

酒馆（Alehouses），数量众多，不是醉酒的原因

大使（Ambassadors），委任他们的初始动机

美洲（America），其下是一整页的解释性文字

学徒（Apprenticeship），对这种奴役性质的解释

阿拉伯人（Arabs），他们支持战争的方式

军队（Army），君主对抗心怀不满的神职人员的保障

以极小字体印刷的索引长达63页，内容无所不包："财富，最主要的是享受，包括虚荣心的满足；贫困，有时促使民族遵循非人道的习俗；胃，对食物的欲求受到容量的限制；屠夫，残忍可憎的行业。"当我们读完这部900页的巨著时，18世纪70年代的英国学徒、熟练工人和日益崛起的资本家、地主、牧师和国王的形象，作坊、农场和对外贸易的画面会闪现在我们的脑海里。

这本书的内容极为丰富，作者以百科全书般的头脑思考问题，却不像百科全书那样按序做出精细的论述。在那样一个作家们不需要用"如果""和""但是"来约束自己思想的时代，像斯密这样的智者可以在其著作中囊括大量的知识。因此，这本书无须回避什么，无须减除什么，也无须害怕什么。不过，这本书读起来很费神！它总是在洋洋洒洒地论述了50页后拒绝做出简短

的总结。它的论证很充分，资料很翔实，以至读者不得不去除装饰，只有这样才能找到它背后坚实的钢架结构。在论述白银问题时，斯密插入了75页的"题外话"；在谈到宗教时，他也偏离了主题，用一章的篇幅大谈道德社会学。不过，尽管这本书的篇幅很长，里面却充满了洞见、观察和巧妙的措辞，这些都为这部巨著注入了生机和活力。斯密首次把英格兰称为"小店主之国"；他还写道："就天赋资质而言，哲学家与街上挑夫的差异，比猎狗与长耳狗的差异，比长耳狗与牧畜家犬的差异，要少得多。"关于正在东方大肆劫掠的东印度公司，他写道："这真是个奇怪的政府，公职人员都想尽快离开那个国家，并尽快和那个政府脱离关系。在他们离去并且财产也被全部搬出去之后，即使那个国家被地震摧毁，他们也会无动于衷。"

《国富论》绝不是一本教科书，它是亚当·斯密为他的时代写就的，而不是为他的课堂写就的。他所阐述的是对管理帝国具有重要意义的学说，而不是一部抽象的学术专著。他要斩杀的恶龙（比如重商主义哲学，需要论述200多页才能驳倒它）尽管在苟延残喘，但仍然还活着。

最后要说的一点是，《国富论》是一部具有革命性意义的著作。可以肯定的是，斯密无法容忍一场推翻绅士阶级、让劳苦大众翻身的剧变。然而，《国富论》是革命性的。斯密并不像人们通常认为的那样，是新兴资产阶级的辩护者。正如我们所看到的，他欣赏资产阶级的工作，但怀疑他们的动机，而且他也考虑到了广大劳动群众的需求。他无意维护任何阶级的利益，他关心的是增进整个国家的财富。在亚当·斯密看来，财富由社会上所有人消费的商品构成，当然，人与人消费的商品数量并不相等。在自然自由的社会中，贫穷和财富并存。

尽管如此，这也是一种民主的，因而也是激进的财富理念。黄金、珠宝、王室珍藏的观念已经不复存在了，商人、农民或工人行会的特权也不见踪影了。我们生活在现代世界，每个人消费的商品和服务的流动成了经济生活的最终目标。

现在的愿景是什么样的呢？正如我们将要看到的，不能简单地把它描述为霍布斯的王权原则。斯密的愿景更像是一种全新的社会组织模式蓝图，一种被称为政治经济学，或者用今天的术语来说是经济学的模式。

位于这张蓝图中心的是斯密关注的两大问题的解决方案。首先，他想揭示出将社会凝聚在一起的机制。人人都忙于追求自身利益，这是纯粹的离心力，但由这样的人组成的社会怎能不分崩离析呢？是什么引导着每个人的私事与群体的需求一致呢？没有中央规划机构，也没有古老传统的稳定影响力，社会如何完成生存所必需的任务呢？

这些问题引导着斯密阐述了市场规律。用他的话说，他所寻求的是"那只看不见的手"，通过它，"个人的私利和爱好"被引导到"最符合整个社会利益的方向"。

但市场规律只是斯密探究的问题之一。还有一个问题令他感兴趣：社会将走向哪里？打个比方，市场规律只能解释这个问题：旋转的陀螺为何能保持直立而不倒，但还有一个问题它无法解释，即陀螺能否因自身旋转而沿着桌面移动。

在斯密和追随他的大经济学家看来，社会并不是人类的一项静态成就，能够不断地进行自我复制。相反，它是一个有自己生命史的有机体。事实上，从整体来看，《国富论》堪称一部历史巨著，它解释了"完全自由的体系"（也被称为"自然自由的体系"）——斯密所说的商业资本主义——是如何产生以及如何运转的。

但我们首先要理解斯密所揭示的市场规律，否则我们就无法理解这个更宏大、更迷人的问题。因为市场规律本身就是导致社会繁荣或萧条的更大规律的组成部分。让漫不经心的个人与其他人保持一致的机制，会影响社会自身随时间演变的机制。

因此，我们首先来谈一谈市场机制。它不是那类激发想象力或刺激情绪的东西，不过，尽管它枯燥无味，但具有即时性，值得我们慎重对待。市场规律不仅对理解亚当·斯密的世界至关重要，而且也构成了卡尔·马克思那个截然不同的世界和我们今天所处的世界的基础。既然我们所有人（无论是否能察觉到）都处在市场规律的支配下，我们就应该仔细地审视它们。

总体来看，亚当·斯密的市场规律很简单。它告诉我们，在特定的社会框架下，特定的行为将产生完全确定和可预见的后果。具体而言，市场规律向我们展示了，在人人逐利的环境中，个人的逐利本能如何导致竞争，而且进一步证明了竞争如何导致社会以期望的数量和准备支付的价格提供想要的商品。我们来看看这一切是如何发生的。

自利心驱使人们从事社会愿意支付报酬的任何工作。斯密说："我们每天所需的食物和饮料，不是出自屠户、酿酒家或面点师的恩惠，而是出于他们自利的打算。我们不跟他们说能唤起他们利他心的话，而是说能唤起他们自利心的话。我们不跟他们说自己有需要，而是说对他们有利。"

但是，自利心只解释了问题的一半。自利心只会驱使人们做出行动，一个社会只靠自利心驱动，将满是冷酷无情的奸商。要防止欲壑难填的人让社会付出惨重代价，就必须利用其他因素，这个因素就是竞争，也就是市场上自利行为者的冲突。在不考虑社会后果、只为自己牟利的情况下，人人都面临着与自己有相同追求和处境的人，因此，人人都希望利用他人的贪婪之心。自利心超出一般水平的人会发现，竞争对手会乘虚而入，把自己的生意抢走。如果他对商品索要的价格过高，或者他支付给工人的工资过低，那么他会发现，既没有人愿意购买他的商品，也没有工人愿意为他效力。因此，正如《道德情操论》中所说的，人类的自利动机因相互影响而产生了最意想不到的结果：社会和谐。

我们以价高问题为例进行说明。假设有100家手套制造商。在自利心的驱使下，每个制造商为获得超额利润都想把价格提高到生产成本之上，但他们不能这么做。如果一个制造商提高了价格，他的竞争对手就会以较低的价格夺走他的市场份额。只有所有手套制造商联合起来结成稳固的统一战线，他们才能提价。当这种情形发生时，来自另一个领域（比如说制鞋）的富有进取心的制造商可能会打破这种共谋联盟，他会把资金转移到手套制造业，通过压价的方式获取市场份额。

但是，市场规律不只确定了有竞争力的价格，还确保了生产者关注社会所需的商品的**数量**。假设消费者需要的手套比实际生产的多，需要的鞋子比实际生产的少，那么老百姓将争相抢购市场上的手套存货，而鞋子生意会不好做。手套的存货有限，随着消费者试图购买更多的手套，手套的价格往往会上涨，鞋子的存货积压，随着鞋子鲜有人问津，其价格往往会下跌。不过，随着手套价格的上涨，手套行业的利润会提高；随着鞋价的下跌，制鞋行业的利润会大幅下滑。此时自利心就有用武之地了，它能纠正这种失衡。制鞋厂缩减产能，工人离开制鞋行业，转而进入正繁荣兴盛的手套行业。最终的结果是显而易见的：手套的产量增加，鞋子的产量减少。

这正是社会想要的结果。随着越来越多的手套上市，市场需求得到满足，手套价格将回落。随着鞋子产量减少，剩余的鞋子很快消失，鞋子价格再次上涨到正常水平。通过市场机制，社会改变了生产要素的分配，适应了新的需求。然而，在整个过程中，没有人发号施令，也没有规划机构制订产出时间表。自利心和竞争两大因素相互作用，完成了这一转变。

市场规律还有一项成就。市场按公众需求调节**商品**的价格和数量，也调节合作生产这些商品的人的**收入**。当某一行业的利润过高时，其他行业的商人就会涌入该行业，直到竞争降低其利润。当某种工作的薪金过高时，就会有很多人涌入，直到其薪金降至与需要类似技能和培训的其他工作的薪金相近为止。相反，当某个行业的利润或工资过低时，资本和劳动力就会外流，直到供给适应需求。

一切看起来都很简单。但想一想亚当·斯密用自利心和竞争解释了多少问题，你就会明白事实并非如此了。首先，他解释了价格不会无限偏离生产商品的实际成本的原因。其次,他解释了社会如何诱导生产者提供其所需的商品。再次,他指明了高价可以自行修正的原因,因为高价会导致商品的产量增加。最后,他解释了英国各大生产阶层的收入水平基本相同的原因。总之,他在市场机制中发现了一个能使社会实现有序供给的自我调节系统。

请注意"自我调节"一词,市场的美妙之处就在于,它能实现自我调节。当产出、价格或某些薪酬偏离了社会规定的水平,就会有一股力量使它们复位。这里有一个奇怪的悖论:市场既是个人经济自由的极致,又是最严厉的监工。人们可以请求规划委员会做出裁决,或者得到大臣的恩赐;但在市场机制的无形压力下,人们既不能请求裁决,也得不到任何恩赐。因此,乍看之下人好像拥有经济自由,但实际上这是一种幻觉。人可以在市场上随心所欲,但是,如果逆市场而动,那么个人自由的代价就是经济破产。

世界真是这么运转的吗?在亚当·斯密的时代,大体上是如此。当然,即使在那个时代,一些制约市场机制自由运转的因素已经存在了。制造商联合起来维持高价,工人联合起来对抗压低工资的竞争压力,而且那时还出现了更多令人不安的迹象。隆贝兄弟的工厂不仅仅是一项工程奇迹和令人赞叹的观光景点,它还预示着大规模工业的到来和市场势力极大的雇主的出现。棉纺厂童工的市场势力肯定不可能与雇用他们、给他们提供食物、剥削他们的雇主同日而语。但是,尽管与蓝图存在种种偏差,但18世纪的英格兰大体上符合亚当·斯密所设想的模式。商业竞争激烈,工厂的规模较小,商品价格确实随着需求的起伏涨跌,价格的变化也确实引起了产量和工作的变化。亚当·斯密的世界被称为原子式竞争世界,在这样的世界里,无论是劳动力还是资本,任何生产要素都没有足够的力量干扰或对抗竞争的压力,任何人都在巨大的社会自由竞技场中追逐个人私利。

那么今天的世界呢?竞争性市场机制仍在发挥作用吗?

这是一个不容易回答的问题。自18世纪以来,市场的性质已经发生了巨大的变化。我们所处的不再是一个无人能逆势而行的世界了。今天的市场机制具有的特点是:参与者规模巨大,有巨型的公司和强大的工会,他们的行事方式显然不同于过去的个体经营者和工人。他们的规模使他们能够扛得住竞争压力,无视价格信号,而且,他们会从长远考虑自身利益问题,而不是只局限于眼前。

这些因素显然削弱了市场机制的导向功能。然而,尽管现代经济社会具有自己的特征,但自利心和竞争这两大因素,无论其力量遭到了何种淡化或限制,都是市场体系中的任何参与者不能完全无视的基本行为准则。尽管我们生活的世界与亚当·斯密的世界不同,但研究市场的运行状况,我们仍然能发现市场规律的身影。

市场规律只是描述了赋予社会凝聚力的行为,必定还有别的规律在起作用。在《国富论》出版90年后,卡尔·马克思发现了"运动规律",《国富论》描述了资本主义如何缓慢、不情愿但又不可避免地走向灭亡。《国富论》也有自己的运动规律,但与马克思的完全不同。亚当·斯密预测,世界会慢慢地、非常乐意地、不可避免地走向瓦尔哈拉[1]。

当时绝大多数观察家都不认为瓦尔哈拉是世界最终的归宿。1792年,约翰·宾爵士在英格兰北部旅行时,透过马车窗户看到的景象给他留下了十分深刻的印象,他写道:"为什么现在这里有一座巨大的工厂……整个山谷都被侵扰了……理查德·阿克赖特爵士可能给他的家庭和国家带来了大量的财富,但作为一名游客,我讨厌他的计划,因为这些计划已经波及了每一个乡村,破坏了那里的田园风光和自然之美。"约翰爵士一到曼彻斯特就说:"天哪!这里简直就像个狗窝。"

事实上,英格兰的大部分地区都跟狗窝差不多。三个世纪的动荡促使土地、劳动力和资本这三大生产要素诞生,但这些动荡似乎引发了更多的动荡,因为这些被释放的生产要素开始结合为一种丑陋的新形式——工厂。工厂导致了新的问题出现。在约翰爵士游历的20年前,靠着贩卖女性假发积累了一定资本的理查德·阿克赖特发明了(或窃取了)纺织机。但是,在制造出这种机器后,他发现为其配备操作员并不容易。当地的工人跟不上机器的"正常速度"。领工资的工作仍普遍受到蔑视,一些资本家发现,他们新建的工厂完全因盲目的仇恨而被烧成灰烬。阿克赖特被迫把目光转向了孩子们——"他们的小手指很灵活。"此外,孩子们由于没有独立干农活或手工艺活的生活经验,因而更容易适应循规蹈矩的工厂生活。雇用童工在当时被视为善举,让童工就业难道无助于改善"无收入穷人"的生活吗?

---

[1] 北欧神话中的天堂之地。

除了对工厂又爱又恨，还有一个问题吸引了公众的注意力，那就是无收入的穷人到处都是。在1720年的英格兰，这样的人多达150万。当时英格兰的总人口只有1200万或1300万，无收入穷人的比例相当惊人。因此，当时社会上出现了很多安置方案，但绝大多数都前景堪忧。人们都在抱怨说，之所以出现这样的结果，是因为穷人懒散成性而且爱慕虚荣。下层阶级对上层阶级生活方式的模仿，达到了令人惊愕的程度。工人竟然喝茶！寻常百姓似乎更喜欢小麦面包，而不是传统的黑麦或大麦面包！当时的思想家们问道，这一切将导致何种结果？对整个国家的福利来说，穷人的需求（正如臭名昭著的曼德维尔在1723年所说的，"缓解贫困是明智的，但消除贫困是愚蠢的"）难道不是必不可少的吗？如果对社会不可或缺的阶层消失，社会将会出现什么状况？

虽然那个时代人们对这个可怕的"下层阶级"大问题感到"惊恐"，但亚当·斯密肯定没有这样的感觉。他写道："大部分成员陷于贫困悲惨状态的社会，决不能说是繁荣幸福的社会。"他不仅发表了如此激进的声明，且还证明了社会一直在不断进步：它正向一个积极的目标迈进。它之所以进步，并不是因为任何人的意愿，也不是因为议会通过了法律，或者英格兰赢得了一场战争，而是因为社会内部隐藏着一股动力，它像一个巨大的引擎一样推动着整个社会前进。

亚当·斯密在英国观察到的一个重要事实给他留下了深刻的印象，那就是精细的劳动分工和专业化大大促进了英国生产力的增长。在《国富论》的开头部分，斯密这样描述他在一家制针厂里看到的景象："一个人抽铁线，一个人拉直，一个人切截，一个人削尖线的一端，一个人磨另一端，以便装上圆头；要做成圆头，需要两三种不同的操作。装圆头，涂白色，乃至包装，都是专门的工作……我见过一家这样的小工厂，总共只有十来名工人，因此在这家工厂里，有几名工人承担两三种操作任务。像这样一家小工厂的工人，虽然很穷困，他们的机械设备也很简陋，但如果勤勉努力，他们一天也能制作12磅[1]针。按每磅4000枚针计算，这些工人每天就可以制成48 000枚针，即一人一天可制成4800枚针。但如果他们都是各自独立……他们一天绝对制造不了20枚针，恐怕一天连一枚针也制造不出来……"

毫无疑问，当今的生产方式要比18世纪的复杂得多。斯密对一家10人小工厂印象如此深刻，以至有感而发，写下了上面的文字，倘若他看到的是一家万人工厂，又会作何感想呢！不过，劳动分工的好处并不在于其复杂性——事实上，它简化了大多数的辛苦劳动，它的好处在于能增加斯密所谓的"最下层的人民获得普遍富裕的机会"。以现代人的眼光来看，18世纪是不可能实现普遍富裕的。但是，如果从历史的角度来看，相较于一两个世纪以前，18世纪英国工人的生存状况明显改善了许多。斯密生动地阐述了这一点：

> 观察一下文明而繁荣的国家的普通工人或日杂工的膳宿设施，你就会发现，生产这些设施的人的数量，是

---

[1] 1磅约等于0.45千克。

难以计数的，每个人都贡献了一小部分劳动。例如，日杂工所穿的羊毛呢外套虽然看似做工粗糙，却是许多工人共同努力的产物。为了完成这种家庭式手工制品，需要牧羊者、剪羊毛者、梳羊毛者、染工、粗梳工、纺工、织工、漂白工、裁缝工，以及其他许多人联合起来工作……需要雇用多少商户和搬运工……通商和航运规模如何……多少造船工、水手、帆布制造者和制绳工……

同样，要是我们观察一名劳动者的服装和家具的不同组成部分，如贴身穿的粗麻衬衣、脚上穿的鞋子、睡觉用的床和床上用品、做饭用的炉子、由地下采掘出来而且也许需要经过水陆运输才能送到他手里供他烧饭用的煤炭，厨房中的一切物品，饭桌上的一切用具，刀子和叉子，盛放食物和分取食物的瓷制和锡镴制器皿，制作面包和酿造麦酒供他吃喝的各种人手，那种能保暖、能穿透光线并能遮风挡雨的玻璃窗，和促使美好的大发明成功问世的一切知识和技术……总之，当我们观察这一切……我们就会觉得，没有成千上万的人的帮助和合作，一个文明国家里的普通人，就连一件极为简单平凡、不起眼的日常用品也用不起。相比于富贵人家的奢靡享受，工人的生活已经算是极为简朴了，但这或许是真的，欧洲亲王的生活可能并不比勤劳节俭的农民好多少，而欧洲农民的生活却比一位主宰10万裸体野蛮人的生死和自由的非洲国王好得多。

是什么力量驱使社会财富神奇地倍增？市场机制本身提供了部分动力，因为市场利用了人们的创造力，鼓励甚至迫使人们去发明、创新、扩张和冒险。但在市场无休止的活动背后，还存在着更深层次的压力。事实上，斯密发现了两个深层次的行为规律，正是它们推动市场体系实现了生产力的螺旋式上升。

第一个是资本积累规律。

切记，亚当·斯密生活在一个新兴工业资本家能够并且确实从投资中获得大量财富的时代。理查德·阿克赖特年轻时曾是一名理发师学徒，等到他1792年去世时，他积攒的财产多达50万英镑。塞缪尔·沃克起初在罗瑟勒姆一家老旧的制钉厂打铁，后来他在该地留下了一家价值20万英镑的钢铁铸造厂。乔赛亚·威奇伍德创办了一家陶瓷厂，无论他在哪里看到工人不尽心工作，他都会在木头柱子上潦草地写下"这么为乔斯·威奇伍德干活可不成"，他身故后留下了价值24万英镑的遗产和众多地产。早期的工业革命让那些行动足够快、脑子足够精明、足够勤奋且一马当先的人赚取了大量财富。

绝大多数新兴资本家自始至终的唯一目标就是积累资本。19世纪初，曼彻斯特为创办主日学校募集2500英镑的资金。这个地区雇工最多的棉纺厂的老板为这项高尚的事业捐献了90英镑。这位年轻的工业贵族认为资金有更好的用途，而不是捐给非生产性的慈善事业，资金必须积累起来。亚当·斯密完全赞同他的做法。不积累资本的人不会有好下场。那些侵蚀资本的人，"就跟把敬神用的资金用来亵渎神明的人一样，把父辈节省下来打算维持产业的钱，用来豢养游手好闲之人"。

但是亚当·斯密不赞成纯粹为了积累而积累。毕竟他是一位哲学家，看不惯富人的虚荣。相反，他看到了资本积累给社会带来的巨大好处。如果用资本购置机器，就能产生奇妙的劳动分工，使人类的生产力成倍提高。因此，在斯密眼里积累是另一把双刃剑：个人的贪欲再次增进了社会的福祉。斯密并不担心20世纪的经济学家面临的这个问题：私人资本的积累是否真能促进就业？在他看来，世界一直在进步，市场的规模只受地理范围的限制。斯密说，只要积累资本，世界就会受益。当然，在他那个充满活力的时代氛围中，没有证据表明，有能力的人不愿意积累资本。

但是，问题就出在这里，积累很快就会导致进一步的积累无法实现。因为积累意味着更多的机器，而更多的机器意味着需要匹配更多的工人。这迟早会导致工资水平提高，直到积累的利润被蚕食殆尽。那么，如何才能解决这个问题呢？

●●

答案在于市场体系的第二大规律：人口规律。

在亚当·斯密看来，劳动力就跟其他商品一样，可以根据需求生产。当工资上涨时，工人的数量会增加；当工资下降时，工人的数量会减少。斯密曾直言不讳地说："……对其他商品的需求必然支配其他商品的生产，同理，对人口的需求也必然支配人口的生产。"

乍看起来这种想法很天真，但事实并非如此。在斯密所处的时代，下层阶级的婴儿死亡率高得惊人。斯密说："苏格兰高地常有一母产子20个，但只有不到2个存活下来的实例。"在英格兰的许多地方，有一半的孩子活不到4岁就夭折了，几乎在所有地方，只有一半的孩子能活到9岁或10岁。营养不良、恶劣的生活条件、寒冷和疾病使很多贫困人口丧命。因此，尽管高工资对出生率的影响很轻微，但预计它会对即将达到工作年龄的儿童的数量产生很大的影响。

所以，资本积累会导致工人阶层的工资提高，而工资提高反过来会导致工人的数量增加。到市场机制发挥作用的时候了。正如市场高价会导致手套产量增加，而更多的手套反过来又会压低手套价格一样，更高的工资将导致工人的数量增加，而工人数量的增加会对工资水平产生反向的压力。在工资的影响下，人口就跟手套生产一样，可以实现自我纠正。

这意味着资本积累可以安全地持续下去。资本积累导致工资上涨，工资上涨导致进一步的积累无利可图，但人口增长使问题得到缓解。资本积累走向自我毁灭，然后在关键的时刻得到解救。高工资使人口增长成为可能，而人口增长又解决了高工资难题。这种自行沉浮、刺激和反应的过程令人着迷，看似某种因素导致体系走向了灭亡，但它又狡猾地为体系恢复健康创造了必要的条件。

请注意，斯密为社会构建了一个巨大的、永无止境的链条。就像一系列相互关联的数学命题一样，社会有规律而又不可避免地踏上了发展的征程。从任何一点开始，在市场探索机制的作用下，劳动力和资本在各类用途上的回报趋同，商品的生产量符合需求，商品价格在持续的竞争压力下趋于生产成本。除此之外，社会是动态变化的。从一开始财富就在积累了，而积累会导致生产设施增加和劳动分工扩大。到目前为止，一切都很好。但是，随着资本家为新工厂雇用工人，工资会提高。随着工资提高，进一步的积累开始变得无利可图。这个系统有可能趋于平稳。但与此同时，工人们将用更高的工资抚养子女，而夭折的子女人数减少，工人的供给会增加。随着人口的增加，工人之间的竞争将再次压低工资。因此，积累会持续下去，社会的另一轮螺旋上升开启。

斯密并没有描述任何商业周期，他描述的是长期的演进过程，而且是非常确定的。只要市场机制不被损害，一切就必定由前面的环节所决定。社会内部就像安装了一台巨大的往复式机器：引导生产者的是公众的喜好，只有公众的喜好和国家的物质资源处于这个因果链条之外。

但请注意，无尽的改善不会实现。我们所说的经济增长（斯密没有使用这个词）肯定可以持续很长一段时间，但改善是有限度的，不会立即对工人产生影响。诚然，人口的增长最终会迫使工资趋于仅能维持生计的水平，但在斯密看来，工人阶级的生活水平可以显著提高多年。

不过，斯密是一位现实主义者。他认为，从长远来看，人口的增长会把工资推向"自然"水平。这一刻什么时候到来？当社会耗尽了未使用的资源而且劳动分工无法再继续推进时，它就会到来。总之，当经济的边界扩展到极限，并且经济增长的"空间"得到了充分利用时，增长就会结束。

但是，为什么不能进一步扩大边界呢？斯密认为，至关重要的分工是一次性而非持续性的过程。正如最近有人指出的那样，斯密并没有把劳动分工的组织和技术核心视为自发的变革过程，而是把它们视为只能带来一次性刺激的、不连续的进步过程。因此，从长远来看，社会的增长势头终将停止。斯密曾提到，社会繁荣兴盛的最长时期是 200 年。此后，劳动者的工资将恢复至维持生计的水平，资本家的利润将恢复至使市场稳定的水平，而地主可能独享更高的收入，因为虽然人口不再增长了，但人口总数比以前多了，对粮食的需求仍然处于高位，粮食生产也就处于高位。尽管斯密乐观大胆，但他的愿景是克制、谨慎、冷静的。从长期来看，他的愿景是令人警醒的。

难怪《国富论》出版一段时间后才得到世人的认可。8 年后，它首次被议员引用，引用它的人是在下议院影响力最大的议员查尔斯·福克斯，不过这位议员后来承认，他从未真正读过这本书。直到 1800 年，这本书的价值才得到充分认可，到那时，它已经出版了 9 个英文版，而且已经进入了欧洲和美国。出人意料的是，极力推崇《国富论》的是新兴资产阶级。斯密曾痛斥他们"无耻贪婪"，"既不是，也不应该是人类的统治者"，不过他们不在乎这些批评，他们在乎的是斯密在其研究中提出的一个重要观点：**不干涉市场**。

斯密的本意是一回事，支持者们的解读是另一回事。正如我们所说，斯密不拥护任何一个阶级，他只忠于市场体系。他的全部经济哲学源于他坚信市场能引导体系获得最高的回报。如果不干涉市场，这台奇妙的社会机器就能满足社会的需求，演进规律自会发挥作用，社会就获得相应的回报。斯密既不反对劳方，也不反对资方，如果说他有任何偏向的话，那就是偏向消费者。他写道,"消费是一切生产活动的唯一目的",接着就开始严厉批评那些将生产者利益凌驾于消费大众利益之上的制度。

但是,新兴产业资本家们为了阻止政府改善当时极为恶劣的工作条件,在斯密对自由市场的赞颂中找到了需要的理论依据,因为斯密的理论导向的无疑是自由放任主义。在斯密看来,政府干涉越少越好,因为它挥霍无度,不负责任,还不事生产。然而,斯密并不一定像他过世后的崇拜者们所认为的那样,反对增进公共福祉的政府行为。例如,他提醒人们要注意大规模生产的致愚效应——"人类大部分的智力,都是在日常工作中形成的。一个人如果把一生的光阴全消磨于少数单纯的操作……往往会变成最愚钝最无知的人",他还预言,劳工的品德会下滑,"除非政府费些力量加以防止"。

事实上,斯密并不是反对所有的政府行为,他特别强调,政府在自然自由的社会中应该做三件事。首先,保护社会免受其他社会的"暴力入侵"。其次,为所有公民提供"严正的司法机关"。最后,政府有义务"设立和维护对整个社会最有利的公共事业和公共设施,这类事业和设施的利润永远不足以偿付任何个人或一小群人为其投入的资金"。

用今天的话来说就是,斯密明确承认,私营部门无法承担的项目可由公共投资实现,如道路和教育。毋庸置疑,自斯密时代以来,公共投资的范围扩大了很多,比如防洪、生态修复和科学研究,但这一观念本身,与许多其他观念一样,被隐含在斯密的基本愿景中,没有明示出来。

斯密反对的是政府对市场机制的干预。他反对限制进口和奖励出口，反对政府出台法律保护工业免受竞争的洗礼，反对政府为了非生产性目的而支出。请注意，政府的这些活动都不利于市场体系的正常运转。当政府制定福利方面的法律时，它是在削弱还是在加强市场制度，斯密不需要考虑这一问题，但这个问题令之后的经济学家伤脑筋。在斯密的时代，除了对贫困者的公共救济，几乎没有其他福利方面的立法——政府与统治阶级公然结盟，政府内部主要争论的问题是，受益最多的究竟应该是地主阶级还是产业阶级。工人阶级是否应该在经济事务上有发言权，任何一位体面人物都不曾考虑过这个问题。

亚当·斯密体系的大敌与其说是政府，不如说是一切形式的垄断。斯密说："同业中人很少为了娱乐或消遣聚集在一起，但他们谈话的结果，不是暗地里损害公共利益就是抬高价格。"这类行为的问题不在于它们本身应该遭受道德谴责，因为它们毕竟是人类谋求自身利益的必然结果，真正的问题在于，它们降低了市场的流动性。斯密的观点当然是对的。如果相信市场机制能以尽可能低的价格生产出尽可能多的商品，那么任何干扰市场的行为都必然会降低社会福利。如果像斯密时代一样，英国任何地方的制帽师都不能雇用两个以上的学徒，或者谢菲尔德的刀匠都不能雇用一个以上的学徒，那么市场体系就不可能充分发挥效力。如果像斯密时代一样，穷人被束缚在当地教区，无法在有机会的地方寻找工作，那么市场就无法在有需要的地方找到劳动力。如果像斯密时代那样，大公司被赋予了对外贸易垄断权，公众就无法充分享受到国外廉价商品的好处。

因此斯密说，这些障碍都必须清除。必须让市场自由地确定价格、工资、利润和产量的自然水平；任何干扰市场的行为都会减损国家的财富。但是，政府的任何行为，甚至是出台要求粉刷工厂或者防止工厂雇用童工的法律，都可能被解释为阻碍市场自由运转的行为。人们为了反对第一部人道主义立法，曾大量引用《国富论》的观点。因此，这位指出18世纪贪婪的产业资本家"靠欺骗公众，甚至压迫公众获利"的人，被不公地扭曲为他们的经济守护神。即使是在今天，倘若不深入研究斯密的思想，大多数人也会认为他是一位保守的经济学家，但实际上，他比当代大多数自由主义经济学家更公然地敌视商人的动机。

从某种意义上说，亚当·斯密的愿景证明了18世纪人们的信念，即理性和秩序将不可避免地战胜专断和混乱。"不要试图做好事"，斯密说，要让善举成为自利心的副产品。这位哲学家就这样把这一信念融入了巨大的社会机器中，而且把自私的本能论证为社会美德！斯密坚信自己的哲学理念引发的后果。他竭力主张，法官的报酬应该由诉讼当事人而不是国家支付，因为在自利心的驱使下，法官会加快审理案件。他认为，股份公司这种新兴的商业组织前途渺茫，因为这种非个人的机构似乎极不可能激发员工的自利心来从事复杂而艰巨的工作。即使是对最伟大的人道主义运动，如废除奴隶制，斯密也有他自己的一套说辞。他说，最好废除奴隶制，因为这样奴隶就能变得更便宜。

就这样，复杂的非理性世界被简化成了一个理性的框架。在这一框架下，人人都成了趋利避害的个体。这套伟大的体系之所以有效，并不是因为有人指导它，而是因为自利心和竞争这两大因素合理发挥着作用，一切都变得有条不紊。人类所能做的就是，助力这种自然的社会力量继续前进，消除阻遏它的任何障碍，并停止做出摆脱其束缚的行为。

尽管亚当·斯密的世界带有18世纪的鲜明特色：坚信理性、自然规律以及作用和反作用的机械式链条，但它也有温暖的一面。不要忘了，市场体系的最大受益者是消费者，而不是生产者。在日常生活哲学中，消费者第一次成了王者。

整体来看，斯密的哪些理论幸存下来了呢？

不是伟大的演进理论。我们将会看到，之后的大经济学家大幅改动了这一理论。但是，我们不要把亚当·斯密的世界仅仅看作他对无法企及的世界做出的初步构想。斯密是前工业资本主义时代的经济学家，他没有机会目睹50年后市场体系遭受超大型企业的威胁，也没有看到社会的发展打破了他的积累和人口规律。在斯密生活和写作的时代，还没有出现所谓的"商业周期"现象。他所描绘的世界真实存在过，他对那个世界的系统化论述是对其扩张趋势的精彩分析。

然而，斯密的理论肯定有所遗漏。虽然他看到了社会的演进，却没有看到一场革命——工业革命。斯密没有在丑陋的工厂体系中，在新出现的企业组织形式中，或者在熟练工人组建保护性组织的软弱尝试中，看到具有颠覆性意义的强大社会新力量。从某种意义上说，他的体系预设了18世纪的英格兰将永远保持不变，它的增长只体现在数量上，即更多的人，更多的商品，更多的财富，而其性质将保持不变。他阐述的是一个静态社会的动态变化；它在成长，但永远不会成熟。

但是，尽管这个演进的体系已被大幅修改，市场全景仍然是斯密的一项重大成就。可以肯定的是，斯密没有"发现"市场，在他之前就有人指出了自利心和竞争的相互作用如何为社会提供所需的物品，但斯密是首位理解这一概念所涉及的行为的完整哲学，并首次系统性地阐述其整体架构的人。他使英国乃至整个西方世界理解了市场如何把社会凝聚在一起，也是第一个在理论基础上建构社会秩序大厦的人。后来的经济学家在提出相关的理论时，大多以斯密对市场的描述为基础进行完善，并探究之后出现的严重缺陷。但是，斯密对这个世界丰富多彩和形象生动地描述，无人匹敌。

斯密学识渊博、视野广阔，令人钦佩。只有到了18世纪，内容丰富、论证可靠、思想深刻的巨著才有可能问世。事实上，《国富论》和《道德情操论》以及斯密为数不多的其他著述表明，他不只是一位经济学家，还是一位哲学家、心理学家、历史学家和社会学家。他提出了一个包含人类动机、历史"阶段"和经济机制的愿景。所有这些都是"伟大的自然设计师（斯密所言）"的计划的一部分。从这个角度来看，《国富论》不仅仅是一部政治经济学巨著，还是人类自身大胆开拓的宏大概念的一部分。

此外，《国富论》体现的深刻观察力也令我们惊叹不已。斯密早在150年前就预见了凡勃伦看到的现象，他写道："在大部分富人看来，财富所带来的主要乐趣在于炫耀。展示出别人求之不得的富裕的决定性标志，就是最大的炫耀。"他是一位领先于时代的政治家，他说："英帝国的任何省份，如果不能对整个帝国的维持有所贡献，英国就应该取消为防御该省支出的战费费用，取消为维持该省日常民政或军事设施支出的费用，并努力使英国未来的行动与计划，与该省的实际情况相匹配。"

就充分理解自身所处的时代而言，也许没有哪位经济学家能比得上亚当·斯密。也没有哪位经济学家能像他那样在写作时保持平和的心态，不蛊惑人心，虽批判深刻，却始终就事论事，不涉及个人怨恨，乐观却不脱离实际。可以肯定的是，他也心怀那个时代的信念，事实上，他进一步强化了这些信念。那是人文主义和理性主义的时代，但是，尽管这两种主义都有可能因最残忍和最暴力的目的而扭曲，但斯密从来不是沙文主义者、妥协者，也不是谁的辩护者。他在《道德情操论》中写道："人在世界上辛劳忙碌是为了什么？贪婪和野心，追求财富、权力和卓越的最终结果是什么？"《国富论》给出了答案：所有掠夺财富和荣誉的肮脏行为，都以大众的福祉作为终极理由。

晚年的斯密尊荣无比。伯克[1]亲赴爱丁堡拜访他；他被母校格拉斯哥大学任命为名誉校长；他亲眼见证《国富论》被翻译成丹麦语、法语、德语、意大利语和西班牙语。只有牛津大学对他不理不睬，从未屈尊授予他任何荣誉学位。有一次，时任首相小

---

[1] 埃德蒙·伯克（Edmund Burke, 1729—1797），爱尔兰政治家、作家、演说家、政治理论家和哲学家，他曾在英国下议院担任数年辉格党议员，常被视为英美保守主义的奠基者。

皮特[1]与阿丁顿[2]、威尔伯福斯[3]和格伦维尔[4]会谈,斯密也应邀出席。当这位老哲学家走进会谈房间时,所有人都站了起来。他忙说:"先生们,请坐。"皮特回答说,"不,我们都是您的学生,您先坐,我们才能坐。"

1790年,斯密去世,享年67岁。奇怪的是,他的去世没有引起太多人的关注,也许人们正忙着担心法国大革命及其对英国的影响。他的遗体被安葬在了卡农盖特教堂墓地。他的墓碑朴实无华,上面写着:"《国富论》的作者亚当·斯密长眠于此。"很难想出比这更意味深长的墓志了。

---

[1] 小威廉·皮特(William Pitt, the Younger, 1759—1806),英国政治家,托利党人,第16、18任英国首相。

[2] 亨利·阿丁顿(Henry Addington, 1757—1844),英国托利党政治家,1801年继小威廉·皮特任英国首相(兼财政大臣)。

[3] 威廉·威尔伯福斯(William Wilberforce, 1759—1833),英国议员。

[4] 威廉·格伦维尔(William Grenville, 1759—1834),出生于辉格党世家,乔治三世时期的英国首相,信奉亚当斯密的经济理论。

第 4 章

马尔萨斯和李嘉图的悲观预测

第4章 马尔萨斯和李嘉图的悲观预测

在 18 世纪的大部分时间里,有两大问题一直困扰着英国,一是无处不在的贫困,二是英国到底有多少人口。后一个问题之所以令人担忧,是因为在英国人看来,欧洲大陆的宿敌法国的人口增加了,而资源贫瘠的英国的人口在下降。

英国到底有多少人口,英国人心里没数,但他们确实有些大惊小怪,庸人自扰了。到了 1801 年,英国进行了第一次真正意义上的人口普查,这次普查却被视为"对英国自由遗风的彻底颠覆"。因此,英国早期对其人口状况的了解依赖于业余统计学家的努力,他们包括:新教牧师普莱斯博士;药剂师和咖啡茶叶经销商霍顿;绘图师格雷戈里·金。

1696 年,格雷戈里·金根据壁炉税[1]和洗礼登记数据,估计出英格兰和威尔士的人口数量大约为 550 万,这似乎是一个非常准确的估计。但金不仅关心当时的人口状况,他还展望了未来。他写道:

"英格兰的人口数量下一次翻倍很可能发生在约 600 年后,即公元 2300 年……再下一次翻倍很可能发生在 1200 年或 1300 年后,即公元 3500 年或 3600 年。到那时,英国将拥有 2200 万人口……"这位绘图师还谨慎地补充道:"世界应该能持续到那

---

[1] 又称壁炉钱、烟囱税或烟囱钱,按房屋内壁炉的多寡征税。

个时候。"

但到了亚当·斯密时代,金的人口温和增长预测已被另一种观点所取代。普莱斯博士将 18 世纪的壁炉税数据与早期的记录进行对比后确证,自复辟[1]以来,英格兰的人口**减少**了 30% 以上。他的计算显然令人怀疑,其他研究人员也对其结论提出了强烈的质疑。不过,尽管当时政治形势危急,还是有很多人相信这一令人不快的事实。神学改革家威廉·佩利(William Paley)抱怨道:"人口数量减少是国家遭遇的最大灾难,增加人口应该优先于其他任何政治目标。"为了增加人口,首相小皮特甚至提出了新的贫困救济法案,发放生育津贴,因为他很清楚,一个人只要有孩子,即使孩子最终成了穷人,他也能为"增进国家财富"做贡献。

以现代人的眼光看,人口问题的关键不是英国作为一个国家是否真有逐渐消亡的危险,而是对人口问题的看法和坚信自然规律、理性和进步的愿景有多协调。人口在减少吗?如果真在减少的话,就应该鼓励人口增长,因为在亚当·斯密所证明的自由市场经济原则的良性预期引导下,人口"自然"会增长。人口在增长吗?如果真在增长,那很好,因为人人都认为不断增长的人口是国家财富的源泉。无论从哪个角度看问题,人们都会对社会的发展前景做出乐观的预测;或者,换言之,正如人们所理解的那样,人口问题并没有动摇人们对未来的信心。

---

[1] 1660 年,查理一世的长子查理二世回到英国,推翻了英格兰共和国,复辟了斯图尔特王朝。

说到天真、美好的乐观展望，恐怕没有人比得上威廉·戈德温（William Godwin）了。他做过牧师，也写过小册子。他对周围冷冰冰的世界感到很沮丧，但对未来却很乐观。1793年，他在出版的《政治正义论》（Political Justice）一书中严斥了当前的种种弊端，却描绘了十分美好的未来："没有战争，没有犯罪，没有所谓的赏罚，也不会有政府。除此之外，没有疾病、痛苦、忧郁或怨恨。"多么美好的愿景啊！当然，这样的愿景极具颠覆性，因为戈德温的乌托邦需要贯彻完全平等和彻底的无政府共产主义，甚至需要废除婚姻。鉴于这本书的售价高达3几尼[1]，枢密院决定不追究其作者。当时在贵族沙龙里讨论戈德温先生的大胆想法成了一种风尚。

在离吉尔福德不远的奥尔伯里宅邸里，人们也在争论着上述话题。那里住着一位奇怪的老绅士，1800年他去世时，《绅士杂志》（The Gentleman's Magazine）称他为"十足的怪人"。他就是丹尼尔·马尔萨斯（Daniel Malthus），是大卫·休谟的朋友，也是卢梭的狂热崇拜者。他曾和卢梭一起去当地采集植物，还从这位法国哲学家那里得到了一本植物标本簿和一套赠书。与那个时代许多悠闲但爱追根究底的绅士一样，丹尼尔·马尔萨斯最喜欢与人探讨问题，而他谈话的对象，通常是他那天赋异禀的儿子托马斯·罗伯特·马尔萨斯（Thomas Robert Malthus）牧师。

戈德温所描绘的天堂自然会是他们讨论的议题，可以预料的

---

[1] 英国旧币。

是，心地善良的老马尔萨斯很同情那个极端理性的乌托邦，但小马尔萨斯并不像父亲那么乐观。事实上，随着探讨的深入，他发现，人类社会与美好想象中那永远和平富足的乐土之间存在着不可逾越的障碍。为了说服父亲，他详细列示了自己的反对意见。老马尔萨斯对儿子的想法印象深刻，他建议把这些想法发表出来，展示给公众看。

因此，1798 年，一部 5 万字的匿名著作问世，书名是《人口原理：人口对未来社会进步的影响》(*An Essay on the Principle of Population as It Affects the Future Improvement of Society*，下文简称《人口原理》)。它一下子就打破了人们对和谐世界的所有美好期望。年轻的马尔萨斯仅用几万字就让当时那些自满的思想家们从云端跌落。他所描绘的前景是暗淡、沉闷和令人不寒而栗的。

这部有关人口问题的著作想表达的意思是，人口增长可能超出资源维持人类生计的水平。社会非但不会上升到更高的水平，反而会陷入令人绝望的陷阱：人类强烈的生育欲望将不可避免地将人类推向仅能维持生存的边缘。人类不会走向乌托邦。无论人类多么勤奋，都注定会失败，因为自然资源永远无法满足人的贪欲和成倍增加的人口需求。

难怪卡莱尔[1]在阅读了马尔萨斯的书后，称经济学是"沉闷的科学"，可怜的戈德温抱怨说，马尔萨斯使数以百计的进步论支持者倒戈了。

---

[1] 托马斯·卡莱尔（Thomas Carlyle，1795—1881），苏格兰哲学家、评论家、讽刺作家、历史学家、教师。

第4章 马尔萨斯和李嘉图的悲观预测

在以自我满足和舒适的进步前景为导向的时代里,马尔萨斯的大作横空出世,击碎了人们美好的希望,但这似乎还不够,同期还有一位风格迥异的思想家也打算给18世纪末和19世纪初另一种美好而虚幻的假设致命一击,此人就是成功的股票交易员大卫·李嘉图(David Ricardo),他也提出了一种经济学理论。尽管他的理论没有马尔萨斯的"人口泛滥说"那么惊世骇俗,但也给亚当·斯密提出的灿烂前景带来了沉重的打击。

斯密的理论认为,所有人都乘着自动扶梯上行,李嘉图预见了这种理论的终结。与斯密不同,他发现自动扶梯对不同阶级的作用不同,一些人成功地登上了顶峰,而另一些人刚上升了几级台阶,就被踹回了底部。更糟糕的是,那些保持扶梯运行的人并不是那些乘着扶梯上升的人,而那些从扶梯中获得全部好处的人却可以坐享其成。更进一步说,仔细观察那些登上顶峰的人你会发现,他们的日子也不好过,为了在扶梯上争得一席之地,他们展开了激烈的斗争。

在斯密眼里,社会就是个大家庭,而在李嘉图眼里,社会内部各自为营。他之所以这么认为是有原因的。在《国富论》问世后的40年里,英格兰分裂成了两大敌对的阵营:一方是新兴的实业家,他们忙着经营工厂,为获得议会代表权和社会声望而奋斗;另一方是大地主,他们是富有、有影响力、根深蒂固的贵族,他们对**暴发户**的步步紧逼非常不满。

激怒地主的并不是资本家在赚钱这一事实,而是后者坚持认为,粮食价格太高了。在亚当·斯密去世后不久,原先长期出口粮食的英国被迫从国外进口粮食。尽管普莱斯博士抱怨,英格兰的人口数量迅速减少,但实际的人口增长导致国内粮食供不应求,小麦价格**翻了两番**。随着粮价上涨,农业利润也随之上扬;在苏格兰东洛锡安的一个农场,利润和租金加起来平均占到投入资本的56%;在另一个300英亩的典型中等农场,其1790年的利润为88英镑,1803年的利润为121英镑,10年后的利润约为160英镑。大多数人都认为,在过去的20~25年里,整个国家的地租至少翻了一番。

随着粮价飙升,有胆识的商人开始从国外购买小麦和玉米,并把它们带入国内销售。地主们自然对这种做法极为不满。农业不只是贵族的生活方式,还是他们的生意,而且是大生意。例如,1799年,约瑟夫·班克斯(Joseph Banks)爵士在林肯郡雷韦斯比庄园里的办公室有两个房间,他用防火墙和铁门把它们隔开。他用156个抽屉分类存放所有与农场有关的文件,对此感到很自豪。尽管这位地主在自己的土地上生活,并且热爱这片土地,每天都会见到他的佃农,与他们讨论如何轮作和哪家的肥料更好,但他没有忘记这个事实:他的收入取决于粮食的售价。

因此,地主们很难接受海外廉价粮食的涌入。不过,对他们而言幸运的是,他们有应对糟心事态的现成工具。地主们控制着议会,他们利用议会建立了保护地主利益的铜墙铁壁般的体系。议会通过了《谷物法》(*Corn Laws*),对进口的粮食征收浮动关税;进口的粮价越低,对其征收的关税就越高。实际上,这是设定了一个将低价小麦永久排除在英国市场之外的底价。

但到了1813年,局面失控了。农业歉收和对拿破仑的战争导致粮价与饥荒时期一样高。小麦的售价为每夸特[1]117先令,约合每蒲式耳[2]14先令。一蒲式耳小麦的售价几乎相当于工人周薪的2倍(对比一下20世纪70年代之前美国小麦的最高价:1920年每蒲式耳小麦3.5美元,当时工人的平均周薪为26美元)。

粮价显然太高了,如何应对这个问题成了英国的当务之急。议会仔细研究了形势后,提出的解决方案竟然是提高外国粮食的进口关税!它给出的理由是,短期内更高的价格将刺激英国小麦长期的产量增加。

这让实业家们忍无可忍了。与地主相反,他们想要廉价的粮食,因为粮食价格在很大程度上决定了他们必须支付给工人的工资。实业家们力争更便宜的粮食并不是出于人道主义动机。伦敦大银行家亚历山大·巴林在议会中宣称:"工人对这个问题不感兴趣,无论价格是每夸特84先令还是105先令,他们都会得到干面包。"这意味着,无论面包的价格如何,工人都会得到足以维持其基本生计的工资。但就那些发放工资和追求利润的人而言,粮价和工资的高低对他们的影响很大。

商界组织了利益团体,纷纷向议会请愿。议会收到的请愿书比以往任何时候都多。考虑到国家的现状,不经过深思熟虑就仓促地提高进口关税显然并非明智之举。于是下议院和上议院任命了新的委员会,提高进口关税的议案暂时被搁置。幸运的是,第二年拿破仑就战败了,粮食价格再次回落到了正常水平。但这是

---

[1] 英制容量单位。1夸特约等于12.7千克。
[2] 英美国家用于粮食的容量单位。1蒲式耳约相当于27千克。

地主阶级政治实力变化的标志性事件。直到30年后,《谷物法》才最终被废除,廉价粮食才被允许自由进入英国市场。

我们不难理解大卫·李嘉图在这样一个危机时期著书立说的原因。他对经济学的看法要比亚当·斯密的悲观得多。审视这个世界时,斯密看到的是一派和谐,而李嘉图看到的是激烈的冲突。《国富论》的作者有充分的理由相信,人人都可以从上帝的恩赐中分得一杯羹;而在大约半个世纪后,在爱追根究底的股票经纪人看来,社会不仅分裂成了敌对的群体,而且理应获胜的一方,即勤勉的实业家,也注定会失败。李嘉图认为,除非地主对粮价的控制被打破,否则只有他们能从社会的进步中获益。

1815年,他写道:"地主的利益总是与社会中其他所有阶层的利益相对立。"这一断言意味着,一场未经宣告的战争已经成为不断成长的市场体系内的关键政治斗争。随着这样的公开宣示出现,最后的希望,即这个世界最终会成为所有可能的世界中最好的,也破灭了。现在来看,即使社会没有陷入马尔萨斯的泥淖中,它也会在大卫·李嘉图危险的移动阶梯上把自己撕成碎片。

我们必须更仔细地审视这位悲观阴郁的牧师和这位持怀疑态度的交易员那令人不安的思想,但我们首先来了解一下他们的个人情况。

很难想象有哪两个人的社会背景和职业有托马斯·罗伯特·马尔萨斯和大卫·李嘉图之间的差距这么大。正如我们所知,马尔萨斯是英国中上阶层一位怪人的儿子;李嘉图是一位荷兰裔犹太商业银行家的儿子。马尔萨斯在具有哲学头脑的父亲的引导下，以及多位教师的亲切指导下（他的一位教师因表示希望法国革命者入侵并征服英国而被捕入狱）进入大学学习；李嘉图年仅14岁就开始为父亲工作。马尔萨斯一生从事学术研究，他是历史上第一位职业经济学家，曾在东印度公司在海利伯里创办的学院里任教，培训年轻的管理人员；李嘉图22岁时开始独立做生意。马尔萨斯一生从未富裕过；李嘉图以800英镑资本起家，26岁时就实现了财务独立。1814年，当42岁的李嘉图退休时，他的财产估值在50万~160万英镑。

然而令人奇怪的是，对现实世界事务感兴趣的是学者马尔萨斯，而从事商业实操的李嘉图却成了一位理论家；这位商人只关心看不见的"规律"，而这位教授则担心这些规律是否适用于他眼前的世界。最后一个矛盾是，马尔萨斯收入不高，却为富有的地主辩护，而李嘉图是位大富翁，后来也成了大地主，却反对地主的利益。

他们的背景、接受的教育和职业的不同，引起的反响也截然不同。用传记作家詹姆斯·博纳（James Bonar）[1]的话来说，可怜的马尔萨斯"是那个时代被骂得最惨的人，这都是他咎由自取。他为天花、奴隶制和杀婴行为辩护，他谴责救济、早婚和发放教区津贴的行为，他'宣扬婚姻的种种弊端，然后他自己无耻地结婚了'"。博纳说："从一开始，人们就没有放过马尔萨斯。30年来，对他的批驳之声不绝于耳。"

这样的谩骂必然会降临到一个主张"道德约束"的人身上。

---

[1] 詹姆斯·博纳（1852—1941），苏格兰经济学家。

然而，马尔萨斯既不是个拘谨的人（以他那个时代的标准来看），也绝不是个食人魔。诚然，他主张取消贫困救济，甚至反对为工人阶层建造住房，但所有这一切都出于他对贫困阶层真正利益的考虑，事实上，他的观点与当时一些社会理论家的观点形成了鲜明对比。这些理论家曾冷漠地建议，应允许穷人平静地死在大街上。

因此，与其说马尔萨斯铁石心肠，不如说他是站在一种极其符合逻辑的立场上看问题。根据他的理论，世界最根本性的问题是人太多了，任何可能助长"早期依恋"的行为都只会加重人类的痛苦。一个"在大自然的盛宴中没有座席"的人可能会因救济而存活；但既然他还要繁衍子嗣，这样的救济就只是伪装的残忍。

但遗憾的是，合乎逻辑的观点不一定能赢得公众的支持，指出社会黑暗结局的人很难得到公众的尊重。从来没有哪一种学说遭受过如此猛烈的抨击：戈德温称，"马尔萨斯先生著述的明确目的是，证明那些主张人类社会将出现重大进步的人所犯的错误是多么有害"。毫不奇怪，马尔萨斯被排除在正统思想家之外。

而李嘉图就不一样了。他从一开始就得到了命运之神的眷顾。他出身于犹太人家庭，在与一位漂亮的贵格会[1]女孩坠入爱河后，为娶她成了独神论派教徒[2]，他也因此被逐出了家门。他的父亲在交易所一处叫"犹太人步行道"的地方做交易。在那个教规森严的时代，李嘉图赢得了社会地位和广泛的尊重。晚年，当

---

[1] 基督教新教的一个派别。
[2] 基督教派别之一。

他应邀在下议院对两派发言时,他说:"当我听到自己声音的那一刻,我被吓到了。"一位当时在场的人称,他的声音"刺耳尖利",另一位则称,他"音调极高",但听起来"甜美动听",不过在他发言时议员们都会恭听。他的阐述真诚而精彩。他常常化繁为简,专注于社会的基本结构,"就好像他是从外星来的一样"。即使他很激进——他坚定地支持言论和集会自由,反对议会腐败和天主教迫害——人们对他的崇敬也丝毫不受影响。

崇拜李嘉图的人是否真正理解他的意思,这一点颇值得怀疑,因为没有比他更难以理解的经济学家了。不过,尽管他的论证很复杂,但他要表达的意思却是简单明了的,即资本家和地主的利益注定是对立的,而地主的利益对社会有害。因此,无论实业家们是否理解他,他们都把他视为自己的捍卫者。政治经济学甚至备受他们推崇,以至于有钱人家的夫人们在雇用家庭教师时,都会询问对方是否可以教孩子政治经济学原理。

经济学家李嘉图备受尊崇(尽管他极为低调,也不喜与人交往),马尔萨斯却广遭贬损,他有关人口问题的著述被人阅读、称赞,然后又一次次被反驳——反驳的激烈程度也证明了他观点的力量。李嘉图的观点被人们热烈地讨论,而马尔萨斯对经济学的贡献,除了他有关人口问题的著述,在很大程度上被人们抱着善意容忍,或者被忽视。马尔萨斯感觉到世界有些不对劲,但他无法逻辑清晰地阐明自己的观点,他甚至提出了异端观点,认为萧条——他称之为"普遍过剩"——可能会扰乱社会,而李嘉图则轻而易举地证明了这种看法是荒谬的。在现代读者看来,这样的结果多么令人恼火啊!马尔萨斯直觉敏锐，实事求是，善于发现问题，但他的论述混乱，这使他无法与才华横溢、把世界视为宏大抽象机制的李嘉图相媲美。

他们对所有事务都争论不休。当马尔萨斯于1820年出版《政治经济学原理》（*Principles of Political Economy*）时，李嘉图不厌其烦地以220多页的笔记指明了这位牧师论述中的缺陷，马尔萨斯则在其书中积极地揭露了他认为李嘉图观点中固有的谬误之处。

最不可思议的是，这两个人是最亲密的朋友。他们相识于1809年。李嘉图在《晨报》（*Morning Chronicle*）上发表了一系列有关黄金价格问题的精彩书信，驳倒了博赞吉特先生（Bosanquet）鲁莽提出的反驳观点后，詹姆斯·穆勒[1]和马尔萨斯很想结识他，于是三人成了一生至交。他们经常写信交流想法，还时不时地互相拜访。同时代作家玛丽亚·埃奇沃斯（Maria Edgeworth）在日记中写道："他们一起探寻真理，当他们找到真理时会欣喜若狂，并不在乎是谁先找到的。"

提到玛丽亚·埃奇沃斯，我要多说几句。她是经济学家之女，也可能是第一位对经济运行状况发表意见的女性。她最初在儿童道德故事中发表相关的意见，但在1800年，她创作了小说《拉克伦特堡》（*Castle Rackrent*），这本小说讲述的是一个地主家庭无视佃农需求、肆意挥霍财富的故事。此后，人们常以"拉克

---

[1] 詹姆斯·穆勒（James Mill, 1773—1836），19世纪苏格兰历史学家、经济学家、政治理论家、哲学家、功利主义伦理学家和功利主义教育思想家。约翰·斯图尔特·穆勒的父亲。

伦特"来描述此类行径。也许是因为对相关问题感兴趣，玛丽亚定期与李嘉图通信，还邀请他到爱尔兰做实地考察，以确认他在家里写的有关租金问题的著述是否符合现实。李嘉图没有接受她的邀请。顺便说一句，直到一个世纪之后，重要的经济学家中才出现了女性的身影。

他们也不只讨论严肃的话题，他们都通晓人情世故。马尔萨斯很晚才结婚，这可能是因为他尊重自己的理论，也可能是出于其他什么原因，不过他喜欢社交聚会。在他去世后，一个认识他的人回忆了他在东印度学院的生活："那个年轻人小声说的玩笑话、对外表现出来的恭敬和偶尔的情绪爆发；年轻女士的射箭活动；波斯教授的奇特举止……以及夏季晚会上一些老式的礼仪，统统都逝去了。"

有些小册子作者把马尔萨斯比作撒旦，但他是一个高大英俊、温文尔雅的人；他的学生在背后叫他老爹。他有一个家族遗传的缺陷——腭裂，因此他的话有时让人难以听懂。他难以发出字母"l"的音，有一次，他对一位戴着助听器的名媛说："你不想去基拉尼欣赏湖景吗？"他口齿不清，再加上他的名字总是被与人口问题联系起来，导致这位女士写了下面这样一段话：

> 哲学家马尔萨斯上周来到了这里。我邀请了一些讨人喜欢的未婚人士款待他……他是个性情和善的人，只要不触及人口问题，他对每一位女士都彬彬有礼……马尔萨斯是位真正的道德哲学家，如果我的思维举止能像他一样明智，那么即使我说话口齿不清也无所谓。

李嘉图也喜欢在家里款待客人,他家的早餐很有名,而且他似乎对猜哑谜情有独钟。玛丽亚在所著的《生活与信件》(Life and Letters)中写道:

> 花花公子史密斯先生、李嘉图先生、芬尼、哈丽雅特,还有玛丽亚欢叫着。他们在梳妆打扮。李嘉图先生装扮得像个趾高气扬的花花公子,看起来非常滑稽。

他有很高的经商天赋。他的兄弟写道:"他赚钱的能力并没有引起人们太多的重视,他非凡的能力更多地体现在商业上。他对所有错综复杂的事情都了如指掌,他对数字很敏感,计算速度惊人,能够毫不费力地完成他所关心的巨额交易。他遇事沉着冷静,判断力超强,证券交易所的所有同事都远不及他。"约翰·包令爵士[1]后来宣称,李嘉图之所以能成功,是因为他具有非凡的观察力,他发现人们通常会夸大事件的重要性,"因此,要像他那样交易股票:在股价有小涨的理由时买入,因为他确信不理性的上涨能让他获利;当股价正在下跌时卖出,因为他相信,担忧和恐慌情绪会导致股价跌幅扩大。

证券交易员重理论,神学家重事实,这可真是奇怪的错配。更让人感到不可思议的是,理论家善于处理金钱事务,而注重事

---

[1] 约翰·包令(1792—1872),英国政治经济学家、外交官,曾任驻中国广州领事、香港总督和驻华公使,是发动第二次鸦片战争的主要人物。

实和数字的人则对此一窍不通。

在拿破仑战争期间,李嘉图是一个财团的承销商。该财团从财政部购买政府债券,然后将其提供给公众认购。李嘉图经常帮马尔萨斯做些小额债券交易,这位牧师从中赚到了一些收益。在滑铁卢战役前夕,马尔萨斯发现自己成了交易所的一位小"多头",这令他惶恐不已。于是他写信给李嘉图,敦促后者"除非这样做不对或不方便……尽早抓住机会,卖出股票,将浮盈落袋为安"。李嘉图照做了,但他是位定力很强的职业投机者,自己加了仓。最终威灵顿[1]获胜了,李嘉图赚了个盆满钵满,可怜的马尔萨斯只赚点蝇头小利。李嘉图在给牧师的信中大大咧咧地说:"如我所料,股价大涨,我获利颇丰。就债券投资而言,我向来是个行家……现在我们来谈谈老话题。"然后他就开始讨论商品价格上涨的理论含义了。

他们无休止的争论一直持续到了1823年,有时是通过信件,有时是亲自登门拜访。李嘉图在给马尔萨斯的最后一封信中写道:"亲爱的马尔萨斯,要说的话我已经说完了。和其他争论者一样,经过多次争论后,我们依然说服不了彼此。然而,这些争论永远不会影响我们的友谊。即使你同意我的观点,我对你的敬爱也不会因此而增加一分。"那一年,李嘉图遽然离世,享年51岁;马尔萨斯则一直活到了1834年。他对大卫·李嘉图的评价是这样

---

[1] 阿瑟·韦尔斯利(1769—1852),第一代威灵顿公爵。英国陆军将领,第21任英国首相。1815年指挥联军在滑铁卢战役中彻底击败拿破仑。

的:"除了家人,我从来没有这么爱过任何人。"

尽管李嘉图和马尔萨斯几乎在所有的问题上都存在分歧,但他认同马尔萨斯对人口问题的看法。马尔萨斯在1798年出版的大作《人口原理》中彻底阐明了这个问题,不仅如此,他还详细地阐述了长期困扰英国社会的可怕的贫困问题。有些人模糊地感觉到,人口和贫困存在某种关联,当时社会上流传着这样一则虚构的故事:一个名叫胡安·费尔南德斯的人把两只山羊运到了智利外海的一座岛屿上,以备他将来登岛时宰杀吃肉。后来当他登上这座岛时,发现山羊的数量超出了想象。于是他又往岛上放养了两只狗。狗的数量开始大幅增加,而山羊的增速得到了遏制。汤曾德牧师写道:"新的平衡得以恢复。这两个物种中,较弱的那一个最先偿还欠大自然的债,最有活力、最强壮的那一个则保全了生命。"对此,他还补充说:"正是食物的数量决定了人口的数量。"

尽管这则故事的寓意是,自然界必须实现某种平衡,但它仍然未能得出隐含在问题中的最终结论。这个重任有待马尔萨斯去完成。

他一开始就对**倍数**思想很着迷,运用纯数字计算了各种可能的结果。他对生物惊人繁殖力的估算后来得到了其他学者的充分支持。根据一位生物学家的计算,一对动物每年繁殖10对后代,到20年后,它们将繁衍700 000 000 000 000 000 000个后代;哈维洛克·埃利斯(Havelock Ellis)则指出,若一种微小生物的分裂不受阻碍,30天内,它将比太阳大100万倍。

但是,体现自然繁殖能力的诸多例子对我们要探究的问题没什么参考意义。关键的问题是：人的正常生殖能力有多大？马尔萨斯假设，人口数量在 25 年内翻一番。从他的时代来看，这是一个相对谨慎的假设。普通的六口之家，其中两人活不到结婚年龄，满足这样的条件就能实现马尔萨斯的预测。谈到美洲的人口，马尔萨斯指出，在过去的一个半世纪里，美洲的人口数量实际上每 25 年翻一番，在一些生活更自由、更健康的边远地区，人口数量每 15 年就会翻一番！

马尔萨斯认为人口会成倍增长——人口数量是 25 年还是 50 年翻一番无关紧要，不过他反对土地数量不能增长的流行观点。他认为，通过辛勤劳作，土地数量是可以增加的，只不过增速比较慢而已。因此，人口的数量以几何级数增长，而可耕种土地的数量以算术级数增长。

当然，最终的结果是一样的：人口的数量迟早会遭受食物数量的制约。马尔萨斯在《人口原理》中写道："假设世界上有任一数目的人口，比方说 10 亿，则人类的数量将以 1、2、4、8、16、32、64、128、256、512 的比率增加，而生活资料以 1、2、3、4、5、6、7、8、9、10 的比率增加，到 225 年后，世界人口对生活资料的比率将是 512∶10，在 300 年之后，这一比率将是 4096∶13，在 2000 年之后，二者的差距将大到无法计算。"

如此可怕的前景足以让任何人不寒而栗。马尔萨斯写道："这种观点带有阴暗色彩。"这位忧心忡忡的牧师得出的结论是：人口和食物之间不可弥合的差距可能会导致这一结果：大多数人将永远遭受某种痛苦，因为人类必须以某种方式缩小巨大且有可能在不断扩大的差距：毕竟没有食物，人类就无法生存。正因如此，原始人有诸如杀婴之类的习俗；也才有了战争、疾病，以及最重要的贫困。

如果这些还不够，那还有其他的。"饥荒似乎是大自然最后也是最可怕的手段。人口的增殖力远大于土地生产人类生活资料的能力……人类必然遭遇这种或那种形式的夭亡。人类的恶行能够有效地减少人口……但假如人口减少得不够，季节性流行病、传染病和瘟疫便会接踵而至，清除掉成千上万的人口。若还不够，不可避免的大饥荒就会到来，给人类以雷霆万钧的一击，使世界恢复人口与粮食间的平衡。"

难怪可怜的戈德温抱怨说，马尔萨斯把进步的支持者变成了进步的反对者，因为他的观点确实令人绝望。人类就好像因自身过重而遭受了持续的溺水威胁一样，除了脆弱的"道德约束"，没有什么能把人类从这种威胁中拯救出来。不过，道德怎么约束得了男女情欲呢？

∙∙

马尔萨斯的观点正确吗？

20世纪70年代初的世界人口增长状况似乎证实了他的预测，至少在世界欠发达地区是如此。当时的人口学家指出，如果人口增长势头得不到遏制，50年后世界的人口数量可能达到200亿，是1970年人口数量的5倍。

今天，钟摆似乎又荡到了另一边。事实上，对人口问题的思考总是在两极之间摇摆。令人惊讶的是，马尔萨斯在5年后再版的《人口原理》中显得更加乐观了，他把希望寄托在了这一信念上：劳工阶层学会以自愿晚婚的方式"制约"人口增长。

今天的审慎乐观在很大程度上得益于技术突破，尤其是绿色革命，它大幅提高了印度等国家的粮食产量。如今印度生产的粮食充足，还是重要的粮食出口国。尽管每年在粮食成熟之前，农学家们都会很担忧，但人们已经不再依据马尔萨斯的供需算法预测全球即将陷入饥荒了。20世纪80年代，人们在电视上看到了埃塞俄比亚和撒哈拉以南地区的人饿得皮包骨头的恐怖画面，但这并不意味着马尔萨斯的预测正确，而是当地条件恶劣导致的结果，如气候干旱和交通设施匮乏。

尽管如此，粮食产量的增加仍然不足以使世界摆脱马尔萨斯的幽灵。有专家警告说，即使全球饥荒不再那么紧迫，人口压力也是巨大的。在1981年召开的一次有关人口问题的诺贝尔研讨会上，人口学家谈到了欠发达国家约15个人口超过2000万的特大城市带来的威胁。一位观察家评论说："就像皮肤上的疮会蔓延一样，这些街道狭窄、人口密集的城市无疑会对这个世界构成最大的政治挑战。如何让这些民众免受冷漠的腐蚀，免受无政府主义和无序的诱惑？"

也许更重要的是，我们不能忘记，马尔萨斯正确地指出，人口数量呈指数级增长，远高于农业生产力的增长。因此，我们仍然有必要做好需求侧和供给侧的平衡，使人口增长与粮食增长相适应。

有可能控制全球人口数量吗？答案居然是肯定的。人口学家长期以来一直怀疑，受人口"疾病"影响最严重的国家能否克服农民无知、有组织的宗教对抗和政治冷漠的阻碍。现在，前景更为乐观了。在过去数年里，墨西哥和中国等国家已经改变了对节育政策的态度，从对其忽视转变为热烈支持了。即使是长期以来让人口学家感到绝望的印度也下定决心实施计划生育政策了，有时过于冷酷无情。

节育的效果已经显现出来了。1970—1975年，尽管悲观情绪笼罩着全球，但人口增速**有史以来首次放缓**了。人口增长没有停止，据联合国专家预测，当今世界约有50亿人口，世界人口在停止增长之前可能达到90亿~100亿，但至少人口增速放缓了，而且人口停止增长的时间可能要比预测的早10年。问题是，胜利的果实无法得到公平的分享。例如，欧洲人口已接近零增长了（除移民外）。今天美国的人口大约为2.75亿，50年后，其人口可能超过3.9亿，其中包括大约80万移民。尽管美国的人口总数不太可能超过其资源的承载量，但肯定会加剧城市的拥挤。

但就世界上最贫穷、粮食最短缺的地区而言，预测的结果就不那么乐观了。那里的出生率也在缓慢下降，但降速要比西方慢得多，而且原本的出生率也比西方高得多。马尔萨斯的幽灵在很长一段时间内都不会消失。

奇怪的是，马尔萨斯并没有把矛头对准如今世界上人口问题最严重的地区。他关心的是英格兰和西方世界，而不是东方和南方的大陆。所幸的是，马尔萨斯完全错了。1860年，英国有4个及以上家人的已婚夫妇大约占60%。到了1925年，这一比例已经下降到只有20%了。相反，在同一时段内，只有一两个孩子的家庭的数量有所增加，从10%增加到50%以上。

第4章 马尔萨斯和李嘉图的悲观预测

是什么把西方从马尔萨斯的倍增和再倍增困境中拯救了出来？生育控制无疑发挥了核心作用，它最初被称为新马尔萨斯主义。这个名字会让马尔萨斯感到不快的，因为他不赞成这种做法。事实上，纵观历史，上层阶级似乎一直在实行生育控制，这也是富人更富、穷人有更多孩子的原因之一。随着英格兰和西方国家变得更加富裕，穷人不仅吃得更好、穿得更好了，还学会像富裕阶层一样节制生育。

马尔萨斯对西方的预测失灵的另一个重要原因是大规模的城市化。在农村，孩子可以成为资产，但在城市，他们是负债。因此，经济方面的考虑和对计划生育的日益了解相结合，防止了可怕的人口爆炸出现。

因此，最糟糕的预测结果并没有在英国出现，马尔萨斯计算的恐怖逻辑仅适用于世界上贫穷落后的地区。当然，在马尔萨斯所处的时代，这些都是无法预料的。1801年，尽管民众担忧会出现军事独裁，相关的谣言四起，但英国政府还是进行了第一次人口普查。政府文职人员兼统计学家约翰·里克曼（John Rickman）计算得出，英国的人口在30年内增加了25%。虽然离翻倍还很远，但人人都清楚，如果不是因为疾病和贫困，英国的人口会像滚雪球一样增长。没有人觉得未来人口出生率会下降，而由于食物供给不足，英国似乎永远面临着残酷的贫困问题。贫困不再是偶然现象，也不再是上帝的意旨，甚至不再是人类冷漠无情的结果。就好像人类遭受了某种邪恶的诅咒，注定要永远处于悲惨的境地，就好像所有人类自我改善的努力都会因大自然的吝啬而显得荒唐滑稽一样。

这一切都令人感到失望。曾主张增加人口"优先于任何其他政治目标"的神学家佩利，现在也转投马尔萨斯阵营了；曾经希望国家生养更多孩子的小皮特，现在遵从牧师的意见，撤回了提高贫困救济金的法案。柯勒律治[1]展望了悲惨的前景后写道："最后，看看这个强大的国家，它的统治者和智者都在听命于佩利和马尔萨斯！真是可悲、可叹啊！"

如果说马尔萨斯的理论还不够让人灰心失望，那就来看看李嘉图的吧！

乍看起来，李嘉图所描绘的世界并不太可怕，至少不如马尔萨斯所描绘的世界那么可怕。李嘉图在他1817年的经典大作《政治经济学及赋税原理》中所描绘的世界是枯燥的、无修饰的、缩略的；没有亚当·斯密那样绘声绘色的日常描写。书里阐述的只有抽象的原理，这位知识分子关注的是比不断变化的日常生活更为持久的因素。这个体系像欧几里得几何一样基础、精练、朴实无华且结构严谨，但它与人性有关，是一个悲剧体系。

为了理解这出悲剧，我们必须花点时间介绍一下剧中的主要人物。他们是原型人物，不像平日里我们看到的那样生活：他们遵循"行为规律"。这里没有亚当·斯密的喧嚣世界，我们看的是一场木偶戏。在这场木偶戏中，现实世界被剥离得只剩下经济动机了。

---

[1] 塞缪尔·泰勒·柯勒律治（Samuel Taylor Coleridge，1772—1834），英国诗人、文评家，英国浪漫主义文学的奠基人之一。

我们会看到哪些角色呢？首先是工人，他们是无差别的经济活力单位，他们唯一的人性面是沉浸于"家庭之乐"无法自拔。结果是，工资每上涨一次，人口都会增加。正如亚历山大·巴林所说，这样工人能得到足以维持生计的食物，但从长远来看，他们因自身的弱点只能过上勉强糊口的生活。和马尔萨斯一样，李嘉图认为，"自我克制"是劳苦大众的唯一出路。他希望工人们的境遇能得到改善，但他不太相信他们的自制力。

接下来我们会看到资本家。他们不是亚当·斯密笔下被纵容的商人，而是行事老练、始终如一的一群人。他们的唯一目的是积累资本，即把利润积攒下来再投资，雇用更多的工人为其工作，而且他们会一直这么做。但资本家的日子并不好过。一方面，当某个资本家得到幸运女神的眷顾，发明了新工艺或者找到了利润高的贸易渠道时，资本家之间的竞争很快就会使高利润消失。另一方面，他们获得的利润在很大程度上取决于他们支付给工人的工资，正如我们将要看到的，这使他们陷入了极大的困境。

但到目前为止，除了缺乏现实的细节，李嘉图的世界与亚当·斯密的相差不大。可当李嘉图谈到地主时，情况就不一样了。

因为李嘉图把地主视为社会组织中特殊的受益者。工人因工作得到工资，资本家因经营获得利润。但地主受益于土地，他的收入——地租，既不受竞争的影响，也不受人口的影响。事实上，他是以牺牲他人的利益为代价获得这一收入的。

我们必须探究李嘉图是如何得出这个结论的，因为他对社会的悲观论断取决于他对地租的定义。在李嘉图看来，利息是使用资本的代价，工资是使用劳动力的代价，但地租却不只是使用土地的代价。租金是一种非常特殊的回报，源于不同土地生产力的差异。

李嘉图说，假设有两个相邻的地主。一个地主的田地土壤肥沃，只要100个劳动力和一定数量的设备就可以种植出1500蒲式耳的谷物。第二个地主的田地土壤贫瘠，同样数量的劳动力和设备只能种植出1000蒲式耳的谷物。这虽然都是大自然的事实，但有不同的经济后果：运气好点的地主家，每蒲式耳的谷物价格会更便宜。显然，由于两个地主支付的工资和资本支出相同，多产出500蒲式耳谷物的地主对比竞争对手有成本优势。

李嘉图认为，正是这种成本**差异**导致了地租的产生。因为当需求足够高，能够保证在生产力较低的农场里种植谷物不亏本时，在生产力较高的农场里种植谷物肯定会非常有利可图。事实上，两个农场之间的成本差异越大，地租的差异就越大。例如，如果在贫瘠土地上以每蒲式耳2美元的成本种植谷物可以获取微利，那么在肥沃土地上以每蒲式耳50美分的成本种植粮食的幸运地主肯定能获得高额租金。因为两个农场谷物的市场售价（比如2.1美元）相同，拥有肥沃土壤的地主可获得因成本差异产生的1.5美元收入。

这一切看起来没什么大不了，但如果放到李嘉图所设想的世界里加以考虑，它们的不利后果就会变得非常明显。

在李嘉图看来，经济世界一直在扩张。随着资本的积累，资本家建造了新商店和新工厂，需要更多的劳动力，这样工资会暂时性地上涨，而更高的工资会让工人生育更多孩子，进而市场会有更多的工人，最终损害工人的利益。但在这里，李嘉图严重偏离了亚当·斯密那充满希望的愿景。李嘉图说，随着人口增加，**土地耕种面积有必要进一步扩大**。更多的人口需要更多的粮食，而更多的粮食需要耕种更多的土地。新耕种的土地显然不会像旧土地那样多产，因为好土地早就被耕种光了，农民不会蠢到放着好地不用，先用差地。

因此，随着人口的增长，越来越多的土地得到耕种，粮食的生产成本也会提高。当然，粮食的售价也会上涨，坐拥优质土地的地主获得的地租也是如此。不仅地租会上涨，工资也会上涨。因为，随着粮食生产成本越来越高，工人维持生计的成本也越来越高，他们索要的工资也会跟着上涨。

现在来看看剧情会如何发展。推动社会进步的资本家遭受了双重挤压。首先，他必须支付更高的工资，因为粮食价格上涨了。其次，地主的境况变好了，因为随着越来越差的土地被耕种，优质土地的租金一直在上涨。地主分得的社会果实份额增加，份额减少的只有资本家。

这个结论与亚当·斯密所描绘的盛世截然不同！在斯密的世界里，随着劳动分工的细化，每个人的境遇都会得到改善，社会也会日渐富裕。我们现在知道斯密得出这一结论，是因为他没有将土地视为社会进步的瓶颈。在斯密的愿景中，肥沃的土地不会短缺，因此地租不会随人口的增加而上涨。

相比之下，在李嘉图的世界里，获利的只有地主。工人永远只能糊口，因为每一次工资上涨后，他养育的孩子都会增加，上涨的大部分工资都被耗尽了。资本家工作、攒钱和投资，到头来却是竹篮打水一场空，他们支付的工资增加了，得到的利润减少了。至于地主，他们什么都不需要做，只需要美滋滋地看着租金上涨，坐享地租就行了。

难怪李嘉图会反对《谷物法》，他还主张将廉价粮食引入英国，并以此为例阐明了自由贸易的好处。难怪地主们为阻止廉价粮食进入英国奋力抗争了30年。新兴实业家阶层自然从李嘉图的论述中看出，他的理论符合他们的需求。他们应该对低工资负责吗？不，那是工人自己目光短浅，多生孩子导致的。他们应该对社会进步负责吗？是的，他们努力经营，积攒利润，冒着风险扩大生产。结果只能眼睁睁地看着地租和工资上涨，而自己获得的利润却不断缩水。驾驶经济机器的是他们，懒洋洋地坐在后座上的却是地主。明智的资本家会扪心自问，自己做的一切是否值得？

谁会跳出来说李嘉图对地主的看法不公正呢，是马尔萨斯牧师！

我们不要忘了，马尔萨斯不只是人口问题专家，他首先是经济学家。事实上，在李嘉图提出和完善地租理论之前，马尔萨斯就提出了地租理论，只不过他没有得出与李嘉图一样的结论。马尔萨斯在所著的《政治经济学原理》一书中写道："地租是对现时勇气和智慧的回报，也是对过去的劳动强度和技巧的回报。购买土地时，一起购入的还有过去投入的劳动和智慧结下的累累硕果。"马尔萨斯在脚注中补充说："事实上，李嘉图先生本人就是一位地主，他也是能说明我意思的例子。"

这样的反驳不太具有说服力。李嘉图并没有把地主描绘成阴险邪恶之人。他很清楚，地主常常提高其土地的生产力。尽管地主这样做实际上是在扮演资本家的角色，但李嘉图也以无可辩驳的逻辑证明，即使地主疏于土地维护，他们也能从高粮价中获益。在不掺杂任何人意志的情况下，经济增长的力量使收益流入了地主阶层的腰包。

我们不能在此深究这场争论的细枝末节。重要的是，李嘉图提出的地租理论的严峻**影响**从未出现过，因为实业家最终战胜了地主，确保了廉价粮食的进口。几十年后，李嘉图时代高位的小麦价格又恢复至了往昔的低位。同样重要的是，人口增速从没有快到将国家资源消耗殆尽的程度。按照李嘉图的理论，地租源于优质土地和劣质土地之间的差异，显然，当人口问题得到控制时，这种差异就不会扩大到使地租上涨而引起社会恐慌的程度。但设想一下，假如今天的英国只能依靠本土作物养活1亿人口，假如《谷物法》从未被废除，毫无疑问，李嘉图所描绘的地主统治的社会将成为可怕的现实。在现代的西方世界，地租问题几乎成了冷门学术主题，这并非因为李嘉图的分析有误。我们之所以没有陷入李嘉图所述的困境，只是因为工业生活节奏把我们从马尔萨斯所述的困境中拯救出来了而已。工业化不仅抑制了我们的生育冲动，还极大地提高了我们从可耕地上获取粮食的能力。

与此同时，马尔萨斯发现了另一个值得担忧的问题。他担心社会可能出现"普遍过剩"，即大量的商品找不到买家。

我们对这一观点并不陌生，但在李嘉图看来，它是愚不可及的谬论。英国曾经遭遇过贸易风波，但都是由一些特殊原因引起的，如银行倒闭、无担保投机的泡沫破裂或战争爆发等。更重要的是，在具有数学头脑的李嘉图看来，普遍"过剩"的概念**在逻**

辑上讲不通。因此，这种现象根本不可能出现。

为李嘉图的理论提供证据的是一个名叫萨伊[1]的法国年轻人。萨伊提出了两个非常简单的命题。首先，他认为人对商品的欲求是无限的。正如亚当·斯密所说，人对食物的欲求可能会受到胃容量的限制，但人对衣服、家具、奢侈品和装饰品的欲求是巨大的，而且人的购买力也有保证。每一件商品都是有生产成本的，而每一项成本都来自人的**收入**。无论成本是工资、地租还是利润，商品的售出都会增加人的收入。在这样的情况下，怎么会出现普遍过剩呢？对商品的**需求**是存在的，购买商品的收入也是存在的，只有暂时的误判才会妨碍市场找到出清存货所需的买主。

李嘉图表面上认可了这种观点，但马尔萨斯没有。驳倒萨伊的观点不容易，因为他的论证逻辑近乎无懈可击。但马尔萨斯在深入研究了商品转化为收入的过程后，提出了一个奇特的观点。他问，难道**储蓄**行为不会使商品供大于求吗？

在现代人看来，沿着这一思路研究下去必能获得丰富的成果。但李嘉图认为，显然这纯粹是谬论。他在一条愤愤不满的注解中写道："马尔萨斯先生似乎忘了存钱就是为了花钱。也正是他专门强调过的支出。"他的意思是，人们会把千方百计攒下来的利润用来购买更多的劳动力和设备，进而赚取更多的利润。

这让马尔萨斯陷入困境。和李嘉图一样，他认为储蓄意味着支出——当然是用在了实业上的支出。但他似乎还想表达其他的

---

[1] 让-巴蒂斯特·萨伊（Jean-Baptiste Say，1767—1832），法国经济学家，古典自由主义者。

意思，要是他能明说出来就好了，可惜他没有。例如，为了证明积累并不像李嘉图所认为的那样必要，他写道：

> 尽管许多商人赚了很多钱，但他们在奢侈品、享乐和慈善方面的支出年年都在增加。

对此，李嘉图用铅笔写下了下面的话加以反驳：

> 没错。但如果商人不增加这些支出，他们的财富会增加得更快。

可怜的马尔萨斯！在你来我往的争论中，他从来就没赢过。他的论证很混乱，或许他自己也清楚这一点。他曾经写道："我非常敬重李嘉图先生，他是一位才华横溢的政治经济学家，我也坚信他对真理的虔诚和热爱。当我不相信他的推理时，有时会被他的权威所动摇。"哎，让后人颇感遗憾的是，马尔萨斯没有有力的或易于理解的推论。因为他不经意间发现了一个会引起后世经济学家关注的现象，即繁荣和萧条问题，而李嘉图关注的是收入分配问题，他们的关注点截然不同。马尔萨斯关注的是"有多少"的问题，李嘉图关注的是"谁得到什么"这一极易引发争论的问题。他们谈论的主题本就不同，难怪分歧会如此之大。

还有最后一个问题有待研究。从愿景和分析两方面来看，如何解释马尔萨斯和李嘉图与亚当·斯密之间的差异呢？差异不只体现在把认知的原材料简化为思维建构的过程中。令人费解的是，尽管他们的分析、预测和建议存在显著差异，但他们与斯密的基本愿景没有根本性差别！

那么他们的基本愿景是什么样的呢？他们把"社会"视为一种卓越的机制，这种机制由逐利需求驱动，受无处不在的竞争压力约束，而且政府对逐利行为和竞争进行审慎的管理。他们为什么会得出大不相同的结论呢？毫无疑问，个性起了一定的作用（个性差异总会有影响）。但还有另一种更触及本质的解释：斯密与马尔萨斯和李嘉图看到的社会的运转方式不同，差异不在于利润动机、市场角色或政府地位——三人对这三方面的看法一致，而在于科技的影响。

在斯密看来，科技的影响体现在分工上。我们还记得，斯密虽然对科技的社会影响有所怀疑，但他热情地论述过科技变化对某些产品（如别针）的生产带来的影响。但我们也记得，斯密没有提及这一点：一旦分工在某些商品的制造过程中发挥了神奇的作用，它就会扩散到新产品中去，如纺织品、钢铁制造等。这就是为什么一个国家在达到"完全富裕"后会停滞不前甚至衰落的科技原因。

半个世纪后，马尔萨斯和李嘉图时代的新兴工业技术不存在这种限制。一方面，珍妮纺纱机、蒸汽机、铁制搅拌机的发明很快成为经济增长的新引擎。斯密的扩张有限观不再适用了，但这也预示着新问题会出现。由于经济扩张不再受制约，人口增长更具有威胁性了。另一方面，新兴工业经济增长的广阔前景也意味着地主获利更多。因此，马尔萨斯主义经济学和李嘉图主义经济学问题重重，一个可能的原因是，科技进步导致了愿景改变，进而导致了分析结果的差异。

如何总结这两位既相似又迥异的经济学家的伟大贡献呢？

李嘉图的贡献是显而易见的。他呈现了一个剥离了表象的世界，只保留本质让每个人审视，就像把手表的内部结构暴露在外一样。这不是真实的世界，但这恰恰是它的优点所在，因为大大简化的社会结构不仅可以揭示地租规律，还可以阐明对外贸易、货币、税收和经济政策等重要问题。李嘉图通过建立一个模型世界，为经济学提供了强大的抽象分析工具，而要排除日常生活的干扰，了解世界运行的潜在机制，这一工具必不可少。正如当时的一些观察家所说，也可以利用抽象工具忽略掉不易理解的事实和非"理性"的行为——这种做法被称为"李嘉图恶习"。尽管如此，正是得益于李嘉图的抽象天赋，我们才把经济学视为一门科学。也正因为这种过于简单化的强烈倾向，我们才认为这门科学存在瑕疵。

马尔萨斯没有建立一个抽象的世界，因此他长久性的学术贡献较小，不过他指出了令人震惊的人口问题，单凭这一点，他的名字就值得世人铭记。尽管他无法解释原因，但他觉察到了大萧条问题的存在，在他的著作出版一个世纪后，这个问题让经济学家们绞尽脑汁。

然而，回过头来看，也许马尔萨斯和李嘉图的主要贡献并不在技术方面。他们无心插柳的惊人之举扭转了时代的观点（由乐观转为悲观）。自此以后，人类世界再也不会被视为一个靠社会的自然力量就能使每个人的生活都获得改善的地方了。那些曾被视为给世界带来和谐与和平的自然力量,现在似乎变得恶毒且具有威胁性了。即使人类没有陷入饿殍遍野的悲惨境地,也可能陷入商品泛滥成灾、无买家问津的困境。无论是哪一种情况,争取进步的长期前景都是暗淡的:工人只能勉强糊口,资本家受骗、心血付之东流,地主则沾沾自喜。

 事实上,除了我们称之为资本主义经济的体系,斯密、马尔萨斯和李嘉图的愿景中还有一个共同点,那就是他们都认为工人阶级本质上是消极被动的。他们都没有想过,劳苦大众会想到改变制度,甚至建立自己的新制度。这是下一章将要探讨的内容,我们将会看到,一种新的愿景指引着世俗哲学迈入了新阶段。

第 5 章

乌托邦社会主义者的梦想

第5章 乌托邦社会主义者的梦想

我们不难理解马尔萨斯和李嘉图把世界设想得如此阴暗的原因。19世纪20年代的英国本就是前景黯淡之地；虽然它在与欧洲大陆其他国家的长期斗争中赢得了胜利，但国内似乎陷入了更严酷的斗争。关心时局的人都很清楚，迅速发展的工厂体系欠下的社会账单越来越多，这些账单的清算日总会到来。

事实上，早期工厂的劳动条件十分恶劣，工人的惨状令现代读者毛骨悚然。1828年，当时的进步杂志《狮子》(*The Lion*)刊文介绍了罗伯特·布林科令人难以置信的惨痛经历。他是被送到洛德姆一家工厂工作的80名贫困儿童之一。这里的童工大约10岁，有男有女。他们日夜遭受鞭打，有时是因为他们犯了轻微的过错，有时纯粹是为了刺激他们振奋精神。后来布林科被转到了利顿的一家工厂做工。与利顿的工厂相比，洛德姆工厂的条件还是相当人道的。在利顿，孩子们和猪抢水槽里的污水喝。对他们来说，拳打脚踢是家常便饭，还时不时地遭受性虐待。他们的雇主埃利斯·尼德姆有一个让人不寒而栗的习惯：他喜欢狠狠地掐孩子们的耳朵，直到把他们的耳朵抠破。工厂里的工头更残忍。他绑着布林科的双手，把他吊在一台机器上，然后把重物堆放在他的肩膀上。布林科双膝弯曲，无法直立。在寒冷的冬天，这个孩子和他的同伴几乎赤裸着，而且他们的牙齿也被锉掉了（纯粹的虐待狂行为）！

毫无疑问，这样可怕的暴行只是特例。事实上，我们怀疑改革者的热情可能使这篇报道有些夸大其词了。不过，即使有夸大的成分，这篇报道也足以说明当时的社会氛围，冷酷无情的非人道主义行为被视为常态，更重要的是根本没人在意这类行为。一天工作16个小时很常见，工人们早上6点步行到工厂，晚上10点拖着疲惫的身躯回家。更侮辱人的是，许多工厂经营者不允许工人带自己的手表进厂，而且工厂里唯一的时钟很奇怪：在用餐的短短几分钟里，时钟的指针走得很快。最富有和最有远见的实业家可能会觉得这样的做法很过分，但他们的工厂经理或压力重重的竞争对手似乎对此熟视无睹。

恶劣的工作条件并不是造成社会动荡的唯一原因。当时机器风行，工人被毫无怨言的钢铁所取代。早在1779年，就有8000名工人为对抗高效率的冷酷机器发动了暴乱，他们把一家工厂烧成了灰烬。1811年，这种反科技的抗议活动席卷了英国。乡村到处是被摧毁的工厂，暴徒们还留下了"内德·卢德已到过此处"的字迹。有传言说，卢德国王或卢德将军正在指挥暴徒们开展行动。当然，这不是真的。这些暴徒被称为卢德分子，他们被解雇纯粹是由于他们仇视工厂，把工厂视为监狱，以及他们鄙视为工资而工作的行为。

但骚乱确实引起了英国人的担忧。在举足轻重的人物中，几乎只有李嘉图承认，机器的运转不一定能给工人带来直接的好处，人们认为他一反常态。大多数观察家不认同这种情绪性的观点，他们认为，底层民众已经失控，应该严加处置。在上层阶级看来，这种情况预示着暴力和可怕的世界末日即将到来。诗人骚赛[1]写道："此刻,只有军队才能使我们免受最可怕的灾难,即穷人对富人的起义,而可以依靠军队多久,我都不敢问自己这个问题。"斯科特[2]哀叹道："……在我们脚下布满了地雷。"

但在这黑暗的动荡时期,英国有一个地方像灯塔一样闪耀在风暴中。这个地方位于苏格兰的山区,距离格拉斯哥大约一天的路程。这里的人过着与世隔绝的生活。把守关卡的人从未见过金币,因而最初拒绝收取金币。这里还有一个名叫新拉纳克的小社区,里面耸立着几座七层楼高的砖制厂房。在从格拉斯哥到这里的山路上,参观者络绎不绝。1815—1825年,有两万人在新拉纳克的留言簿上签了名,其中包括尼古拉大公,即后来的俄罗斯沙皇尼古拉一世、奥地利约翰王子和马克西米利安王子等政要,以及诸多教区代表团、作家、改革家、多愁善感的女士、半信半疑的商人。

他们目睹的鲜活事实证明,工业生活并不只有肮脏和堕落。新拉纳克建有一排排整齐的工人住宅,每家都有两个房间;在街道上,待处理的垃圾整齐地堆放着,没有给人留下脏乱不堪的印象。参观者们在工厂里看到了更加非同寻常的景象:每

---

[1] 罗伯特·骚赛(Robert Southey,1774—1843),英国作家,湖畔派代表诗人,1813年被国王封为桂冠诗人。
[2] 沃尔特·斯科特(Walter Scott,1771—1832),苏格兰著名历史小说家、诗人。

位员工身上都挂着一块小木牌,有黑色的、蓝色的、黄色的和白色的。这些颜色由浅到深代表不同级别的表现:白色表示优秀,黄色表示良好,蓝色表示一般,黑色表示糟糕。工厂经理通过木牌一眼就能判断出工人的表现如何。这里大部分人挂的木牌是黄色和白色的。

另一个令人惊讶的事实是,工厂里没有童工,至少没有不满10岁的孩子,工人们每天只工作10小时45分钟。此外,他们从未受过惩处,事实上,除了一些屡教不改的成年人因长期酗酒或某些类似的恶习被开除,没有人受到过惩处。工人们遵守纪律不是因为他们害怕受惩罚,而是因为他们心甘情愿遵守。工厂经理办公室的门一直敞开着,任何人都可以对任何规则或条例提出反对意见(确实有人这么做)。每个人都可以查看有关自己行为表现的详细报告,管理人员据此发放木牌的颜色,若觉得对自己的评价不够公正,可以申诉。

最吸引人眼球的是小孩子们。参观者发现,孩子们没有在街上狂奔乱跑,而是在一所大校舍里学习和玩耍。最小的孩子在学习周围的岩石和树木的名字;稍大一点的孩子看着长条横幅上的图画学习语法,图画里描绘的是名词将军、形容词上校和副词下士举行的比赛。孩子们乐在其中,在课余时间,他们经常在年轻女士的指导下唱歌跳舞。这些女士曾接受过培训,她们要回答孩子们提出的任何问题,任何孩子都不会无缘无故地使坏,永远不要体罚他们,要言传身教。这样,孩子们学得更快。

这肯定是鼓舞人心的美妙景象。与那些心地善良的女士不同,有商业头脑的绅士们不会轻易地被快乐的孩子们所打动。他们认为，经营新拉纳克肯定是有利可图的，而且利润惊人。经营者不仅是位圣人，而且是位非常务实的人。

经营新拉纳克的不仅是位务实的圣人，还是位奇人。我们称许多19世纪初的改革者为乌托邦社会主义者，与这些改革者一样，"新拉纳克的大善人欧文先生"罗伯特·欧文（Robert Owen）是个奇特的混合体。他既务实又天真，既成就斐然又惨遭过失败，既明白事理又行为疯狂。他主张用铁锹取代犁；他白手起家成为卓越的资本家，又从卓越的资本家变成了强烈反对私有财产的人；他宣扬做慈善，因为做慈善有利可图，然后他又主张废除货币。

很难相信他一生中会经历这么多的转折，就跟小霍雷肖[1]笔下的人物一样，1771年，罗伯特·欧文出生在威尔士的一个穷苦家庭里。他9岁辍学，随后在一家亚麻布店里做学徒，还改了个不怎么好听的名字，即麦古福格。他原本可能成为一名亚麻布商，那家店铺的名字也有可能改成麦古福格和欧文，但他壮志凌云，不想在此终老，于是他效仿当时的商界大亨，选择去曼彻斯特打拼。到了曼彻斯特后，18岁的他靠着从哥哥那里借来的100英镑，创办了一家资本主义式的小型纺织机械制造厂。但好事还在后头。德林克沃特先生是一家大型纺纱厂的老板，一天早上，他发现自己的工厂里缺一名经理，于是在当地报纸上刊登了招聘

---

[1] 小霍雷肖·阿尔杰（Horatio Alger，1832—1899）美国儿童小说作家，大多数作品讲述穷孩子如何通过勤奋和诚实获得财富和社会成功。

广告。欧文对纺纱厂的管理一窍不通，但他获得了这个职位。他采用的方法可以给无数以勇气和运气为主题撰写文章的作家提供素材。欧文在半个多世纪后写道："我戴上帽子，径直去了德林克沃特先生的办公室。'你多大了？''到今年5月满20岁。'我回答说。'你一周喝几回酒？''我这辈子从来没喝过。'我说，面对这么突然的问题，我脸红了。'你想要多少薪水？''一年300英镑。'我回答说。'什么？'德林克沃特先生惊讶地说，'一年300英镑！我今天早上已经面见过不少人了，他们都想获得这个职位。他们所有人想要的薪水加起来都没有你想要的多。''我不管别人想要多少，'我说，'我要的不能少于这个数。'"

这是欧文特有的姿态，他成功了，20岁的他成了纺织界的才俊。他是个迷人的小伙子，有挺直的鼻梁、长长的脸庞，一双真诚的大眼睛预示着他行事光明磊落。不到6个月，德林克沃特先生就给了他公司25%的股份。但这只是他辉煌职业生涯的前奏。几年后，欧文听说在新拉纳克这个肮脏污秽的村庄里有一些工厂要出售，而且凑巧的是，他爱上了工厂老板的女儿。在旁人眼里，无论是买下工厂还是迎娶工厂老板的女儿，都是欧文不可能完成的事情：工厂老板代尔先生是一位狂热的长老会教徒，他永远不会赞同欧文激进的自由思想，如何筹集购买这些工厂的资金也是个问题。但欧文毫不气馁，他直接去见了代尔先生，就像他曾经直接去见德林克沃特先生一样。结果他如愿以偿了。他借到了钱，买下了工厂，还与心上人终成眷属。

事情本应到此结束了。不到一年，欧文就改变了新拉纳克的面貌；五年后，它焕然一新；十多年后，它享誉全世界。在大多数人看来，这样的成就足以光宗耀祖了。除了在欧洲赢得了具有远见卓识和仁爱之心的美誉，欧文至少还赚到了6万英镑的财富。

但事情还远没有结束。尽管欧文声誉日隆，但他认为自己是一个有思想、有抱负的人，而不只是个行动派。在他看来，经营新拉纳克从来都不是一项纯粹的慈善事业，相反，它是一个检验他为整个人类进步构建的理论的机会。因为他坚信，人类受环境的约束，若是改变了环境，真正的人间天堂就有可能实现。他可以在新拉纳克的实验室里测试自己的想法，一旦取得成功，他就有充分的理由在全世界推广它们了。

他的机会很快就出现了。随着拿破仑战争的结束，一些难题也开始浮现。马尔萨斯所说的"普遍过剩"问题给国家造成了严重伤害。1816—1820年，除一年外，生意都非常难做。民怨沸腾，骚乱频发，一种歇斯底里的情绪笼罩着整个国家。约克公爵和肯特公爵及一些知名人士组成了一个委员会来调查这些问题产生的原因，他们自然邀请了大慈善家欧文先生发表自己的看法。

委员会收到了意想不到的建议。委员会原本以为欧文先生会建议改革工厂，因为他主张缩短工时和废除童工已是广为人知的事情了。但委员会没有料到，自己收到的是一份全面改革社会的蓝图。

欧文认为，解决贫困问题的根本办法是提高穷人的生产力，为此，他主张建立合作村。在这样的村子里，有800~1200人在农场和工厂里工作，形成一个自给自足的单位。人们都住在"平行四边形"里——这个词立马引起了公众的注意——每户人家都有自己的房间,但与其他家庭共享客厅、阅览室和厨房。3岁以上的孩子要单独寄宿,以便接受最好的教育,为未来的生活锻炼品格。学校周围是花园,由稍大一点的孩子照料,花园周围则是种植农作物的田地——不用说,耕种时用的是铁铲而不是犁。工厂区远离生活区。实际上,这是一座规划好的花园城市,一个集体农场,一个公社。

各位委员看到欧文的建议后都大吃一惊。在无拘无束的**自由放任**时代,他们不打算接受有计划的社会聚居区。于是,他们向欧文先生表达了谢意,谨慎地搁置了他的建议。但欧文没有放弃,他坚持要求委员会审查他计划的适用性,并向议会发放了大量小册子阐述他的观点。他的坚持再次赢得了胜利。1819年,一个特别委员会成立(成员包括李嘉图),拟为建立一个完备的实验性合作村筹集9.6万英镑。

李嘉图对此计划持怀疑态度,但他觉得可以试一试,国人却不只是怀疑那么简单,他们认为该计划令人憎恶。一位社论撰写者写道:"罗伯特·欧文先生,一位仁慈的纱厂主……认为所有人都跟在土地上生长了几千年的植物一样,需要被重新栽种。因此,他决定把它们种植在新潮的方形内。"

当时因思想激进而被迫流亡美国的科贝特[1]对此更是嗤之以鼻。他写道:"这位先生要建立穷人**公社**!……结果是美好的

---

[1] 威廉·科贝特(William Cobbett, 1763—1835),英国散文作家、记者、政治活动家和政论家,小资产阶级激进派的著名代表人物,曾为英国政治制度的民主化而进行斗争。

和平、幸福和国家利益。我不太明白，被揍得眼眶青肿、鼻血直流和拉扯帽子这些小事将如何**解决**。欧文先生的计划的确新奇，我相信以前没有人听说过**穷人公社**……拉倒吧，新拉纳克的欧文先生。"

当然，欧文对穷人公社没什么幻想，相反，他认为，若给穷人一个工作机会，他们就能成为财富的生产者，而且在积极环境的影响下，他们会改变不良的社会习惯，崇尚美德。受益的不只是这里的穷人，当合作村的生活明显优于动荡不安的工业生活时，其他社区自然也会效仿。

但是，显然只有欧文这么想。谨慎认真的人认为，欧文的计划是对既定社会秩序的干扰和威胁，而思想激进的人则认为，它只是一场闹剧。结果是，特别委员会没有筹集到建立试验村所需的资金。不过这位不屈不挠的慈善家不会善罢甘休。过去的他是一位人道主义者；现在的他成了一名专业的慈善家。之前他赚了不少钱，现在他要用这些钱践行他的思想了。1824年，他卖掉了自己在新拉纳克的股份，开始建立自己设想的未来社区。他之所以选择在美国践行自己的理念，是因为那里的环境适合，有哪个地方比一个让人民享受了50年政治自由的国家更适合建立乌托邦呢？

于是，他来到了印第安纳州波西县的沃巴什河畔，从一个名为拉比特斯的德国教派那里买下了3万英亩土地。1826年7月4日，新公社建立，他发表了一份精神独立宣言，即独立于私有财产、非理性宗教和婚姻之外，并按自己的心意给它起了个可爱的名字"新和谐公社"，就让它自行运作了。

这个公社不可能成功，也确实没有成功。欧文想在世界上建立一个真正的乌托邦，但他没有想到把它与不完美的社会环境相隔离。一切都显得杂乱无章：在短短几周内，就有800名定居者涌入。这里甚至没有预防欺诈的基本措施。欧文被一个同伙骗了，后者采用不正当的手段在公社里建立了一家威士忌酿酒厂，使欧文的声誉严重受损。由于欧文不在那里居住，竞争的社区如雨后春笋般涌现，如威廉·麦克卢尔（William McClure）建立的麦克卢里亚，以及其他持不同政见者建立的社区。理想敌不过贪婪的习惯；现在回想起来，这个社区竟然能存在这么长时间，简直堪称奇迹了。

到了1828年，这次尝试显然败局已定。欧文卖掉了地产（他在这次尝试中损失了80%的财产），之后向杰克逊总统和墨西哥的圣安纳[1]谈论了他的计划。这两位先生只是礼节性地回应了他，没有表现出多大的兴趣。

欧文回到了英国。虽然名声稍有受损，但他仍然是大善人欧文先生。他的职业生涯将迎来最后一次意外的转折。尽管大多数人嘲笑他的合作村计划，但他的教诲已经在英国工人阶级的心里扎了根。那是第一批工会在历史舞台上显露身手的时代，纺纱工、制陶工和建筑工的领导人纷纷把欧文视为他们的利益代言人——事实上，他们把他视为了领袖。与贵族成员不同，这些人认真地看待欧文的教诲——就在由知名人士组成的委员会就合作

---

[1] 安东尼奥·洛佩斯·德·圣安纳（Antonio López de Santa Anna, 1794—1876），简称圣安纳，19世纪墨西哥将军和独裁者。

村计划进行辩论时,以欧文的设想为基础的中等规模的工人合作社正在全国范围内兴起,包括生产合作社和消费合作社,甚至还有几次完全照搬欧文的想法、不使用货币的失败尝试。

这些生产合作社无一例外都失败了,在交易中不使用货币的交易所同样以破产告终。但合作社运动的一个方面却扎下了根——28名自称"罗奇代尔先驱"的热心人士开启了**消费者合作运动**。在欧文看来,这只是一时兴起的举动,但随着时间的推移,它逐渐发展成英国工党重要的力量源泉。奇怪的是,欧文最不感兴趣的运动幸存了下来,他倾注了全部心血和精力的项目却无果而终。

欧文没有时间考虑合作社,因为他奔忙于别的事情了;从美国回来后,他设想了一场浩大的道德运动,并狂热地投身于其中。他曾经是个穷孩子,后来做过资本家、社会设计师,现在他把工人阶级运动的领导人聚拢到了自己周围。他为自己的项目起了一个令人印象深刻的名字:生产和有用阶级全国道德大联盟。很快这个名字就被简化为全国联合工会,但仍然有点长,最后改为全国工会。工会领导人自此团结在全国工会的旗帜下,于1833年正式拉开了英国工人阶级运动的帷幕。

这是一个全国性的工会,是当代产业工会的前身。它的会员多达50万,这在当时是个庞大的数字,它几乎涵盖了全英格兰的每一个工会。但是,与现代工会不同的是,它的改进目标并不局限于工作时间和工资,甚至不局限于管理特权。全国工会不仅是促进社会改善的工具,也是促进深层次社会变革的工具。因此,尽管其纲领是为工人争取更高的工资和更好的工作条件,但它进一步阐述了合作村、废除货币,以及欧文著作中提及的许多其他想法。

欧文为了最后这份事业在全国各地奔走呼号,结果遭遇了惨败。地方性的"天堂"在美国无法持续生存,全国性的工会在英国也是如此。各地工会无法有效管控成员的行为,而地方性的罢工又削弱了全国性机构的权威性。欧文和他的部下闹翻了;他们指责他是无神论者,他指责他们煽动阶级仇恨。正闹得不可开交之际,英国政府出手了。政府抱着报复的心态,以武力瓦解了这场愈演愈烈的运动。雇主阶层从全国工会听到了私有财产的丧钟的响声,他们极力呼吁政府依照反工会法严惩参与运动的人员。没有一场刚开启不久的运动能经受得住这样的冲击。不到两年的时间,这个全国性的工会就不复存在了,64岁的欧文扮演的历史性角色也到此结束了。

在此后的20年里,这位卓越的劳工阶层长者大力宣传他的合作思想、对铁锹的偏爱、对货币不信任。1839年,尽管遭到了"和平遏制不忠行为协会"的一群优秀人士的抗议,他还是觐见了维多利亚一世女王,但他的历史使命到此结束了。在生命的最后几年里,他在通灵论中、在无数相同的宣传短文中、在他那精彩的《自传》(Autobiography)中找到了慰藉。1858年,他在满怀希望中去世,享年87岁。

欧文的人生经历是多么浪漫而奇妙啊!回过头来看,更有趣的是他的人生经历,而不是他的思想。欧文从来没有提出过真正原创的思想,当然他也不是一位容易被说服的思想家。"罗伯特·欧文不是个读了一本书就会改变看法的人",一位当代作家这样评论他,而一听到他的声音就躲开的麦考利称他"彬彬有礼但令人讨厌"。

无论如何，欧文都称不上是一位经济学家，但他比经济学家做得更多。欧文是一位经济创新者，重塑了经济学家必须处理的原始资料。像其他所有乌托邦社会主义者一样，欧文希望世界发生改变；但当其他人只以文字呼吁改变时，他却身体力行，投身于改变世界的实践。

转念一想，也许欧文确实留下了伟大的思想遗产。在他儿子代尔·欧文（Dale Owen）的自传中，有一则逸事生动地说明了这一点。

他的父亲（罗伯特·欧文）说："亲爱的卡罗琳，孩子发脾气哭闹时，把他放在儿童房地板中央，在他停止哭泣前，绝不要抱他。""可是亲爱的，他会哭整整一个小时的。""那就让他哭。""这可能会伤到他的肺，也许还会引发抽搐。""我想不会。不管怎样，这都比他变得无法无天要好，否则他会受到更大的伤害。人是环境的产物。"

"人是环境的产物"，除了人自己，还有谁来塑造环境呢？这个世界并不必然是好的或是坏的，世界是好还是坏在一定程度上取决于我们怎么做。欧文通过这一思想，给世界留下了一种充满希望的哲学，这要比他有关铁锹和犁、货币或合作村的思想影响更深远。

在19世纪反对原始资本主义的一群人中，欧文无疑是最浪漫的一个，但他绝不是最奇特的。就性格来看，最古怪的当属亨利·圣西门伯爵（Henri Saint-Simon），就思想来看，最古怪的当属夏尔·傅立叶（Charles Fourier）。

从全名就可以看出，圣西门出身贵族，据称其家族是查理曼大帝的后裔。他出生于1760年，从小就意识到自己的先祖十分高贵，保持家族荣光极为重要；年少时，他的贴身男仆每天早上都会喊道："起床吧，伯爵先生，您今天有大事要做。"

知道自己所肩负的历史使命，会对一个人产生奇怪的影响。圣西门就常常以此为借口，做出过度任性的行为。他儿时就把坚持原则和固执己见混为一谈。据说，当一辆路过的马车干扰了圣西门和其他孩子玩游戏时，他就会躺在马路中央，绝不让步——谁敢把一位小伯爵扔到旁边的阴沟里去呢？还有一次，父亲要求他去参加圣餐仪式，他固执地拒绝了，父亲不吃他那一套，立即把他关了起来。

他的任性妄为本可能使他投身于最放纵的政治群体，即路易十六的宫廷。但他热爱民主，这是最不适合宫廷活动的观念。1778年，这位年轻的伯爵前往美国，在独立战争中屡立战功，表现非常出色。他参加了5次战役，赢得了辛辛纳图斯勋章。最重要的是，他成了自由和平等新思想的狂热信徒。

但这些还不算发生在他身上的大事。独立战争结束后，他先是留在了路易斯安那州，后又去了墨西哥，力劝总督修建一条运河（比巴拿马运河还早）。如果当年劝说成功的话，他必定早已名扬天下了，但可惜的是，他的梦想化为了泡影——当然，他的这一提议，九分为想象，一分为计划。之后，这位年轻的革命贵族回到了法国。

正好赶上了法国大革命，于是伯爵满怀热情地投身于其中。家乡的居民邀请他当市长,他拒绝了。圣西门说,选一个旧贵族当市长会开创不好的先例,后来当居民们选他做国民议会议员时,他提出放弃头衔,成为普通的国民。圣西门对民主的热爱不是装出来的,他对自己的同胞怀有很真挚的感情。在大革命爆发之前的某一天,他身着华服,乘车前往凡尔赛。途中他看到一辆农车陷在了泥泞中。他从马车上走下来,不顾身上光鲜亮丽的服装,帮农民推车。他发现这位农民说话非常有趣,就让自己的马车夫打道回府,而他则和这位刚结识的农民朋友一起前往奥尔良。

革命对他的影响很奇怪。一方面,他熟练地买卖教会地产,从中赚了些钱;另一方面,他忙着推进一项宏大的教育计划,因与外国人的接触遭到了国人的猜忌,最后受到了保护性拘留的处罚。他逃跑了,但后来被人发现。有人指控酒店老板协助他逃跑,为了不连累这位老板,他以一种浪漫和高尚的姿态自首了。

这次他是真的进了大牢。但就在牢房里,他得到了启示。从某种意义上说,圣西门一生都在等待这样的启示出现。他的先祖在他梦中显现,点拨了他。圣西门是这样描述这场梦的:

"在革命最残酷的时期,我被囚禁在了卢森堡。一天晚上,查理曼出现在我面前说:'自从世界诞生以来,从没有一个家族有幸培养出一位英雄和一等的哲学家。这份荣誉是留给我们家族的。我的孩子,你作为哲学家取得的成就可与我作为战士和政治家取得的成就相媲美。'"

圣西门开悟了,他别无所求。出狱后,他把积攒下来的钱财源源不断地投入到了探求知识的活动中。事实上，他开始去了解一切，科学家、经济学家、哲学家、政治家……法国几乎所有的学者都被邀请到他家里去了。他为他们提供研究经费，而且为了解世间的万事万物，他不停地向他们请教问题。这是常人难以理解的行为。有一段时间，他觉得自己对家庭生活的直观了解不够，因此无法开展社会研究，于是他结婚了。按照合同规定，这段婚姻需维持3年。不过他觉得一年就足够了：他的妻子嘴太碎，而他的客人吃得太多。圣西门认为，在婚姻中学习的方法有局限性，于是，他转而追求欧洲最有才华的女性斯塔尔夫人；他宣称，她是唯一能理解他计划的女性。他们见了面，但这是一次虎头蛇尾的约会；她发现他精神抖擞，但与世界上最卓越的哲学家相去甚远。于是，他的热情也消退了。

探求百科全书式的知识虽然刺激，但造成的财务负担却极为沉重。圣西门花钱大手大脚，毫无节制，他维持婚姻关系的成本也过高。他先是感到生活拮据，后来则是难以维持生计，陷入了真正的贫困。万般无奈下，他开始做一些文书工作。一位善良忠厚的老仆人给他提供了食宿。与此同时，他马不停蹄地写作，疯狂地写了大量宣传短文、观察评论、建议和社会批判。他把写好的东西寄给了他当时的主要赞助人，并附上了一张纸条说明自己的艰难处境：

先生：

救救我吧，我快要饿死了……15天来，我只能靠面包和水充饥……为了支付印刷费用，我卖掉了除衣服以外的所有东西。我痴迷于对知识的探求和公共福利的研究，希望找到一种和平的方式结束这场让整个欧洲社会都陷入了困境的可怕危机……

但没有人回应他。1823年，尽管家族给了他一点养老金，但他还是在绝望中试图开枪自杀。不过他永远也做不成自己想做的事。他求死不成，但瞎了一只眼睛。圣西门又多活了两年，其间疾病缠身、一贫如洗，却又专心致志、自鸣得意。当末日来临时，他对着为数不多的门徒说："记住，要做大事，就必须充满热情！"

但是，他究竟做了什么，足以证明这一戏剧性的结局是合理的呢？

一件怪事：他创立了一个产业宗教（industrial religion）。他不是通过自己的著述实现这一壮举的，他的著述很多，但读者寥寥；也不是通过演说或者所谓的做"大事"实现的。不知何故，他启发了一小群追随者，形成了一个教派，并在社会上树立了一个新的形象。

这是一个有些神秘但缺乏组织的奇特宗教，有这样的特点不足为奇，因为它建立在未完成的、不平衡的思想根基之上。它甚至算不上是一种宗教——尽管在他去世后，出现了圣西门教会，在法国有6个分会，在德国和英国也有分支。它可能跟兄弟会更像一些，信徒们都穿着蓝色衣服，彼此之间按"父子"关系排序。创始人曾推崇的一种服装颇具象征意义，信徒们穿着这种特殊的马甲，在无人帮助时既不能穿上也不能脱下，这是为了强调人人都依赖兄弟的帮助。但这个教会很快就堕落成邪教，因为近代的圣西门分子自行制定道德准则，在某些情况下，他们这么做只不过是为了把败坏道德的行为合法化。

在现代人看来，圣西门传达的福音很平常。他宣称，人要分享社会的成果，"就必须工作"。不过，就以此为前提得出的结论而言，欧文的"平行四边形住宅社会"更为明确。

圣西门写道："我们假设，法国突然失去了50位顶尖的物理学家，50位顶尖的化学家，50位顶尖的生理学家……数学家……力学家，等等，总共失去了3000名学者、艺术家和工匠（圣西门的文风并不简约）。结果会怎样？那将是一场大灾难，会让法国失去其灵魂。"

圣西门说，但现在假设，法国没有失去这些人，而是一下子失去了社会上层人物，包括国王的兄弟贝里公爵，一些公爵夫人，王室官员，国务大臣，法官，以及1万个最富有的地主，总计3万人。结果会怎样？圣西门说，令人遗憾的是，由于这些人都是好人，失去了他们会让人感到难过，但国家几乎不会受影响。只起装饰作用、无关紧要的人，失去多少都不会使国家蒙受损失。

他的话寓意很明确。在社会中应该得到最高回报的是所有工人、**实业家**，无所事事的人得到的回报应该最低。但我们看到的是什么？在不公正的安排下，现实中做得最少的人得到的却最多。

圣西门建议把"金字塔"摆正。社会实际上是一座巨大的工厂，应该彻底遵循工厂原则，得出符合逻辑的结果。政府应该是经济性的，而非政治性的；它应该安排事务，而不是指挥人。应根据个人的社会贡献分配报酬，政府应属于工厂里积极工作的成员，而非懒惰的旁观者。圣西门宣扬的不是革命，甚至不是我们所理解的社会主义。这是对工业过程的一种赞美，也是对劳动社会中游手好闲之人占有过多财富份额的一种抗议。

如何摆正"金字塔"呢？圣西门对此只字未提；后来的圣西门信徒进一步发展了他的思想，他们主张取消私有财产，但即便如此，他们提出的也只不过是一个模糊的社会改革计划。这是一种宗教，但它缺乏适当的教义解说；它指出了社会财富分配严重不公的现象，但令人失望的是，它几乎没有为那些想要纠错的人提供指导。

也许正是因为缺乏具体的方案，才使得与圣西门风格完全相反的另一个人取得了成功。圣西门出身高贵，热衷于宏大的思想，从中得到启迪，进而灵感迸发，而傅立叶热衷于琐事，并从中得到启发。和圣西门一样，傅立叶认为世界是杂乱无序的，但他提出的应对策略明确且细致入微。

圣西门是生活的冒险家，而傅立叶是想象的冒险家。他的传记基本上是空白的：他出生于1772年，是贝桑松一个商人的儿子，是个不太成功的旅行推销员。从某种意义上说，他一事无成，甚至没有结婚。他只喜爱花和猫。只有在他生命将尽时，他才对社会有所祈求。在他生命的最后几年里，他总是准时地端坐在他的小屋里，等待某个大资本家来访，为他重整世界的宏伟计划提供资金。这位小推销员曾写道："只有我一人战胜了2000多年以来的政治蠢行；只有我一人为今世后代找到了幸福之源。"肩负着这样的神圣使命，他只能静静地坐在家里，等候天选的资本家救星带着资金来助他完成伟业。但从没有这样的资本家登门。

客气点说，傅立叶是个怪人；实话实说，他可能是个疯子。他的世界是幻想的产物：他相信地球有8万年的生命，前4万年处于上升期，后4万年处于衰落期。在两个时期之间有8000年的"至福期"（在计算上不必较真）。我们经历了原始期、蒙昧期、宗法期和野蛮期，现在正处于8个上升阶段中的第5个阶段。此后便是保障期（不错的洞见），然后是上升的和谐期。然而，当我们达到最幸福的阶段后，跷跷板就会倾斜，我们在经历了所有阶段后返回原点。

但当我们越来越深入和谐期时，奇怪的事情会出现：北冕星座将环绕极点，缓缓流出露水；海水将变成柠檬汁；6颗新月将取代那颗孤独的旧卫星；更适合和谐期的新物种会出现：反态狮子是温顺、最有用的野兽；反态鲸可被拴在船上供人类驱使；还有反态熊、反态虫子、反态老鼠。我们将会活到144岁，其中的120年可以无节制地追求性爱。

所有这些，加上傅立叶对其他星球居民的第一手描述，让他的著述带有疯子的气息。也许他原本就是个疯子。但是，当他的注意力从星光闪烁的愿景转向地球时，他看到了混乱和不幸，也看到了重整社会的方法。

傅立叶提出的方法非常精确。社会应该按"方阵"（phalanxes）——法语单词"方阵之城"（phalanstères）——进行组织，即建造整齐划一的大酒店，这与欧文的合作村没有太大的区别。他是这样详细描述这类酒店的：有一座大型核心建筑（房间的样式及尺寸都经过了深思熟虑），周围是田地和工业设施。居民按财力选择居住的房间：有一等间、二等间或三等间。在这里，个人隐私完全有保障（包括在房间内用餐），也可以进行文化交流。通过集中管理提高效率。老单身汉傅立叶描绘了一幅集中烹饪美食、令人垂涎欲滴的画面。

当然，每个人每天都要工作几个小时。但没有人逃避工作，因为每个人都在做自己**最喜欢**的事情。谁**喜欢**做脏活，谁就去做脏活。喜欢做脏活的当然是孩子们，小家伙们会兴高采烈地去屠宰场或是去修路，享受他们的美好时光。少数不愿做脏活的孩子可以去照料花草，或者去纠正父母糟糕的发音。闲暇时，人们会举办友好的竞赛，看看谁做得最好：有种梨比赛，有种菠菜比赛，还有煎蛋师大赛和香槟装瓶师大赛。一旦方阵原则普及全球，将有 2 985 984 个**方阵**建成。

实施整个计划是非常有利可图的，利润率会高达 30%，但这指的是公共利润。这些利润将由各方分享：5/12 分配给劳方，4/12 分配给资方，3/12 分配给"能力"（ability）。每个人都拥有部分所有权，每个人也都是劳动者。

傅立叶的观念看似荒谬神奇，但即使是在务实和重常识的美国，这一观念也有一定的影响力。这个国家曾一度建立了 40 多个方阵，如果把欧文主义的公社和各种宗教机构加在一起，那么至少有 178 个真正的乌托邦社群，每个社群的成员数量从 15 人到 900 人不等。

这些社群的差异是巨大的：有些信奉资本主义，有些信奉无政府主义。俄亥俄州有"特朗布尔方阵之城"，长岛有"摩登时代",新泽西州有"奥奈达""布鲁克农场""新伊卡里亚",还有相当引人注目的"北美方阵"。这个社区从 1843 年持续运营到了 1855 年,此后一直处于半酒店半公社状态,直到 20 世纪 30 年代末。评论家亚历山大·伍尔科特(Alexander Woollcott)就出生在那里。

这些乌托邦社区都没能扎下根。梦想的世界难以在现实中立足,在所有乌托邦式的社会重组方案中,没有哪一个像方阵之城这么远离现实的。然而,也没有哪一个像**方阵之城**这么诱人的。倘若我们有机会住在这样的**方阵**里,有谁不愿意去呢?傅立叶用令人震惊的事实揭露了他所处世界的不幸,但他开出的处方中含有太多来自"天堂"的成分了,无法治愈他想要治愈的致命疾病。

这些乌托邦主义者看起来可笑吗?诚然,他们都是梦想家,但正如法郎士[1]所说,要是没有梦想家,人类至今可能还生活在洞穴中。他们都有些疯疯癫癫,圣西门曾认真地推测,海狸是最聪明的动物,有一天可能取代人类成为世间的主宰。值得我们关注的不是他们怪异的个性或者天马行空、不切实际的幻想,而是他们无所畏惧的勇气。而我们要了解他们有多勇敢,就必须先评估和了解他们所处的环境和智识氛围。

他们生活在一个不仅严酷,还打着经济规律的幌子将残酷的

---

[1] 阿纳托尔·法郎士(Anatole France,1844—1924),法国诗人、记者和小说家。

行为合理化的世界里。法国银行家、政治家内克尔[1]在世纪之交曾说过:"如果能找到一种比面包更难吃但营养翻倍的食物,人们的吃饭次数会减少到两天一次。"这种观点听起来很刺耳,却言之有理。残酷的是这个世界,而不是世界上的人。因为这个世界是受经济规律支配的,任何人都不能也不应轻视经济规律。经济规律是客观存在的,抱怨它们导致了不幸的后果,抱怨它们不公正,就如同哀叹潮水的涨落一样愚蠢。

经济规律虽不多,却发挥着决定性的作用。我们看到了亚当·斯密、马尔萨斯和李嘉图是如何阐述经济分配规律的。这些规律似乎不仅解释了社会产品的分配方式,还解释了**应该**如何分配。经济规律表明:利润受制于竞争的调节和控制;工资总是受制于人口压力;地租随社会的扩张而落入地主的口袋里。就是这样。人们不一定**喜欢**这样的结果,但这显然是社会动态变化的自然结果,不涉及**个人**恶意或操纵。经济规律就跟万有引力定律一样,与它们对着干毫无意义。因此,一本介绍经济学基本原理的入门读物是这么写的,"100年前,只有学者才能理解它们(经济规律)。今天,它们已是托儿所里的老生常谈了。唯一真正困难的是,它们过于简单了"。

难怪乌托邦社会主义者如此极端。这些规律看起来确实不容侵犯,但它们造成的社会后果是让人无法容忍的。于是,乌托邦主义者勇敢地说,必须改变整个体系。要是资本主义允许把罗伯

---

[1] 雅克·内克尔(Jacques Necker,1732—1804),法国国王路易十六的财政总监。

特·布林科绑在机器上，我们就应该选择其他制度，如合作村、道德准则，或者有欢乐度假氛围的**方阵之城**。乌托邦社会主义者（除了本章提到的那些人，还有很多）要改变的是人的心灵，而不是头脑。

这就是我们把他们称为**乌托邦**社会主义者的一个原因。"乌托邦"不只是一个理想主义目标，也是实现目标的重要手段。与共产主义者不同的是，这些改革者希望能说服上层阶级，让他们相信社会变革符合他们的最终利益；共产主义者深入群众，主张在必要时采用暴力手段实现目标；社会党人则是呼吁自己的同类——知识分子、小资产阶级、思想自由的中产阶级公民或思想解放的贵族——支持他们的计划，就连欧文也希望工厂主能理解他的良苦用心。

但请注意，他们都是乌托邦**社会主义者**，这意味着他们都是**经济**改革者。自柏拉图时代开始，就已经存在乌托邦建设者了，但直到法国大革命，他们才开始对**经济**方面的不公做出反应，此前他们只是对政治方面的不公做出反应。由于对早期资本主义造成的恐怖情景印象深刻，他们自然而然地反对私人财产和对私人财富的争夺。他们中很少有人想到体制内的改革：请记住，那是大打折扣的工厂法刚开始出台的时代，而且辛苦争来的、不情愿的改革屡遭破坏。乌托邦社会主义者不只是想要改革，他们想要一个全新的社会。在这个社会里，人们奉行"爱邻如己"的理念，而不是互相倾轧和你争我夺。人们共享财产和所有权，这一点将成为判断人类进步的标准。

乌托邦社会主义者都是心地善良的人。然而，尽管他们心怀善意，也提出了诚挚的理论，但他们没有赢得世人的尊重，他们需要得到某个大人物真心实意的认可。后来，他们在最不可能的群体中找到了这样的人，他就是当时公认的大经济学家、最终转向了社会主义的约翰·斯图尔特·穆勒（John Stuart Mill）。

本章提及的每个人都有令人难以置信的性格，但穆勒是其中最了不起的。他的父亲是历史学家、哲学家、小册子作者詹姆斯·穆勒，是李嘉图和杰里米·边沁[1]的密友，也是19世纪初的知识分子领军人物之一。詹姆斯·穆勒对几乎所有的主题都有独到的见解，尤其是对教育。他的儿子，约翰·斯图尔特·穆勒，就是他非凡教育的杰作。

穆勒出生于1806年。1809年（不是1819年），他开始学习希腊语。7岁时，他阅读了大部分柏拉图对话录。第二年，他开始学习拉丁语，同时阅读了希罗多德、色诺芬、第欧根尼·拉尔修的著作和卢西恩的部分著作。在8岁至12岁，他读完了维吉尔、贺拉斯、李维、萨卢斯特、奥维德、特伦斯、卢克莱修、亚里士多德、索福克勒斯和阿里斯托芬的著述，掌握了几何、代数和微积分知识，还写了《罗马史》（Roman History）、《古代世界史简编》（Abridgment of the Ancient Universal History）、《荷兰史》（History of Holland）和几首诗。他在有名的《自传》（Autobiography）中写道："我从来没用希腊语写作过，甚至没用

---

[1] 杰里米·边沁（Jeremy Bentham，1748—1832），英国伦理学家、法学家、哲学家、经济学家和社会改革者。

希腊语写过散文,也很少用拉丁语写作。并不是说我父亲不重视这种练习的价值……而是因为没有时间。"

12岁时,穆勒开始学习逻辑学和霍布斯的著作。13岁时,他已对政治经济学领域的所有知识做了全面的梳理。

这种教育方式很奇特,以现在的标准来看,简直有些可怕。"为防止中断良好的学习习惯,养成懒散的恶习",他没有假期,没有玩伴,他甚至没有意识到自己的教育和成长与正常人的很不同。令人称奇的不是穆勒后来写出了传世巨著,而是他成功避免了人格的彻底崩溃。他确实有过一次精神崩溃:在他20多岁的时候,他突然觉得自己长期以来从事的知识研究索然无味,无法给他带来满足感了,当其他年轻人在探求知识的过程中领悟到美妙之处时,可怜的穆勒却看不出美妙之处在哪里。他度过了一段阴郁的时光,之后读了歌德的作品,然后是华兹华斯的,接着是圣西门的,他读了所有像他父亲严肃地谈论头脑那样谈论心灵的人的著述。最后他遇到了哈丽雅特·泰勒(Harriet Taylor)。

倒霉的是还有个泰勒先生,不过他被无视了。穆勒和哈丽雅特·泰勒坠入了爱河,在长达20年的时间里,他们鸿雁传书,互诉衷肠,还一起旅行,甚至住在同一个屋檐下(由他们的书信可知),不过他们一直没有越雷池一步。直到泰勒先生去世,障碍消除,他们才终成眷属。

两个人可谓是天造地设的一对。泰勒(后来是她的女儿海伦)让穆勒实现了迟来的"情感觉醒",在这两位女士的影响下,他开始重视妇女权利,更重要的是,开始重视人权。泰勒去世后,他回顾了自己的人生经历,思考了这两位女士对自己的影响后写道:"无论是现在还是以后,无论是谁想到我和我的著述,都永远不要忘记,这不是一个人智慧和良知的产物,而是三个人的。"

正如我们看到的,穆勒 13 岁时就读遍了所有的政治经济学著述,直到 30 年后,他才写出了自己的传世巨著,即两卷本的《政治经济学原理》(Principles of Political Economy),就好像他为了完成这部巨著积累了 30 年的知识。

这部著作对政治经济学领域的主题做了相当全面的论述,涵盖了租金、工资、价格和税收等方面,这也意味着穆勒踏上了斯密、马尔萨斯和李嘉图等人最初开创的路径,但他并不只是重述了一遍那些已被视为教条的理论,他还阐明了自己的发现,而且他认为这一发现具有重大的意义。跟许多伟大的见解一样,这个发现极为简单,即经济规律真正发挥作用的领域是生产,而不是分配。

穆勒的意思很明确:生产的经济规律与自然有关。劳动在不同用途中的生产力差异,不是主观决定的,土地生产力递减这类现象也不是可以随意改变或选择的。稀缺和冷酷是自然界真实的特征,而告诉我们如何才能最大限度地取得劳动成果的经济行为规律,就跟气体膨胀或化学物质相互作用的规律一样,是客观且绝对的。

但是,经济规律与分配无关,这可能是经济学中最出人意料的一点。一旦我们尽最大努力创造出了财富,我们就可以随心所欲地处置它们。穆勒说:"一旦物品被生产出来,人类就可以按个人或集体的意愿处理它们。他们可以按任何条件把这些物品交给自己喜欢的任何人支配……即便是某人靠自己的辛勤劳动、在无人帮忙的情况下生产出来的物品,若非得到社会的许可,他也无法保有。不但社会从他手里夺走产品,而且如果社会……或社会……不雇人来保护他的所有权,私人也可以从他手里夺走产品。因此,财富的分配取决于社会的法律和习惯。决定这种分配的规则是按照社会统治阶级的意见和情感形成的。在不同的年代和国家,分配的规则大不相同。而且,如果人们愿意,差别还可以更大一些……"

这对李嘉图的信徒来说是一个沉重的打击,他们早已把李嘉图的客观发现僵化成了社会的束缚。穆勒的意思很明确,人们不必担心社会"自然"地压低工资、均衡利润或提高租金等。如果社会不喜欢其活动的"自然"结果,只需要改变它们就好了。社会可以征税,也可以给予补贴,可以没收财物,也可以重新分配财物,它可以把所有的财富都献给国王,也可以经营一个庞大的慈善机构,它可以适当地重视刺激因素,也可以(自担风险)忽视它们。但无论它做了什么,都没有所谓"正确的"分配,至少在经济学领域没有这样的说法。没有任何"规律"能证明社会该如何分享其成果,只要人们认为合理就好。

事实上,穆勒的发现并不像他所认为的那样意义深远。保守派经济学家很快就指出,当人们干预分配过程时,他们也就干预了生产过程。例如,征收100%的利润税肯定会对利润的多少,以及谁得到利润产生巨大的影响。马克思也从另一个角度指出,人们不可能像穆勒所认为的那样,把分配和生产的界限划分得清清楚楚,因为在不同的社会里,支付方式是生产方式的组成部分。例如,封建社会里没有"工资",而资本主义社会里没有封建税费。

因此,来自"右翼"和"左翼"的批评都认为,社会调整分配的自由是有限的,要比穆勒所暗示的有限得多。然而,夸大穆勒的见解是错误的,低估它们也是如此。因为限制的存在意味着有调整的空间,这就意味着有变革资本主义的可能。事实上,新政和斯堪的纳维亚的福利资本主义都直接展现了穆勒的社会愿景,即社会以强制的道德价值观来纠正其"自然"运转的弊病。即使社会变革有限,谁又能说穆勒的见解没有导向社会变革呢?

当然,穆勒的发现给那个时代注入了一股新鲜空气。在那个装模作样、伪善说教的时代,穆勒从道德层面发出了清晰的声音。例如,在《政治经济学原理》一书中,他先是对生产和分配进行了明确的划分,然后探讨了各种乌托邦改革者提出的"共产主义"方案,多说一句,他没有提及马克思的共产主义,穆勒对此完全不知情。

穆勒认真思考了针对这些"共产主义"方案的各种反驳意见后认为,许多意见都有可取之处。之后,他以一段震撼人心的话总结了自己的看法:

> 如果……要在有风险的共产主义和带有各种苦难和不公的社会现状之间做出选择;如果私有制必定会带来我们现在所看到的后果,即劳动产品的分配几乎同劳动

成反比——根本不从事劳动的人拿得最多，只在名义上做点工作的人其次，工作越艰苦、越惹人烦，报酬就越低；而最辛苦、耗费体力最多的劳动甚至无法确定能否挣到足以糊口的收入；如果要在这种状况和共产主义之间做出抉择，那么无论推行共产主义的困难有多大，都会显得微不足道。

但穆勒接着补充说，这并非真正的选择。因为他认为，私有财产原则尚未得到公正的审判。欧洲的法律和制度反映的仍然是昔日残暴的封建制度，只要欧洲各国应用它提出的原则，就可以展现出改革精神。

基于此，两个原因使他最终没有支持真正革命性的变革。第一个原因，他发现日常生活中的激烈竞争是人类能量的必要宣泄通道。

他写道："一些人认为，人类生活的正常状态就是奋发有为。当前相互倾轧、相互争斗的生活方式就是人类最佳的生活方式，而不是产业发展各阶段的可恶症状。坦白地说，我并不赞成这样的生活理想。"

他厌恶贪婪之心，但他也知道它的作用。他写道："与其让人的精力无处发挥而生锈，还不如让人们为发财致富而忙碌，就像人们从前为战争而忙碌那样。如果人是粗野的，他们需要的刺激也将是粗野的，那就让他们接受这种刺激好了。"

第二个原因也许是更具说服力的。穆勒在仔细思考了各类对想象中的共产主义社会的支持和反对意见后，阐明了自己的

第5章 乌托邦社会主义者的梦想

看法:

> 问题在于,个性特征是否还能独立存在?舆论是否会成为暴君的桎梏?每个人绝对从属社会全体并受社会全体监督的做法,是否会使所有人的思想、感情和行动变得平庸而划一?……谴责怪诞行为的社会绝对是不健康的。

这是"政治学家"穆勒的言论,他后来出版了《论自由》(*On Liberty*)一书,这也许是他最伟大的著作了。不过,我们对经济学家穆勒更感兴趣。在《政治经济学原理》一书中,他不仅探讨了社会改革的可能性,还像之前的斯密和李嘉图一样,为资本主义体系设计了一个宏大的社会模型。但穆勒模型的目标与此前的模型都不同。正如我们所看到的,穆勒相信**改变**社会行为的可能性,因此,他不认可李嘉图的悲观论调——人口增长的压力使工人阶级失去了大幅改善物质生活水平的所有机会。相反,穆勒认为工人阶级可以接受教育,了解他们可能面临的马尔萨斯式危险,并自愿控制人口数量。

没有了人口对工资的压力,穆勒的模型便与李嘉图及斯密的模型有了区别。如前所述,积累过程会使工资上涨。在穆勒的模型中,由于没有大量孩子出生,工资对利润的压力不会得到缓解,工资将上涨,资本积累将停止。因此,穆勒的系统接近一个高度稳定的状态。若没有残酷的人口压力,斯密或李嘉图的系统也是这样。

接下来又出现了另一个区别。穆勒没有把稳定状态视为资本主义和经济进步的终点,而是把它视为良性社会主义的第一个阶段。在这个阶段,人类致力于解决正义和自由等严肃的问题,而不只是追求经济增长。在这个即将到来的稳定社会中,巨大的变化将会发生:政府将征收遗产税,阻止地主不劳而获;工会将取代工厂主管理企业;工人合作社纯粹靠竞争优势获得成功;工厂主把资产卖给工人,靠退休金生活;资本主义将逐渐消亡。

这一切只是乌托邦式的幻想吗?在《政治经济学原理》最后一版问世后的一个世纪里,经济实现了大规模的扩张。穆勒相信英国及世界资本主义距离稳定状态仅有一步之遥,我们对此只能一笑了之。然而,展望一两代人后资本主义扩张所面临的问题,并反思一些资本主义国家,如荷兰或斯堪的纳维亚三国,在多大程度上把高度的社会责任成功地纳入其经济框架时,我们就不能把他的愿景视为维多利亚时代的痴心妄想了。也许正是因为穆勒是维多利亚时代的人,所以他才容易被忽视。即使他的文字冷静、理性,即使他口才极佳,用语克制,他说话的语气也不会引起现代人的兴趣。然而,穆勒自有办法,前门不通,就找后门。

所以,让我们郑重地与他道别吧。备受尊崇的穆勒一直活到了 1873 年。他对未来的憧憬充满希望,他扫除了马尔萨斯和李嘉图的绝望气氛,因此他温和的社会主义倾向得到了世人的谅解。毕竟,他的主张没有那么骇人听闻,而且他的许多观点,如征收租金税、遗产税及建立工人合作社等,也被不少非社会主义者所接受。他不太看好工会的发展前景,但只要是好的主张,他都希望它们能取得成功。他秉持的还是英国人的那套核心理念:循序渐进、乐观务实而不冒进。

《政治经济学原理》一书非常成功。在他生前，其昂贵的两卷本再版了6次。为了使工人阶级也买得起，他自掏腰包印刷了廉价版。在他去世之前，廉价版印刷了5次，皆销售一空。穆勒成了当时伟大的经济学家，被视为李嘉图的后继者，与亚当·斯密不分伯仲。

撇开经济学不谈，穆勒本人就极受人尊敬。除了《论自由》，他还著有《逻辑体系》（*A system of Logic*）、《代议制政府》（*Considerations on Representative Government*）和《功利主义》（*Utilitarianism*）等著作，它们都是各自专业领域里的经典之作。他不仅博学多才，而且品德高尚，近乎圣人。当他哲学领域的劲敌赫伯特·斯宾塞（Herbert Spencer）[1]因生活拮据，无法完成一系列的社会进化研究时，穆勒主动提出资助他完成这个项目。穆勒在写给这位论敌的信中说："请你不要把我的资助视为个人恩惠，这完全是两码事。这只是为了重大的公共利益而进行的一次合作，你付出了辛劳，也牺牲了健康。"

穆勒的个性很鲜明，他只关心两件事：一个是他的妻子，他的朋友们都认为，他对妻子的忠诚到了近乎盲目的程度；另一个是对知识的追求，他始终对此坚定不移。在当选议员后，他竭力为人权辩护，他的提案因思想太过超前而未获通过，他毫不在乎。他审视着周围的世界，用文字把自己的所见所闻表达出来，只要能得到心爱的哈丽雅特的认可，他就心满意足了。

---

[1] 赫伯特·斯宾塞（1820—1903），英国哲学家、社会学家、教育家。

哈丽雅特去世后，她的女儿海伦一直陪伴穆勒左右。穆勒在《自传》中满怀感激地写道："肯定没有人像我如此幸运，在经历了重大的损失之后，还能再次抽中人生彩票的大奖。"他和海伦在泰勒墓地附近的阿维农度过了最后的岁月。他是一个非常睿智、堪称伟大的人。

还有一件巧合的事。他1848年出版的经济学巨著传达了进步的信息，阐述了和平变革和改善的可能性，这也许不是一部开创新纪元的著作，但无疑是一本极其重要的著作。得益于巧妙的命运安排，同年另一本篇幅短小得多的小册子问世，它就是《共产党宣言》。《共产党宣言》仅用短短数页篇幅就以无比犀利的言辞把约翰·斯图尔特·穆勒所描绘的那个平和乐观的世界掀翻了。

第 6 章

马克思的无情体系

第6章 马克思的无情体系

《共产党宣言》的开篇就是这一名句:"一个幽灵,共产主义的幽灵,在欧洲大陆徘徊。为了对这个幽灵进行神圣的围剿,旧欧洲的一切势力,教皇和沙皇、梅特涅[1]和基佐[2]、法国的激进派和德国的警察,都联合起来了。"

这个幽灵确实存在:对欧洲大陆的旧秩序来说,1848年是恐怖的一年。空气中弥漫着革命的热情,在地面上隆隆作响。有那么一刻,很短暂的一刻,旧秩序看起来就要崩溃了。在法国,身材魁梧的中产阶级国王路易·菲利普(Louis Philippe)原本摇摇欲坠的政权在危机中垮台,国王退位后逃到了萨里的一座庄园里藏身,巴黎的工人们如潮水般涌向市政厅,在那里插上了红旗。在比利时,惊慌失措的国王提出辞职。在柏林,路障被竖起,子弹呼啸而过。在意大利,暴乱频发。在布拉格和维也纳,民众效仿巴黎的革命人士,夺取了城市的控制权。

《共产党宣言》称:"共产党人不屑于隐瞒自己的观点和意图。他们公开宣布:他们的目的只有用暴力推翻全部现存的社会

---

[1] 克莱门斯·梅特涅(Klemens von Metternich,1773—1859),19世纪奥地利著名外交家。

[2] 弗朗索瓦·皮埃尔·吉尧姆·基佐(François Pierre Guillaume Guizot,1787—1874),法国保守派政治家,1847—1848年任法国首相。

制度才能达到。让统治阶级在共产主义革命面前发抖吧。无产者在这个革命中失去的只是锁链，他们获得的将是整个世界。"

统治阶级确实在颤抖，他们看到，共产主义的威胁无处不在。他们的担心并非毫无根据。在法国的铸造厂里，工人们一边敲着大锤一边唱着激进歌曲，德国浪漫主义诗人海因里希·海涅（Heinrich Heine）在参观工厂后说："温和文雅的人真的不懂这些歌曲中恶魔般的口气。"

尽管《共产党宣言》的措辞铿锵有力、极富号召力，但这种口气并非在召唤共产主义革命，这是在沮丧和绝望中发出的呐喊。整个欧洲都处在反动派的统治下，与之相比，英国则显得岁月静好。约翰·斯图尔特·穆勒曾将法国政府描述为"完全没有革新精神，而且……几乎完全凭一时冲动行事，卑鄙、自私"，有这种名声的可不只有法国。至于德国，即使到了19世纪40年代，普鲁士仍然没有议会，民众没有言论自由或集会权，没有新闻自由或陪审团审判制度，而且任何人不得质疑国王的神圣权力。意大利是由过时的公国组成的大杂烩。尼古拉一世统治下的沙俄（尽管沙皇曾参观过罗伯特·欧文的新拉纳克）则被历史学家托克维尔[1]描述为"欧洲专制主义的大本营"。

如果绝望的情绪被加以引导和管理，这可能会演变成真正的革命。但是，事实上，暴动是自发的，无组织、无纪律、无目的。革命者赢得了最初的胜利，然后，在他们不知道下一步该怎么办

---

[1] 阿历克西·德·托克维尔（Alexis de Tocqueville, 1805—1859），法国历史学家、政治家和社会学（政治社会学）的奠基人。

时，旧势力卷土重来，以不可阻挡之势复辟。革命的热情消退了，而在革命热情高涨的地方，革命被无情地镇压了。在伤亡了1万人之后，巴黎的暴乱被国民警卫队平息，路易·拿破仑执掌了国家大权，很快把第二共和国改为第二帝国。比利时的国民决定，最好还是把国王留下来；国王接受了提议，但废除了群众集会权。维也纳和匈牙利的群众遭到了炮轰。在德国，各派在制宪会议上讨论共和问题，争吵不休，最终可耻地把国家交给了普鲁士的弗雷德里克·威廉四世。更可耻的是，这位君主宣称，他不会接受卑贱的平民献上的王冠。

革命就这样结束了。它轰轰烈烈、暴力血腥，但无果而终。欧洲出现了几个新面孔，但政策基本上没什么变化。

不过，对于刚刚成立共产主义者同盟的一小群工人阶级领导人来说，这没有让他们感到绝望。诚然，他们寄予厚望的革命已经结束，整个欧洲的激进分子遭到了前所未有的残酷迫害，但他们可以平静地看待这一切。他们理解，以史为鉴，1848年的暴动只是未来大剧开演前的一次小规模彩排，这幕大剧最终会成功开演。

共产主义者同盟刚刚公布了其目标声明，即《共产党宣言》。《共产党宣言》中所有的口号和犀利的措辞不只是要激发革命情绪，也不是要在喧闹声中加入另一种抗议的声音。《共产党宣言》还有其他目的：表达一种历史哲学。根据这种哲学，共产主义革命不仅是令人向往的，而且是不可避免的。乌托邦社会主义者想把社会改革成他们心目中设想的样子，但共产党人与他们不同。共产党人不祈求获得人们的同情，也不想让人们沉迷于不切实际的幻想。相反，他们让人们把自己的命运与地球联系在一起，然后看着这颗恒星以不可阻挡之势穿越历史的星空。这里没有两方之间的竞争，没有一方会由于道德或情感原因，或由于现有秩序令人无法容忍而战胜另一方，相反，这里只有对一方必然获胜的冷静分析，而且由于获胜的一方是无产阶级，他们的领导人只需等待，最终绝不会失败。

《共产党宣言》是为未来撰写的纲领性文件，但有一件事是它的作者们始料未及的。他们做好了等待的准备，但他们没有想到，这一等就是70年。他们在欧洲搜寻最有可能爆发革命的地方，却从来没有朝俄罗斯帝国看过一眼。

众所周知，《共产党宣言》是天才卡尔·马克思的杰作。更准确地说，是他和他那志同道合的伙伴、同胞、支持者和同事弗里德里希·恩格斯合作的成果。

他们是很有趣的人，当然也是极其重要的历史人物。问题是，他们很快就变成了形象化的人物。至少在苏联解体之前，很多人把马克思视为可与耶稣或穆罕默德相提并论的宗教领袖，恩格斯则被视为与圣保罗[1]或圣约翰[2]一样的人物。在位于莫斯科的马克思恩格斯研究所，学者们怀着崇敬之心专注地钻研他们的著作，却对街对面反宗教博物馆里的神像崇拜嗤之以鼻。尽管马克思和恩格斯在斯大林领导的苏联被视为圣人，但在世界其他许多

---

[1] 圣保罗是早期基督教最著名和最突出的传教士之一。
[2] 耶稣的门徒。

地区，人们都把他们视为魔鬼的化身。

这两种极端的态度都不合理，因为他们既不是圣人也不是魔鬼。他们的著作既不是圣经，也不是可憎之物。它们都隶属于经济学大范畴，为我们阐明和解释了世界。与书架上其他伟大的著作一样，他们的著作也并非没有缺陷。世人都在关注作为革命家的马克思，但即使没有马克思，也会有其他的社会主义者和新社会的先知出现。马克思和恩格斯对世界产生真正而持久影响的不是他们的革命活动，这些活动在他们的有生之年并没有取得重大的成果。资本主义要努力对付的是政治经济学家马克思的愿景，因为他在历史上留下的最后印记是他的这一预测：资本主义必然崩溃。共产主义者以这一预测为根基，建造起自己的大厦。

我们先来看看这两个人的基本情况。

从外表来看，他们是迥然不同的两种人。马克思看起来像个革命者，他的孩子们称他为"摩尔人"，因为他皮肤黝黑，眼睛深陷但炯炯有神。他身材魁梧，体格健壮，留着络腮胡，不怒自威。他是一个不爱整洁的人，家里杂乱地堆放着很多落满灰尘的文件。他不修边幅，喜欢抽烟，常在缭绕的烟雾中走来走去。再来看看恩格斯。恩格斯是马克思所鄙夷的资产阶级中的一员。他身材高大，皮肤白皙，举止优雅得体，喜欢骑马击剑，曾经在威悉河里不间断地游过四个来回。

他们不仅长相不同，性格也截然相反。恩格斯性格开朗，善于观察，头脑灵活；据说粗通20种语言。他喜欢资产阶级的享乐，爱品鉴葡萄酒。有趣的是，尽管他在无产阶级中寻找情人，但他花了很多时间试图证明（但没有成功）他那工人阶级出身的情人玛丽·伯恩斯（在她去世后是她的妹妹莉齐）是苏格兰诗人的后裔。

马克思要沉闷得多。他是位卓越的德国学者，慢条斯理，一丝不苟，勤勤恳恳，甚至有点完美主义。恩格斯下笔如有神，很快就能写出一篇论文；马克思总是思来想去，不慌不忙。恩格斯被只有4000个动词词根的阿拉伯语所困扰；而马克思经过了20年的练习，说起英语来仍然磕磕巴巴。当马克思写到令他大感"震惊"（应为"shock"，马克思将其误读为"chock"）的事件时，我们几乎可以听到他的发音。但是，尽管马克思性格沉闷，却是两人当中的智慧担当。恩格斯见多识广，闯劲十足，马克思则思想深邃，目光长远。

1844年，他们在巴黎相遇，这是他们的第二次会面，从此他们开始了一生的合作。恩格斯只是来拜访马克思，但他们相谈甚欢，以至于谈话持续了10天。此后，他们不管写什么，都会交给对方润色或修改，或者至少进行深入的讨论。他们的通信汇编起来有几大卷。

在巴黎会面并成为志同道合的挚友之前，他们的经历迥然不同。恩格斯的父亲是莱茵兰的一名制造商，也是虔诚的加尔文教徒，他心胸狭窄。恩格斯年轻时就对诗歌表现出了浓厚的兴趣，但他父亲把他送到了不来梅学做出口生意，并与一名牧师住在一起——他的祖父卡斯帕尔·恩格斯曾经说过，宗教和赚钱是治愈浪漫灵魂的良方。恩格斯尽职尽责地做生意，但性格使然，他看这里的一切都不顺眼。恩格斯乐天知命的个性与他父亲的严格标准格格不入，他在做生意期间去了码头，敏锐的双眼不只注意到了"镶金红木"的头等舱，还注意到了"像街道上的铺路石一样挤得密不透风"的下等舱。于是，他开始阅读当时的激进著作。到22岁时，他改信了"共产主义"思想。"共产主义"这个词在当时没有明确的定义，只是反对把私有财产作为组织社会经济活动的手段。

后来他去了曼彻斯特，进入了父亲经营的纺织企业。在恩格斯看来，曼彻斯特就跟不来梅的轮船一样虚有其表。街道两旁是诱人的商店，郊区则满是舒适的别墅。但繁华的表象下还隐藏着另一个曼彻斯特，工厂老板在往返办公室的途中永远也看不到它。这里居住着发育不良的人，他们生活在肮脏的、令人绝望的环境中，靠杜松子酒和福音主义宽慰自己。他们和子女靠抽鸦片麻醉自己，对抗着无望的残酷生活。恩格斯在家乡莱茵兰的工业城镇里也看到过类似的景象，但直到在曼彻斯特深入考察后，他才真正了解了居住在贫民窟里的人的生活。随后，1844年，他发表了《英国工人阶级状况》一文，把他在工业贫民窟里看到的可怕景象公之于众。一次，他向一位绅士朋友谈到了这里的惨状，说自己从未见过"如此破败的城市"。他的朋友静静听完他的话后说："但在这里能赚大钱啊！再见，先生。"

之后他写了一些论文，意在证明英国的大经济学家只是现有秩序的辩护者。他的一篇论文给年轻的卡尔·马克思留下了极为深刻的印象，后者当时正在巴黎编辑一本思想激进的哲学杂志。

与恩格斯不同，马克思出身于信奉自由主义、思想甚至有点激进的家庭。1818年，他出生在德国特里尔一个富裕的犹太家庭里，是家中的次子。不久后，为了使他的父亲开展律师业务时少受点限制，全家人改信了基督教。海因里希·马克思是个颇受尊敬的人，事实上，他曾经受聘为司法顾问，只有杰出的律师才能获此殊荣。但他参加过非法聚会，支持在德国建立共和制，他还常以伏尔泰、洛克和狄德罗的思想教育小儿子。

海因里希·马克思希望儿子学习法律。但在波恩大学和柏林大学学习时，年轻的马克思痴迷于当时的哲学大辩论。哲学家黑格尔提出了一个革命性的体系，而保守的德国大学对这一体系的意见分歧很大。根据黑格尔的说法，变化是生活中的常规现象。每一种思想，每一种力量，都会不可抑制地滋生出其对立面，两者融合成一个"统一体"，接下来又会引发自身的矛盾。黑格尔说，历史不过是不断解放思想和解决力量冲突的表现。变化——辩证的变化——是人类事务的内在规律。只有普鲁士是例外，这个规律不适用于它。黑格尔说，普鲁士政府就像"真正的人间上帝"。

这种论调对年轻的学生来说是巨大的刺激。马克思加入了一个被称为青年黑格尔派的知识分子群体，用黑格尔辩证法来讨论无神论和纯粹的共产主义理论等敏感问题，他立志成为一名哲学家。要不是因为那个"上帝似的"政府采取行动，他可能会心想事成，成为一名哲学家。马克思最喜欢的教授布鲁诺·鲍威尔（Bruno Bauer）热心地为他在波恩大学谋求教职，但鲍威尔因支持立宪和反宗教思想（两方面都影响不好）而被解雇了，年轻的马克思博士的学术梦也泡汤了。

他转而投身于新闻业。由于他经常为小型中产阶级自由派报纸《莱茵报》(The Rheinische Zeitung)撰稿,该报邀请他担任编辑。他接受了邀请,但他的这份工作只持续了5个月。当时的马克思确实是一名激进分子,但他只是在哲学上激进,在政治上并非如此。当弗里德里希·恩格斯慕名来访时,马克思对这个满脑子都是共产主义思想的鲁莽年轻人很不以为然。当有人指控马克思本人是共产主义者时,他做出了模棱两可的回应。他说:"我不懂共产主义,但不能妄加指责一种旨在为被压迫者发声的社会哲学。"但不管他怎么否认,当局都容忍不了他撰写的社论。他撰文谴责政府出台的法律阻止了农民自古以来就享有的在森林中采集枯木的权利,为此受到了当局的谴责。他撰写社论痛陈住房问题,因此被当局警告。当他发表了一些不利于俄国沙皇的言论时,《莱茵报》遭到了查封。

马克思去巴黎执掌了另一本激进杂志,这本杂志几乎和《莱茵报》一样短命。在此期间,他的兴趣转向了政治和经济领域。普鲁士政府毫不掩饰的自私自利的态度,德国资产阶级对可能缓解德国工人阶级痛苦的一切变革的顽固抵制,欧洲富裕阶级和统治阶级近乎可笑的反动立场,在他的脑海中交织在一起,形成了一种新的历史哲学的组成部分。当恩格斯来拜访他,两人建立了牢固的关系时,这种哲学便开始正式成形了。

这种哲学通常被称为辩证唯物主义;说它是"**辩证**"的,是因为它融合了黑格尔的内在变化思想;说它是**唯物主义**,是因为它不以思想的世界为基础,而以社会和物质环境为基础。

多年以后，恩格斯在反驳德国教授欧根·杜林[1]的名著《反杜林论》里写道："历史的唯物观念始于这一原理：生产以及随生产而来的产品交换是一切社会制度的基础；在历史上出现的每个社会中，产品分配以及和它相伴的社会阶级或等级划分，是由生产什么、怎样生产以及怎样交换产品来决定的。所以，一切社会变迁和政治变革的终极原因，不应当到人们的头脑中或人们对永恒真理和正义的日益增进的认识中去寻找，而应当到生产方式和交换方式的变更中去寻找；不应当到有关时代的哲学中去寻找，而应当到有关时代的**经济**中去寻找。"

这一推论很有说服力。马克思说，每个社会都建立在经济基础之上，这是因为，人类要满足衣食住行需求，就必须组织自己的活动。在不同的社会和时代，组织方式有所不同，可以是放牧式的，也可以是狩猎式的，还可以按手艺分门别类，或者被构造成一个复杂的工业整体。但是，无论人们以何种方式解决他们的基本经济问题，社会都需要一个由非经济活动和思想组成的"上层建筑"，因为它需要法律的约束、政府的监督、宗教和哲学的启迪。

但思想的上层建筑不能随意选择，它必须反映它赖以建立的基础。没有一个狩猎社会发展出或者采用工业社会的法律框架，同样，没有一个工业社会能够运用原始部落的法律、秩序和政府概念。注意，唯物论并没有否认思想的催化作用和创造

---

[1] 卡尔·欧根·杜林（Karl Eugen Dühring，1833—1921），德国作家、哲学家、经济学家，小资产阶级社会主义的代表。

性，它只是认为，虽然思想和观念旨在改变环境，但它们仍然是环境的产物。

唯物主义把思想视为经济活动的衍生物，这从来都不是马克思的观点。因为这个新理论既是**辩证**的，又是唯物主义的：它设想的是变化，持续不断的内在变化；在永无止境的变化中，一个时期产生的思想将有助于促进另一个时期思想的形成。1852年马克思在评论路易·拿破仑的政变时写道："人们自己创造自己的历史，但是他们并不是随心所欲地创造，并不是在他们自己选定的条件下创造，而是在直接碰到的、既定的、从过去承继下来的条件下创造。"

但是，这一历史理论的辩证性——内在变化性——不只取决于思想和社会结构的相互作用，还有一个更强大的因素在起作用。经济世界本身也在发生变化；思想结构赖以建立的基石本身就在变化中。

例如，在海外探险和政治统一的推动下，中世纪的孤立市场被淘汰，新的商业世界诞生。在新发明的推动下，蒸汽机取代了旧式手磨机，新的社会组织形式——工厂应运而生。在这两个例子中，经济生活的决定性框架改变了自身的形式，它迫使所处的社会适应新的现实。马克思写道："手推磨产生的是封建主的社会，蒸汽机产生的是工业艺术家的社会。"

一旦这样的变化发生，一系列的后果就会显现。尽管市场和工厂诞生于封建生活方式，但它们与封建生活方式不相容。它们需要一种新的文化和社会背景相匹配。在艰难诞生的过程中，它们通过创造自己的新社会阶层来促进它们的诞生：市场培育了新的商人阶层，工厂催生了工业无产阶级。

但社会变革过程不仅仅是新发明压迫旧制度的问题，而是新阶级取代旧阶级的问题。马克思说，社会是由不同的阶级组成的，无论赞成与否，人们都会形成与现有的生产形式相适应的、具有某种共同关系的群体。经济变化对这一切构成了威胁。随着生产的组织和技术力量发生变化——例如工厂摧毁了手工业——生产的社会关系也发生了变化；之前位于上层的人可能跌落到下层，而之前处于下层的人可能攀升至上层。在李嘉图时代的英国，我们看到过社会阶级相对地位发生变化的情况，当时资本家乘着工业革命的浪潮，威胁着要夺取地主豪绅长期以来享有的特权。

于是，冲突不断发展。地位遭到威胁的阶级与地位得到提升的阶级展开了斗争：封建领主与新兴的商人阶层展开了斗争，行会首领与年轻的资本家展开了斗争。

但历史的进程不以个人的好恶为转移。局势会逐渐改变，各个社会阶层的地位也必定会逐渐改变。在动荡和痛苦中，财富的分配发生了变化。因此，历史是阶级之间为瓜分社会财富而不断斗争的一幕大戏。只要社会技术发生了变化，任何现有的财富分配都会遭到挑战。

这一理论对马克思和恩格斯所处的时代预示着什么呢？它预示着革命——不可避免的革命。根据这一分析，资本主义也必然包含生产力和生产关系，前者是技术和组织基础，后者是法律、政治权利和意识形态结构。当它的技术基础在不断发展时，它的上层建筑必然会面临越来越大的压力。

这正是马克思和恩格斯在1848年看到的事实。资本主义的经济基础,即它在现实中的支撑点,是工业生产。它的上层建筑是私有财产制度。在这种制度安排下,社会的一部分产出流向了拥有先进技术设备的人。基础和上层建筑不相容,冲突由此产生。

为什么会这样呢?因为工业生产的基础——商品的实际制造——是一个日益组织化、一体化、相互依存的过程,而私有财产的上层建筑是最个人主义的社会制度。因此,上层建筑和经济基础发生了冲突:工厂需要社会计划,但私有财产制对此深恶痛绝;资本主义已变得极为复杂,需要加以指导,但资本家要坚持自由,这必然产生灾难性的结果。后果有两个。

首先,资本主义迟早会自我毁灭。生产的无计划性导致经济活动持续混乱,进而引发危机、衰退和萧条。这个系统太复杂了;它一而再、再而三地出现不协调、不一致,一种商品生产过剩,另一种商品却生产不足。

其次,资本主义必然在不知不觉中孕育出自己的接班人。它不仅会在大工厂里创造出社会主义(合理规划的生产)的技术基础,还会创造出一个训练有素、纪律严明的阶级,即愤懑的无产阶级,他们将成为社会主义的代理人。资本主义内部力量的相互作用会导致自身垮台,并在此过程中滋养自己的敌人。

这是对历史深刻而重要的洞见,因为它不仅预示了未来,还为理解过去打开了全新的视角。我们已经熟悉了对历史的"经济解释",我们可以平静地接受对过去的重新评估,如对17世纪新生的商业阶级与依靠土地和血统的贵族之间的争斗的评估。但在马克思和恩格斯看来,这不只是在重新诠释历史。辩证法指向的是未来，正如《共产党宣言》所揭示的那样，资本主义前行的终点是革命。《共产党宣言》宣称："随着大工业的发展，资产阶级赖以生产和占有产品的基础本身也就从它的脚下被挖掉了。它首先生产的是它自身的掘墓人。资产阶级的灭亡与无产阶级的胜利是同样不可避免的。"

《共产党宣言》对历史做出了深刻而无情的解释，但它不是在巴黎写就的，马克思在那个城市的职业生涯很短暂。他编辑的杂志语言犀利、思想激进，再次激怒了普鲁士政府，在后者的施压下，他最终被法国当局逐出了巴黎。

1843年，他结婚了，娶了青梅竹马的燕妮。燕妮出身于普鲁士贵族，其父冯·威斯特华伦男爵是枢密院议员，也是一位人文主义和自由主义思想家。他曾经和年轻的马克思谈论过荷马和莎士比亚，甚至谈论过被当地主教宣告为异端的圣西门思想。至于燕妮，她是镇上的大美女，追求者很多，比隔壁那个皮肤黝黑的年轻人更"适合"做她伴侣的才俊也很多。但她就是相中了他，两家也都表示赞同。对马克思一家来说，这桩婚姻将大大提高他们的社会声誉，对冯·威斯特华伦男爵来说，这也许是他人道主义思想的一次幸福的证明。很多人都想知道，如果当初他能预见到女儿未来的惨状，他是否还会同意这桩婚事。燕妮曾因马克思的连累被投入监狱，还曾经为了买一口棺材埋葬她的一个孩子而不得不向邻居求助。她原先在特里尔过着衣食无忧的舒适生活，还具有很高的社会声望，但接下来她将在伦敦贫民窟的两个昏暗房间里度过余生，与丈夫一起承受这充满敌意的世界的诽谤。

然而，他们夫妻二人非常恩爱。在与外人打交道时，马克思通常表现得不太友善。他猜忌心重，**性格多疑，脾气暴躁，点火就着**；但他是一位令孩子愉悦的父亲，也是一位对妻子深情的丈夫。有一段时间燕妮生病了，马克思投入了伦琴（Lenchen）的怀抱。这位家庭女佣多年来一直陪伴在他们身边，不计报酬。但即使有这样的不忠事件发生（据传还有一个私生子），夫妻二人之间的感情也未受影响。很久以后，当燕妮奄奄一息，马克思卧病在床时，他们的女儿目睹了他们温馨有爱的一幕。她写道：

> 我们亲爱的母亲躺在前面的大房间里，摩尔人则躺在旁边的小房间里……我永远也忘不了那天早上看到的情景，他觉得自己好多了，可以走进母亲的房间里了。当他们在一起时，他们变成了年轻人——就好似一对刚开始共同生活、正处于热恋中的青年男女，而不是一个疾病缠身的老翁和一个奄奄一息的老妇，不是即将永别的人。

马克思一家于1849年迁居伦敦。4年前，他们被逐出了巴黎，之后去了布鲁塞尔，一直待在那里（《共产党宣言》就是在那里完成的），直到1848年革命爆发。比利时国王坐稳王位后，下令追捕身在首都的激进领导人，马克思才匆匆逃回了德国。

与此前的经历一模一样。马克思担任了一家报纸的编辑，但不久政府查封了报社。他以红字印刷了最后一版，然后在伦敦找到了避难之处。

他当时的财务状况糟糕透顶，而恩格斯在曼彻斯特过着奇特的双重生活（他是曼彻斯特证券交易所颇受尊敬的人物），他为马克思夫妇提供了源源不断的资助。如果马克思善于理财的话，他们一家可能会过上体面的生活。但是，马克思从来都不会精打细算，量入为出。孩子们有钱上音乐课，家里却没钱取暖。他们的生活一直很拮据，总是入不敷出。

马克思一家共有五口人，包括伦琴。马克思没有任何工作，他每天从早上10点到晚上7点都待在大英博物馆里。他试图通过为《纽约论坛报》(*New York Tribune*) 撰写政论文章赚点钱，该报的编辑查尔斯·A.达纳信奉傅立叶思想，并不反对刊载几篇抨击欧洲政治的文章。这份兼职在一段时间内缓解了马克思的财务压力，不过当时恩格斯为他写了许多文章救急，他也对恩格斯的文章提出了一些建议，他在致恩格斯的信中写道："你得为战争评论文章增加点色彩。"这份兼职到期后，他试图在铁路公司寻找一份文书工作，但因文笔太烂被拒绝了。之后，他典当了剩下的家当，家里所有的银器和贵重物品早被变卖光了。有时他无法出门，只能在家里待着，因为他把外套甚至鞋子都当了。有时他甚至没钱买邮票把自己写的东西邮寄给出版商。更糟糕的是，他身上长了疖子，让他疼痛难忍。一次，他在博物馆里痛苦地写了一整天书，晚上回到家后说："我希望，活着的资产阶级记着我遭受的疖子之痛。"他当时刚刚写完《资本论》中有关工作日的那一章节。

只有恩格斯可以依靠。马克思不断给他写信，探讨经济、政治、数学、军事战术及其他各种问题，尤其是他自己的处境。一段典型的文字摘录如下：

> 我的妻子病了，小燕妮病了，伦琴发烧了，我没有请医生来，因为没钱。有8～10天，家里吃的都是面包和土豆，以后还能不能吃到这些东西，恐怕都成问题了……我没有为达纳写任何东西，因为我没钱买报纸……如何才能摆脱这地狱般的困境呢？最后想说的是，在过去的8～10天里，我为了讨几块钱接触了一些德国人，这真是可恨的行为，但如果我不这么做的话，我们一家就得喝西北风了……

到了马克思逝世前几年，他们一家人的日子才稍微好过了一些。一位老朋友给他留下了一小笔遗产，这使他们过上了相对舒适的生活，甚至可以出去旅游，调养调养身体了。恩格斯最终也继承了一笔遗产，从此不再经商了。1869年，他最后一次去了办公室，然后大老远地跑去见马克思的女儿，他"一边挥舞着手杖，一边唱着歌，脸上洋溢着笑容"。

1881年燕妮去世。她和马克思总共生育了六个孩子，有四个孩子夭折。在生活的重压下，她身心俱疲，显得异常苍老。马克思病得很重，无法参加葬礼，恩格斯看着他说："这个摩尔人也快死了。"此后，马克思又苦熬了两年。他不满意两个女儿选择的丈夫，厌倦了因工人阶级运动引发的争吵，在发布了一份让信徒们百思不得其解的声明（他有一天说："我不是个马克思主义者。"）后，于3月的一个下午悄然去世了。

在漫长的贫困岁月里，他做了什么呢？

首先，他发起和指导了国际工人阶级运动。马克思年轻时就曾经写道："迄今为止，哲学家们只以各种方式解释世界，然而重要的是改造世界。"马克思和恩格斯在他们的历史解释中赞扬了无产阶级，现在，他们要指导无产阶级，让他们在历史舞台上发挥最大的力量了。

他的这次尝试并不成功。《共产党宣言》发表时，共产主义者同盟宣告成立，但它不过是一个名义上的组织；作为其纲领的《共产党宣言》在当时甚至没有公开出售，随着1848年大革命的结束，这个同盟也消亡了。

1864年，一个更加雄心勃勃的组织，即国际工人协会，成立了。这个协会拥有700万名会员，在席卷欧洲大陆的罢工浪潮中发挥了重要作用，从而声名远播。但它的寿命也注定是短暂的。这个协会不是由坚定不移、纪律严明的共产党员组成的，而是由欧文主义者、蒲鲁东主义者、傅立叶主义者、半信半疑的社会党人、狂热的民族主义者和工会主义者组成的，鱼龙混杂，他们对任何革命理论都持怀疑态度。马克思用相当高超的技巧把这些人团结在一起5年，然后协会分崩离析。一些人追随了巴枯宁（Bakunin），他是个举足轻重的人物，曾经在西伯利亚流亡，是个真正的革命家（据说他的演讲非常感人，如果他要求听众割喉自杀，听众恐怕也会照办），而另一些人则把注意力转向了国内事务。协会于1874年在纽约举行了最后一次会议,两年后宣告解散。

但比创立第一国际更重要的是马克思为工人阶级事务注入了独特的基调。他是个最好争论、最不宽容的人,从一开始,他就认为任何不遵循他推论路线的人都是错的。作为一名经济学家,他用词精准;作为一名哲学家和历史学家,他言辞雄辩;作为一位革命者,他言语粗俗。他屈从于反犹主义,称他的对手为"粗鄙之人""流氓",甚至"臭虫"。马克思早年在布鲁塞尔工作时,一位名叫魏特林的德国裁缝曾拜访过他。魏特林是在劳工运动中久经考验的人;他曾被普鲁士政府投入大牢,腿上还留有锁链痕迹。他长期以来一直为德国工人谋利益,英勇无私地与当局做斗争。有一次,他想和马克思谈谈有关正义、兄弟情谊和团结等话题,但他发现自己遭到了后者有关社会主义"科学原则"的无情盘问。可怜的魏特林感到很困惑,他的回答不那么令人满意。主考官似的马克思开始怒气冲冲地在房间里踱来踱去,他大喊道:"无知从不会帮助任何人。"他们的会面就这样结束了。

威利奇(Willich)是另一个遭受排挤的人。他之前是一名普鲁士上尉,曾经参加过德国革命,后来在美国内战中成为北方联军的杰出将领。但他坚持"非马克思主义"观,认为革命的动力是"纯粹的意志"而非"实际条件"。就因为秉持这一观点(后来列宁证明,这一观点有合理之处),他也被逐出了门庭。

受到类似对待的人还有很多。最激烈的当属马克思和皮埃尔·蒲鲁东(Pierre Proudhon)之间的长期论战了。这场论战也预示着,内部所谓的"离经叛道者"和"反革命分子"未来会遭到迫害。蒲鲁东是一位法国制桶匠的儿子,也是一位自学成才的杰出社会主义者。他所著的《什么是财产?》(What Is Property?)一书震撼了法国知识界。他在这本书里提出了"财产就是盗窃"的观点,虽然没有呼吁废除所有私有财产,但他呼吁消除巨额财富被私人占有的现象。马克思和他见过面,谈过话,通过信,随后马克思邀请他加入自己和恩格斯的阵营。蒲鲁东的回复深切感人,极富先见之明,值得我在这里将其详细列出:

> 如果您愿意,让我们一起寻求社会的规律及其实现方式,以及成功发现它们的过程吧;但是,看在上帝的分儿上,在废除了所有先验的教条主义之后,我们不要反过来把教条灌输给人民……我衷心地赞赏你能倾听各种意见;让我们继续进行良好而忠诚的辩论吧,让我们为世界树立明智和宽容的榜样吧,但是,我们不要仅仅因为自己是一场运动的领导者,就认为自己是不容置疑的领袖,我们不要像新宗教的使徒,即使它是逻辑的宗教、理性的宗教。让我们一起鼓励所有的异议,让我们摒弃所有的排他主义和所有的神秘主义吧,我们永远不要停止对一个问题的讨论,即使我们提出了最后一个论点,我们也要在必要时再次开启讨论,用雄辩的口才或讽刺的语言都无所谓。在满足这些条件的情况下,我很乐意加入您的阵营。否则的话,我不加入!

第6章 马克思的无情体系

马克思是这样回应的：蒲鲁东写了一本书，名为《贫困的哲学》(The Philosophy of Poverty)；马克思为反驳他的观点，也写了一本书，名为《哲学的贫困》(The Poverty of Philosophy)。

如果马克思在他漫长的流亡岁月中只从事了工人革命运动而没有其他成果，那么他在世界上的地位就不会如此重要了。革命者有十多个，马克思只是其中之一，而且他绝不是最成功的；社会主义的预言者也有很多，他也只是其中的一个，事实上，他几乎没有撰文描述过新社会的样子。他的重要贡献体现在其他方面，包括他的历史辩证唯物主义理论，更重要的是他对资本主义经济前景的悲观分析。

1929年被采用的《共产国际纲领》(Program of the Communist International)中有这样一段文字，它是对《共产党宣言》的一种现代重述："资本主义的历史，完全验证了马克思主义关于资本主义社会发展及其矛盾规律的理论，整个资本主义制度正走向崩溃。"这些规律是什么？马克思对资本主义制度做出了怎样的预测？

答案就在《资本论》这部巨著里。以马克思一丝不苟到极致的作风，能完成这部巨著，算是十分难能可贵了，但从某种意义上来说，这部著作从未被完成。整个撰写过程持续了整整18年；1851年，马克思预计将在"5周内"完成它；1859年，预计将在"6周内"完成它；1865年，终于"完工"了，但完成的是一大捆几乎难以辨认字迹的手稿，他又花了整整两年时间才编辑完第一卷。到1883年他去世时，还剩下三卷没有出版。1885年，恩格斯出版了第二卷，1894年出版了第三卷，而最后一卷（第四卷）

直到1910年才问世。

这部皇皇巨著有2500页之多，只有毅力非凡的人才能读完它。这部著作的内容怎么样？一些内容涉及最细微的技术问题，需要运用数学知识，这可能会让一些人感到头疼；另一些内容则充满了激情和愤怒。作者是位经济学家，他遍阅了其他每一位经济学家的著述。他也是一位十分严谨的德国学究，还是一位易动感情的评论家，他写道：资本"对劳动的鲜血有着吸血鬼般的欲望"，他告诉我们，"资本来到世间，从头到脚，每个毛孔都滴着血和肮脏的东西"。

然而，我们绝不能就此认为，这些文字只是在猛烈抨击那些邪恶的敛财大亨犯下的罪行。这本书中夹枪带棒的言辞暴露了作者与其论敌间的纠葛，但令人奇怪的是，这本书最大的特点是它完全没有讨论道德问题。这本书的描述部分充满愤怒之情，但分析部分却很冷静平和，因为马克思为这本书设定的目标是，发现资本主义体系的趋势和内在运动规律。为了实现这一目标，他避开了只阐述其明显的缺点这一简单但不令人信服的方法。相反，他树立了一个自己能想象到的最严密、最纯粹的资本主义典型，在这个抽象的体系中，现实生活中所有明显的缺陷均被移除，他就在这个想象的资本主义体系中搜寻自己的"猎物"。如果他能证明，所有可能的资本主义中最好的一个都在走向灾难，那么他就很容易证明，真正的资本主义会走上同样的道路，只是速度会更快而已。

他就这样搭建好了舞台，我们进入了一个完美的资本主义世界：没有垄断，没有工会，没有任何人的特殊利益。在这个世界里,每种商品都以适当的价格出售。适当的价格就是它们的价值——这是一个用三言两语解释不清楚的词。马克思(本质上追随李嘉图)说,商品的价值就是它自身凝结的劳动量。如果制作帽子需要两倍于鞋子的劳动,那么帽子的售价就是鞋子的两倍。当然,劳动不一定是直接的体力劳动,也可能是分散在许多商品上的间接劳动,还可能是曾经用于制造机器的劳动,这些劳动现在通过机器慢慢地转移到了成型的产品中。但无论其形式如何,一切最终都可被归结为劳动,在这个完美的体系中,所有的商品都将根据其所凝结的直接或间接劳动量确定价格。

在这个舞台上,站着资本主义戏剧的两大主角:工人和资本家(现在的地主已经沦为配角)。他们与我们早些时候在类似的经济戏剧中遇到的主角大不相同。工人不再是生育冲动的奴隶,他是一个可以讨价还价的主体了,他进入市场是为了处理他拥有的一种商品,即他的劳动力,当他的工资上涨时,他不会愚蠢地做对自己不利的事情,即把增加的工资用在繁衍后代上。

与工人演对手戏的是资本家。马克思在前面的章节中讨论了1860年英格兰的真实状况,同时淋漓尽致地描绘了资本家的贪婪和对财富的渴求。但值得注意的是,在他的笔下,资本家渴求钱财不只出于贪婪动机;他们是企业家,要与其他企业家展开无休止的竞争。他们必须努力积累资本,因为在竞争的环境中,要么自己积累,要么由别人积累。

舞台已经搭建好,角色也各就各位了,但现在第一个难题出现了。马克思问道,在这种情况下,利润是怎么产生的?如果所有的商品都正好按其价值出售,那么增值部分会被谁获得呢?没有人敢把价格提高到竞争性价格之上,如果一个卖家成功地欺骗了一个买家,那么这个买家在其他经济领域的支出就会减少,因此,一个人的利润将是另一个人的损失。若一切商品都按其应有的价值进行交换,那么**整个体系内**怎么会产生利润呢?

这似乎是一个悖论。如果存在不受竞争影响的垄断企业,或者如果我们承认资本家支付的劳动力可能低于其价值,那么利润的源头就很容易解释了。但马克思不这么想,他设想的是一个会自掘坟墓的纯粹的资本主义。

他发现了一种特殊的商品,他从这种商品中找到了解决上述难题的答案。这种商品是劳动力。劳动者和资本家一样,会根据价值出售其商品。他的商品的价值就像其他被出售的商品的价值一样,体现的是投入其中的劳动量,即"制造"劳动力所需的劳动量。换言之,一名工人可出售的劳动力等于他维持劳动力所需的生活资料的价值。斯密和李嘉图完全同意,一名工人的价值是维持他生存所需的金钱,就是能维持他生计的工资。

到目前为止,一切都还好,但解答利润问题的关键就出现在这里。签订工作合同的劳动者只能要求应得的工资。正如我们所看到的,工资取决于维持一个人生存所需的劳动时间。如果一名工人每天需要6个小时的社会劳动才能维持生计,那么(假设每小时的劳动值是1美元),他每天的"价值"就是6美元,就这么简单。

但获得工作的劳动者没有签订每天只工作6小时的合同,这6小时的劳动刚好能养活他自己。相反,他同意每天工作整整8个小时,或者在马克思的时代,每天工作10~11个小时。因此,他将创造 10~11 个小时的价值，而只能得到 6 个小时的价值。他的工资可以让他维持生计，这就是他真正的"价值"，但他向资本家提供的是他在一整天的工作中创造的价值。利润就这样在体系中产生了。

马克思把这部分由工人创造而被资本家无偿占有的价值称为"剩余价值"。这个词与道德义愤无关。按合同，工人只应获得其劳动力的价值，他也确实获得了这部分价值。但与此同时，资本家却获得了工人在整个工作日创造的全部价值，这要高于资本家支付给工人的价值。因此，当资本家出售其商品时，他按照商品**真实**的价值出售，就可以获得利润，因为凝结在商品中的劳动比他所支付的劳动多。

这样的事情为什么会发生呢？因为资本家垄断了生产资料。根据私有财产法律制度，资本家"控制着"工作，因为他们拥有机器和设备。没有这些机器和设备，工人就无法开展工作。如果有人不愿意按照资本家要求的时间工作，他就会找不到工作。和体系中的其他人一样，工人没有权利也没有实力要求获得超过自身商品价值的那一部分价值。这个制度是完全"公平的"，但所有的工人都被欺骗了，因为他们被迫工作的时间比维持他们生计所需的时间更长。

这听起来奇怪吗？记住，在马克思所描述的那个时代，工作日的时间很长——有时长得让人难以忍受。总的来说，那时的工资只能让工人糊口。在血汗工厂已然成为历史的国家里，剩余价值概念也许很难被人理解，但在马克思写《资本论》的时候，它可不只是一个理论概念。只举一个例子就足以说明这一点：1862

年，曼彻斯特的一家工厂在一个半月的时间里，工人每周的平均工作时间是84小时！在此前的18个月里，工人每周的平均工作时间是78.5个小时。

不过，这一切仍然只是戏剧开演前的背景介绍。有了主角，也知道了他们的动机，还在发现"剩余价值"的过程中获得了有关情节的线索，现在精彩大戏就要上演了。

所有资本家都有利润可赚，但他们都面临竞争压力。因此，为了击败竞争对手，他们都试图积累资本以扩大生产规模。但扩张并非易事，需要投入更多的劳动力，为了得到他们，资本家会相互竞争，工资往往会上涨，剩余价值往往会下降。看起来，马克思理论中的资本家很快就会面临亚当·斯密和大卫·李嘉图理论中的资本家所面临的困境——他们的利润将被不断上涨的工资蚕食。

在斯密和李嘉图看来，劳动力会随着工资的上涨而增加，利润遭蚕食的困境得以解决，但马克思和穆勒一样，排除了这种可能性。马克思没有多费口舌，他只是把马尔萨斯的观点称为"对人类的中伤"。他认为，无产阶级作为未来的统治阶级，再怎么也不会短视到为了纵情遂欲而损害自身的利益。但他的观点还是把资本家从困境中拯救了出来。因为他说，资本家将通过在工厂中引入节省劳动力的机器来应对工资上涨的威胁。这将使一部分劳动力重返街头，在那里，他们作为一支产业后备军，将发挥与斯密和李嘉图理论中的人口增长相同的作用，使工资回降到以前的"价值"，即仅能维持工人基本生计的水平。

现在到了关键的转折点。资本家似乎消除了危机，因为他们利用机器制造了失业，阻止了工资上涨。但事情没这么简单，因

第6章 马克思的无情体系

为他们在摆脱困境的过程中，把自己推入了另一个困境。

当资本家用机器代替工人时，他们实际上是用不能带来利润的生产资料代替了能带来利润的劳动力。请记住，在马克思的理想资本主义模型中，没有人能只通过激烈的讨价还价获利。无论一台机器对资本家来说有什么价值，他们都肯定为购买它付出了全部价值。如果一台机器在报废前创造了1万美元的价值，那么资本家就为它预先支付了1万美元。他们只能从活劳动中获得利润，只能从剩余工作时间的无偿劳动中获得利润。因此，当他减少工人的数量或比例时，无疑是在杀鸡取卵。

然而，不幸的家伙不得不这么做，资本家的行为一点也不狡猾阴险。他们只是想要积累，想努力跟得上竞争对手的节奏。随着工资的上涨，资本家必须引进节省劳动力的机器以降低成本，进而挽救利润。即使他不这样做，其他人也会这样做。但既然资本家必须用机器代替劳动力，他们也必须缩小从中获利的基础。这就像一幕希腊式戏剧，在剧中，人人都听天由命，他们在不知不觉中相互合作，最终却导致了自己的毁灭。

灭亡的命运已经注定了。随着利润缩水，每个资本家都会加倍努力，他们在工厂里安装节省劳动力、降低成本的新机器。只有领先众人一步，才有希望盈利。但由于每个人都在做同样的事情，活劳动及剩余价值与总产出的比例进一步缩小，利润率不断下降。厄运即将降临，利润降低到了生产根本无法盈利的地步。随着机器取代了人类，就业人数无法跟上产出的步伐，消费减少，工厂倒闭。厂商争相在市场上倾销商品，小公司破产。资本主义危机到来。

危机并不意味着游戏的结束,恰恰相反。当工人失去工作时,他们被迫接受低于价值的工资。随着机器越来越多,实力更强的资本家能以低于机器真实价值的价格获得它们。一段时间之后,剩余价值再次出现,前进的征程再次开启。因此,每一次危机都有助于更新制度的扩张能力。危机,或者用现代术语来说是商业衰退或萧条,是资本主义体系的运行方式,而不是它失灵的表现。

但这样的运行方式确实很奇特,每一次更新都是同样的结局:资本家竞相招募工人,工资上涨,机器替代劳动力,剩余价值的基数变小,竞争更为疯狂,又一次危机出现,而且是**比上一次更严重的危机**。因为在每次危机期间,大公司都会吞并小公司,当工业巨兽最终倒下时,其破坏力远大于小企业。

大戏最终落幕了。马克思生动而雄辩地描述了最终的结局:

> 随着那些掠夺和垄断这一转化过程中的全部利益的资本巨头不断减少,贫困、压迫、奴役、退化和剥削的程度不断加深,而日益壮大的、由资本主义生产过程本身的机制所训练、联合和组织起来的工人阶级的反抗也在不断增长。……生产资料的集中和劳动的社会化,达到了同它们的资本主义外壳不能相容的地步。这个外壳就要被炸毁了。资本主义私有制的丧钟就要敲响了,但仅是资本主义私有制,而非一切私有制。剥夺者就要被剥夺了。

因此,这出大戏是按照马克思以辩证法设想的顺序结束的。这个体系——纯粹的体系,在榨干了自己的能量来源(剩余价值)后崩溃了。经济的无计划性导致了持续的不稳定,从而加速了体系的崩溃。尽管有一些力量延缓了进程,但体系最终的灭亡是不可避免的。

这与先前的观点形成了多么鲜明的对比!在亚当·斯密看来,至少在可预见的未来,资本主义的自动扶梯是向上攀升的。在李嘉图看来,上升的运动会因耕地缺乏、人口压力过大而停滞,上升通道受阻,幸运的地主获得意外之财。在穆勒看来,资本主义的前景更加乐观,因为他发现,无论"经济规律"如何发挥效力,社会都会以自认为合适的方式分配产品。但在马克思看来,资本主义根本无药可救。因为唯物史观告诉他,国家只是经济统治者的政治统治机构,要让它做裁判,公正地平衡利益冲突无异于痴人说梦。资本主义体系逃脱不了辩证发展的内在逻辑,它不仅必然会摧毁自己,而且会在此过程中,孕育出它的后继者。

至于后继者可能是什么样子的,马克思几乎没有说什么。当然,它将是"无阶级的"。马克思的意思是,一旦社会拥有了全部的生产资料,以财产为基础的社会经济划分就会被消除。社会将如何"拥有"自己的工厂?"社会"是什么样的?管理者和被管理者之间、政治领袖和普通民众之间是否会发生激烈的对抗?马克思没有讨论这些问题。在"社会主义"过渡时期,会有"无产阶级专政",在此之后出现的就是"纯粹的"共产主义社会。

必须记住,马克思不是现实社会主义的缔造者,这项历史重任将落到列宁身上。《资本论》是资本主义的末日之书,至于审判日之后的世界是什么样的，马克思的所有著述几乎都没有提及。

那么，我们该如何看待他的末日论呢？

可以用一种简单的方法回答这个问题。记住，马克思的这个理论体系是建立在价值——劳动价值基础之上的，资本主义体系终结的关键在于剩余价值这一特殊现象。但现实世界不是由"价值"构成的，而是由实际价格构成的。马克思必须证明，货币世界近似地反映了他所建立的抽象世界。但是，当他把价值世界转换为价格世界时，他陷入了可怕的数学混算中。事实上，他犯了一个错误。

这并不是一个无法弥补的错误，经过一次更复杂的数学混算后，马克思的方程式可以变"正确"。但指出这一错误的批评者对修正不感兴趣，他们最终判定马克思"错了"。而这些方程式最终得到修正时，没有引起多大的关注。因为除了纯粹的数学问题，马克思的模型还存在其他问题。我们能在垄断的世界或科学技术环境中使用剩余价值概念吗？马克思真的解决了以"劳动"衡量价值的难题了吗？

诸如此类的问题长期以来让马克思主义学者坐立不安，也使大多数非马克思主义经济学家将这一理论抛诸脑后，他们认为它不适用，缺乏灵活性，但这样做忽略了马克思分析的两个非凡特点。

首先，它不仅仅是另一种经济学"模型"。实际上，马克思为社会探究提出了一项新任务，即对经济学自身的批判。《资本论》中有相当部分的内容致力于表明，早期经济学家不了解他们所从事的研究的真正挑战。我们以斯密和李嘉图的价值问题为例进行说明。他们两人都试图展示价格如何反映——或者没有反映——不同商品所凝结的劳动量，取得了不同程度的成功。

但马克思指出,这并不是真正令人困惑的问题。真正令人困惑的问题是,当人与人之间的实际劳动差异如此之大时,怎么能把"劳动"视为价值尺度呢?李嘉图以捕获一条鲑鱼和杀死一头鹿所需的劳动时间来确定它们的交换比率——价格。但没有鹿是用鱼竿杀死的,也没有鲑鱼是被猎人在树林里捕获的。那么,如何以"劳动"为尺度确定交换比率呢?

马克思说,答案是资本主义社会创造了一种特殊的劳动——抽象劳动,它是脱离了前资本主义世界特殊个人属性的劳动,是可以像小麦或煤炭一样被买卖的劳动。因此,"劳动价值论"的真谛并不像斯密和李嘉图所认为的那样,是对价格的确定,而是对**使劳动力成为商品的一种社会体系**的确认。这个社会就是资本主义社会,在这个社会里,历史的力量(如圈地运动)创造了一个没有财产的工人阶级,他们别无选择,只有把自己的劳动力(纯粹的工作能力)当作商品出售。

因此,马克思发明了一种"社会分析"方法,改变了经济学本身的面貌。除了这一标志性的贡献,马克思的资本主义模型尽管粗陋,却展现出了非凡的活力。倘若马克思的资本主义模型的基本假设成立,包括角色的舞台背景、动机和环境,它就会展现戏剧情景的变化,而且是以可预见的方式变化。我们已经看到了这些变化,包括利润如何下降,资本家如何寻求新机会,每一次繁荣都如何以崩溃告终,小企业如何在每一次崩溃中被大公司吞并。马克思把这些趋势称为资本主义体系的"运动规律",即资本主义将要踏上的道路。令人惊讶的是,其中的许多预测都变成了现实。

资本主义经济中的利润趋于下降,这个见解不是马克思首先提出来的,而且利润下降也不仅仅是因为他指出的原因。斯密、李嘉图或穆勒就曾经指出,竞争和工资上涨的压力会削减利润,所有商人也赞同这一点。除了少数无法撼动的垄断企业,利润既是资本主义的标志,也是其致命的弱点,因为没有一家企业能永远让价格保持在远高于成本的水平。只有一种方式可以使利润持续存在,那就是企业或者整个经济的体量必须不断增长。

但增长涉及马克思模型的第二个预测:对新技术的不断探求。工业资本主义始于工业革命绝非偶然,正如马克思明确指出的,技术进步不只是资本主义的衍生物,还是其重要的组成部分。企业要想生存,就必须创新、发明和试验;在这个积极进取的世界里,满足于昔日成就的企业长久不了。一家大型化工公司宣布,其大约75%的收入来自10年前未知的产品。这类现象并不罕见。尽管化工行业是一个特别重视创造的行业,但窥一斑而知全豹,我们能够从中感知行业创造力和盈利能力之间的关系。

马克思的资本主义模型还预测了资本主义的另外三种趋势,这些趋势现在已经形成。在过去的100年里,商业危机和大型商业企业出现是显而易见的事实,在这些方面,我们不必再多说什么了,但我们可以谈一谈马克思做出这些预测时体现出来的胆识。尽管未来的事实证明了马克思有关周期性繁荣和萧条的预测是正确的,但马克思时代的其他经济学家并没有把危机倾向——我们称之为**商业周期**——视为资本主义的固有特征。在《资本论》问世时,商业世界里的大企业数量极少,小企业仍然占据主导地位。在1867年预测大公司将主导商业世界，其震惊世人的程度不亚于在今天预测50年后美国的小业主将取代大公司。

最后，马克思认为，独立的小作坊或个体劳动者将无法抵抗大规模生产的压力，越来越多的人将不得不在市场上出卖自己的劳动力，成为"无产阶级"。这是真的吗？的确如此，在19世纪的前25年里，大约有75%的美国人从事农业生产，或者靠自营小商铺维持生计。如今，只有大约10%的人是个体经营者了。我们可能不认为上班族、公交车司机或银行出纳员是无产阶级，但用马克思的话来说，他们都是必须向资本家提供劳动力的人，不像农民或鞋匠拥有自己的生产资料。

总而言之，马克思的模型展现出了卓越的预测能力。不过要注意，所有这些变化尽管是巨大的和预示性的，都不可能只通过观察马克思所描绘的世界来发现。因为他的愿景中没有一位代表性人物，既没有远见卓识的劳工领袖，也没有真正的革命英雄。当然，他的愿景中也有核心人物，最重要的是自掘坟墓的资本家和最终赢得胜利的工人，但他们都是戏里受摆布的棋子，其中一个走向了失败，另一个走向了胜利。在马克思的"戏剧"里，具有代表性的不是一个人，而是一个过程。事物的辩证力量才是他愿景的核心。

当然，马克思的预测也不全都是对的。马克思认为，利润不仅会在商业周期内下降，而且会在长期内下降；前半部分的预测是正确的，后半部分的预测却没有成为现实。不过，尽管马克思的模型存在很多缺陷，预测也并非全都精准，但他有关资本主义运作方式的模型具有非凡的预测力。

截至目前提到的马克思的预言都是无伤大雅的,但读者要记住,马克思的模型还有一个预测,那就是"纯粹的资本主义"终将**崩溃**。

一开始,我们就说不能对这一预测掉以轻心。在沙俄和东欧,资本主义被社会主义所取代;在德国和意大利,资本主义陷入了法西斯主义。虽然战争、残暴的政权、命运的危急和革命者的坚定努力都发挥了作用,但一个残酷的事实是,这些变化的发生在很大程度上是因为马克思所预见的原因:资本主义崩溃了。

资本主义为什么会崩溃?部分原因是马克思所说的不稳定性增加了。一系列不断恶化的商业危机,再加上一系列战争,摧毁了中低阶层对资本主义的信心。但这还不是答案的全部。欧洲资本主义的失败与其说是经济原因,不如说是社会原因——马克思也预料到了这一点!

马克思认识到了资本主义的经济困难并非无法克服。尽管在马克思所处的时代,反垄断法或反商业周期政策还是未知的事物,但这些活动并非不可想象:在马克思的愿景中,没有什么是**物质意义**上不可避免的。马克思对衰退的预测以这一资本主义理念为基础:政府不可能在**政治**上纠正资本主义体系的错误;在**意识形态**上,甚至**在情感上**,都不可能。要想挽救资本主义,就需要不受阶级利益束缚的政府,也就是说,需要假设人们可以把自己从直接经济利益的束缚中解放出来。马克思的分析表明,这一假设令人怀疑。

正是由于缺乏社会弹性,再加上短期利益的束缚,欧洲的资本主义遭到了削弱,至少在第二次世界大战之后是如此。马克思认为，资本主义必然走向灭亡，但在阅读过马克思著作的人看来，有这么多国家义无反顾地走上了灭亡之路，确实令人恐惧，就好像这些国家的政府在无意识地证明马克思的预言是正确的，并固执地照他说的去做一样。在沙皇统治下的俄国，所有的民主工会都被无情地取缔了；在英国和德国，垄断和卡特尔得到了官方的鼓励。这些都使得马克思主义辩证法看起来确实有先见之明。在19世纪末和20世纪初，当人们审视贫富之间的巨大差距，看到富人对穷人完全漠不关心时，他们内心会升腾起一种不安的感觉，从而觉得，马克思为其历史戏剧塑造的角色确实来源于真实的生活。

这一时期美国的情况有所不同。美国也有反动派和革命派。在美国的经济发展史中，剥削和丑陋行为不计其数，但这里的资本主义发展不受贵族血统和古老的阶级观念的影响。从某种程度上看，这导致了美国的社会风气比欧洲的更加恶劣，因为在个人被大规模工业化的环境折磨很久之后，我们仍然信奉"不屈不挠的个人主义"理念，而在欧洲，"地位高则责任重"的传统与赤裸裸的阶级划分并存。然而，美国在对待公、私权力时奉行实用主义理念以及民众普遍认同民主理念，使得美国政体安然躲过了令其他许多国家遭到倾覆的冲击。

对马克思分析的回应，就体现在这种应对变化的能力中。事实上，我们越是审视资本主义的历史，尤其是近几十年来的历史，我们就越能理解马克思思想的穿透力，同时也越能认识到它的局限性。他诊断出的资本主义内部的问题，有很多至今依然存在，其中最重要的是经济不稳定以及财富和权力集中的趋势。然而我们发现，不同国家对这些问题的反应大相径庭。因此，尽管许多欧洲国家的失业率比美国高很多，但他们提供免费的普及教育（包括大学）、医疗和养老福利，以及让我们美国人感到羞耻的失业救济规模。结果就是，我们的贫困人口比例比他们高出了三四倍！

在斟酌马克思强大的愿景及相应的分析时，需要注意这一点：他没有考虑社会政治文化的作用。关于资本的特点、市场的中心地位，以及私营部门和公共部门在资本主义国家中各自发挥的作用，有一系列的观点和价值准则，均明确体现了社会政治文化的影响。后来者必须在这一系列制度、行为和态度中，寻求马克思愿景的继任者。

然而，除了注定灭亡的暗示，马克思的分析不能被忽视。它仍然是资本主义制度经受过的最严肃、最深入的审视。这不是沿着道德路线进行的审视，不是对利润动机不公的反对和指责——这是马克思主义革命者做的事情，不是马克思主义经济学家做的事情。尽管马克思的文字充满了激情，但他对资本主义的评估是冷静客观的，他冷酷的分析结论也是中肯的。

最后，我们必须记住，马克思不只是一位伟大的经济学家。恩格斯在他的葬礼上说，"正像达尔文发现了有机世界的发展规律一样，马克思发现了人类历史的发展规律"。这样的评价虽然可能言过其实，但恩格斯正确地强调了马克思把历史进程视为社会阶级斗争的舞台这一愿景的非凡重要性。马克思教我们，不仅要审视历史，还要看透历史，就像弗洛伊德教我们透过外表审视心路历程一样，或者就像柏拉图教我们透过未经检验的思想帷幕审视被隐藏的哲学问题一样。

　　这就是马克思像弗洛伊德和柏拉图一样名垂青史、至今仍被世人铭记的原因。当然，马克思绝非像一些狂热信徒认为的那样一贯正确，最好把他视为一位不可绕开的伟大探险家，他在他所发现的社会思想大陆上留下了不可磨灭的印记。所有想进一步探索这块大陆的人，无论是否同意他的发现，都必须尊敬他这位先驱。

第 7 章

维多利亚时代的世界与经济学的地下世界

第7章 维多利亚时代的世界与经济学的地下世界

在1848年发表的《共产党宣言》中,卡尔·马克思宣判了资本主义的死刑;他认为这个体系患上了不治之症。尽管没有给出明确的时间表,但据他推测,资本主义已经挣扎在死亡线上了,同族的共产主义者正热切地聆听着它最后的喘息声,等待他们继承权力的最后时刻到来。甚至在1867年《资本论》问世之前,这种死亡守候就已经开始了。每当病情发作或工业萧条来临时,满怀希望的守候者都会奔走相告,最终的革命时刻即将来临。

但这个体系并没有消亡。诚然,马克思主义的许多运动规律都被一系列事件所验证了,如大企业的规模越来越大,反复出现的萧条和失业让社会备受折磨。但是,尽管这些不祥的预测得到了证实,另一个颇引人注目的不祥预测却没有变成现实,即无产阶级的"苦难日益增加",事实并非如此。

事实上,马克思主义者长期以来对马克思这句话的含义争论不休。如果他的意思是有越来越多的工人阶级将经历无产者的"痛苦",即成为依靠出卖劳动力赚取工资的人,那么他的预测就是对的,但如果他的意思是工人的物质条件会恶化,那么他的预测就是错的。

事实上,为了调查1886年的经济不景气而成立的皇家委员会对工人阶级的现状表示特别满意。这不是为维护资产阶级的利益而说的假话,工人阶级的处境确实明显变好了。回顾19世纪80

年代的状况，吉芬爵士[1]写道："我们必须考虑的是，在50年前，工人的工资水平大约是现在的一半或者不足一半，而且面包价格时有波动，这意味着他们要饿肚子。事实上，在50年前，整个王国的广大工人都时不时地面临饥饿。"到了吉芬写这段话的时候，虽然物价上涨了，但工资上涨得更快。英国工人第一次赚到了足够维持生计的钱——这句话让人对工人阶级过去的惨况感到心酸，但它也预示着工人阶级的未来充满希望。

不仅工资上涨了，而且剩余价值的来源也减少了，因为工人的工作时间大幅缩短了。例如，在贾罗造船厂和纽卡斯尔化工厂，工人每周的工作时间从61小时减少到了54小时。即使是在汗流浃背的纺织厂，工人每周的工作时间也减少到了57小时。事实上，工厂老板抱怨，他们支付的工资成本上涨了20%以上。尽管进步的代价高昂，但它带来了无形的好处。因为随着工作条件的好转，1848年不绝于耳的那类抱怨逐渐消失了。斯塔福德郡的一位制造商在谈到其员工的态度时表示："只要能好好地工作，他们就不会谈论政治。"

即使是马克思和恩格斯也不得不承认这一趋势。恩格斯在致马克思的一封信中哀叹道："英国无产阶级实际上日益资产阶级化了，因而在这个最资产阶级化的国家里，除了有资产阶级，似乎还有资产阶级贵族和资产阶级化的无产阶级。"

显然，马克思对资本主义即将灭亡的预测有些草率了。当然，

---

[1] 罗伯特·吉芬爵士（Sir Robert Giffen，1837—1910），英国著名经济学家。

在马克思的忠实信徒看来，出乎意料的事态发展不算什么，"不可避免"的事情仍然是不可避免的，一两代人的事情在滔滔的历史长河中几乎可以忽略不计。但在非马克思主义的观察者看来，维多利亚时代的繁荣意味着另一回事。这个世界似乎越来越充满希望和吉兆了，卡尔·马克思以及异议分子的预言似乎只是心怀不满的激进分子的胡言乱语。因此，马克思所准备的"思想炸弹"几乎爆炸得悄无声息，他没有遭遇谩骂风暴，他遭遇的是更让人难受的无视。

在哲学家、金融交易员、革命者的笔下，经济学阐明了整个社会前行的道路。现在的经济学不一样了，它成了学者、教授的专业领域，他们的研究犹如精确的光束，而不是像早期经济学家的研究那样，犹如灯塔的光普照四方。

出现这样的转变是有原因的：正如我们所看到的，维多利亚时代的英国乘着19世纪末进步和乐观主义的东风，社会状况出现了明显好转，自然就没有什么理由提出航行的性质这种恼人的问题了。因此，维多利亚时代的繁荣催生了一批阐释者，他们细致地研究了资本主义体系的运作，但没有对其基本价值质疑，也没有对其最终的命运做出令人烦恼的预测。一些教授主导了当时的经济思想界，他们做出了重要的贡献，但并非不可或缺。在马歇尔、杰文斯[1]、克拉克[2]，以及他们周围许多大学教员看来，经济学

---

[1] 斯坦利·杰文斯（Stanley Jevons，1835—1882），英国著名的经济学家和逻辑学家。边际效用学派的创始人之一，数理经济学派早期代表人物。

[2] 约翰·贝茨·克拉克（John Bates Clark，1847—1938），美国经济学家，哥伦比亚大学教授，美国经济学会创始人、第三任会长。

的世界里已经没有"恶狼"了,因此也没有什么生死活动需要用经济理论来阐明了。这个世界到处都是温顺、快乐的"绵羊"。

1881年,即马克思去世两年前,一本名为《数学心理病学》(*Mathematical Psychics*)的小册子问世了,它清晰地描绘了这些"绵羊"的状况。这本书的作者不是最杰出的人,但可能是最具启发性的人,他的名字叫弗朗西斯·伊西德罗·埃奇沃斯(Francis Ysidro Edgeworth),是一位性格有些古怪、腼腆的教授,也是曾经与李嘉图玩过字谜游戏的玛丽亚·埃奇沃斯的侄子。

埃奇沃斯无疑是一位很有才华的学者。在牛津大学的期末考试中,当考官问他一个特别深奥的问题时,他反问道:"我是简答,还是详答?"然后他滔滔不绝地讲了半个小时,还不时掺杂着一些希腊语,把在场的考官惊了个目瞪口呆。

但埃奇沃斯对经济学痴迷不是因为它是一门为现实世界辩护、诠释或者谴责现实世界的学科,也不是因为它指出了光明或暗淡的未来前景。这个奇特的灵魂之所以醉心于经济学,是因为它处理的是数量问题,而所有的**数量**问题都可被转化为**数学**问题!在转化过程中,需要抛弃早期经济学家笔下的那种氛围紧张的世界,最终得到一个严整、精确的世界,所得大大超过了所失,很划算。

要建立对现实的数学模型,就要把世界予以简化。埃奇沃斯采用的方法是,假设**每个人都是一台享乐机器**。早在19世纪初,杰里米·边沁就提出过这种观念,还给它起了个诱人的名字叫"幸福微积分"。这是一种哲学观,意思是把人视为活生生的损益计算器,每个人都忙着安排自己的生活,以最大限度享受"心灵加法器"带来的乐趣。现在,埃奇沃斯在这一哲学理念中加入了数学精确性,从而产生了一切趋于至善的、"所有可能的世界中最好的"那个世界。

埃奇沃斯似乎是最不可能运用这种社会观的人。他自己就是一台"劣质享乐机器"。由于极度害羞,他不喜欢与人交往,而是喜欢独处。他对物质享受感到不快。大多数人以拥有财产为乐,但埃奇沃斯不同。他的房间里空荡荡的,看书得去图书馆。他没有餐具、文具,甚至连邮票都没有。他最大的快乐源泉也许是,他构建了想象中可爱的经济世外桃源。

不管埃奇沃斯的动机如何,他的享乐机器假设都结出了奇妙的知识果实。因为如果经济学被定义为研究人类这种享乐机器如何争夺社会快乐份额的学科,那么它就可以用无可辩驳的微分学知识证明这一点:在一个完全竞争的世界里,每台享乐机器都能获得社会所能给予的最多数量的快乐。

换句话说,如果这个世界不是所有可能的世界中最好的,那它也是与最好的世界最接近的那一个。不幸的是,这个世界并不是完全竞争的世界。人们有一个可悲的习惯,那就是愚蠢地拉帮结派,无视坚持个人私利所带来的有益后果。例如,工会与人人为己的原则直接冲突,而财富和地位不平等这一不可否认的事实确实使一些人输在了起跑线。

但埃奇沃斯说,没有关系。大自然也注意到了这一点,它已经安排好了一切。虽然工会的联合行动在短期内获得了好处,但从长远来看,它们肯定会失败——这只是理想的社会方案中的一个短暂缺陷。如果高贵的出身和巨额的财富一开始就会影响经济竞赛的结果，那么数学心理学可以调和这种影响。因为尽管所有人都是享乐机器，但有些人比其他人更快乐。例如，男性比女性更善于管理自己的心理银行账户，而"拥有技能和天赋的贵族"情感比较细腻，比劳动阶级那些沉闷的享乐机器更能感受到美好生活的乐趣。因此，人类享乐的数学计算方法仍然可以发挥积极的作用。事实上，它证明了现实世界中性别和地位的划分有一定的道理。

但数学心理学家所做的不仅仅是把保守主义信条合理化。实际上，埃奇沃斯相信，他对人类活动的代数性见解可能会在现实世界中产生有益的结果。他的分析涉及下面的方程：

$$\frac{d_2y}{dx^2} = \left(\frac{d\pi}{dx}\right)^2\left(\frac{d_2\pi}{dy_2}\right) - 2\frac{d\pi}{dx}\cdot\frac{d\pi}{dy}\left(\frac{d_2\pi}{dxdy}\right) + \ldots$$

埃奇沃斯写道："考虑的因素非常抽象，把它们与现实的政治相联系自然很荒谬，但是，把它们与激发每一个行动方案的内心细微的情感和动机相联系则很合理。"

"内心细微的情感"，天晓得这指的是什么！亚当·斯密如何看待那些积极进取的商人、那些贪婪的熟练工和人数不断增加的劳动阶级转变为如此奇妙的快乐追求者呢？事实上，与埃奇沃斯同时代的人、詹姆斯·斯图尔特·穆勒的弟子亨利·西奇威克（Henry Sidgwick）曾怒称，他吃晚饭并不是因为他计算过可以从中获得多少满足感，而是因为他饿了。但抗议是没有用的：数学心理学的设计如此巧妙，如此迷人，还没有令人烦恼的固执己见，不考虑人类的争斗和社会冲突，以至于它一问世就引起了轰动。

埃奇沃斯并不是唯一试图使政治经济学脱离人之属性的人。

第7章 维多利亚时代的世界与经济学的地下世界

甚至在马克思生前,一个体系完整的数理经济学派就已经出现了。在德国,一位名叫冯·屠能(von Thünen)的经济学家提出了一个公式,他声称,根据这个公式能准确地计算出劳动力的公平工资:

$$\sqrt{a \cdot p}$$

冯·屠能非常喜欢这个公式,因而把它刻在了自己的墓碑上。我们不知道工人们对此作何感想。在法国,著名经济学家瓦尔拉斯[1]证明,人们可以用数学方法推导出使市场完全出清的确切价格;当然,为了做到这一点,人们必须知道市场上每一种经济商品的方程,还要有能力解出数十万甚至数百万方程的解。但是不必在意这些困难,从理论上看,这个问题是可以解决的。曼彻斯特大学的W.斯坦利·杰文斯教授写了一部政治经济学著作,他在这部著作中把生存之争简化为"快乐与痛苦的计算法"。他写道:"我的经济学理论……在性质上是纯数学的。"他把经济生活中不能被精确衡量的方方面面都抛开不理了。也许更值得注意的是,他计划写一本名为《经济学原理》的著作(他生前没有实现这一夙愿),而且在他的笔下,政治经济学被改称为经济学,这一名称沿用至今。

尽管他的很多观点都是无稽之谈,但他也有不少可取的观点。毕竟,经济学涉及的确实是个人集合体的行为,而个人集合

---

[1] 里昂·瓦尔拉斯(Leon Walras, 1834—1910),法国经济学家,开创了一般均衡理论,是一位数理经济学家、边际革命领导人、洛桑学派创始人。

体，就跟原子集合体一样，是遵循统计规律和概率定律的。因此，当这位教授转向**均衡**概念的探索时，他确实阐明了社会的一些趋势。均衡是市场趋向的状态，是试图谋求自己效用最大化的所有人随机碰撞的结果。里昂·瓦尔拉斯的方程式至今仍然被用来描述静态社会系统的属性。

问题是，一个"静态"的系统真能描绘社会现实——基本的现实吗？早期的经济学家，从斯密到穆勒，当然还有马克思，都强烈地认同，这个社会本质上是扩张的。诚然，它的扩张可能会遇到阻碍，或者会失去动力，或者可能遭遇经济衰退，但经济世界的核心力量仍然与增长的政治和心理倾向密不可分。

均衡是该系统中最有趣、最具启发性的概念，聚焦于均衡概念，就忽略了增长这个基本的概念。突然间，资本主义不再被视为因持续的冲突推动而前行的历史列车了，而成了一种静态的、非历史性的组织模式。该系统的驱动力——以前让所有研究人员都很着迷的驱动力，现在被忽视、忽略、遗忘了。无论资本主义经济的哪个方面在新的视角下得到阐发，它的历史感都不存在了。

于是，与这个毫无生机的方程式世界相对应，一个经济学的地下世界繁荣兴盛起来。这样的地下世界一直都存在，它由身处边缘地带的怪人和异教徒提出的学说组成，这些人的理念未能博得世人的尊敬。语出惊人的伯纳德·曼德维尔就是其中之一，他的名言"私恶即公利"震惊了18世纪。曼德维尔指出，由于罪恶的富人的挥霍，穷人才有了工作，而善良节俭的人却起不到这样的作用，因此，曼德维尔说，个人的不道德行为可能有助于增进公共福利，而个人的正直行为可能会拖累社会。他在《蜜蜂的寓言》(The Fable of the Bees)中所阐述的观点在18世纪很难得到人们的理解和认同；1723年，曼德维尔的书被米德尔塞克斯郡的大陪审团判定为公害，而曼德维尔本人也遭到了亚当·斯密等人的严厉谴责。

但是，尽管早期观点怪异和假充内行的人大多遭到了斯密或李嘉图等大思想家的逐斥，但现在这个地下世界却因另一个原因增添了新成员。正统的经济学世界已经容不下那些想探讨人类行为各个方面的人了，在刻板、保守的维多利亚时代，那些在深入探究后对社会提出道德怀疑，或者似乎表明有必要对社会进行彻底改革的人，很难有生存的空间。

于是地下世界获得了新生。马克思之所以被划归到这一派，是因为他的学说令人不快；马尔萨斯之所以被划归为这一派，是因为他的"普遍过剩"观点从算术逻辑上看是荒谬的，而且他质疑储蓄的好处，这与维多利亚时代提倡的节俭之风不相容；乌托邦主义者之所以被划归为这一派，是因为他们的言论纯属无稽之谈，从哪个角度看都算不上"经济学"；最后，凡是学说与教授们在课堂上建立并天真地认为在现实中存在的优雅世界不符的人，都被划归为这一派。

这个地下世界比上面那个宁静的王国有趣得多。这里有很多奇人异士，他们提出了许多奇思妙想。例如，在经济思想史中几乎被遗忘的法国怪人弗雷德里克·巴师夏（Frederic Bastiat），他于1801年出生，1850年去世，一生很短暂，写作生涯也只有6年，但他赋予了经济学一个最具颠覆性的武器：嘲讽。巴师夏说：

看看这个疯人院般的世界吧！为了联通两国，它付出了巨大的努力在山下开凿了一条隧道。然后呢？为了促进商品交换废了九牛二虎之力，却在山的两侧设立关卡，阻碍商品通过隧道！

巴师夏很善于指出经济事务中的荒谬之处，他写的《经济学诡辩》(*Economic Sophisms*) 堪称经济学史上最幽默的著作。例如，当法国议会就巴黎马德里铁路问题进行辩论时，议员 M. 西米奥特认为，这条铁路应该在波尔多中断一段距离，因为这样会极大地增加波尔多搬运工、专员、酒店老板、议价员等人的收入，波尔多人的财富增加了，法国的财富也就增加了。巴师夏借此大做文章。他说，这个主意很好，但不能只在波尔多这么做，"如果波尔多有权通过中断铁路获利……那么昂古莱姆、普瓦捷、图尔、奥尔良……也应该要求这么做，因为这符合公众的利益……这样，我们将会拥有一条节节中断的铁路，这条铁路可能被称为**'不通路'**。"

巴师夏是经济学界的才子，以机智幽默著称，但他的个人经历却很悲惨。他出生在巴约讷，很小就成了孤儿，更糟糕的是，他感染了肺结核。他曾经在一所大学学习过一段时间，然后尝试着经商，但他没有商业头脑。之后他转而务农，但同样不成功；就像托尔斯泰小说中那位好心的伯爵一样，他越是干预家族财产的管理，结果就越糟糕。他梦想着仗剑走天涯，但他的军事冒险经历就跟堂吉诃德一样荒诞滑稽：1830 年，当波旁家族被赶出法国时，巴师夏率领招募的 600 名年轻人，英勇无畏地冲进了保皇派的堡垒。结果堡垒里的人毫无抵抗地投降了，还请大家吃了顿丰盛的大餐。可怜的巴师夏根本就没有施展拳脚的机会!

他干一行,失败一行,被迫无奈下,他把兴趣转向了经济学。他开始关注时事,讨论热点话题。邻近的一位绅士敦促他把自己的想法写出来,于是他写了一篇讨论自由贸易的文章,把它寄给了巴黎一家杂志社。他的思想新颖,文风犀利。这篇文章被刊载了,一夜之间,这位来自乡村的学者声名大噪。

之后他来到了巴黎。M. 德·莫利纳里(M. de Molinari)先生这样描述初见他的印象:"看得出来,他没来得及请巴黎的帽匠和裁缝帮忙。他留着长发,戴着小帽子,穿着宽大的双排扣长礼服,手里拿着从家里带过来的雨伞。你很容易误认为他是初来大都市开眼界的老实巴交的农民。"

但是这位乡村学者却有一支笔作为武器。他每天都读巴黎的报纸,看法国的议员和部长们在报纸上为他们自私和盲目的政策辩护;然后,他会以令人忍俊不禁的文字做出回应,这些回应往往震惊巴黎。例如,19世纪40年代,当众议院为了保护法国工业,立法对所有外国商品征收高关税时,巴师夏写出了下面的经济讽刺杰作:

蜡烛、电灯、烛台、路灯、烛剪制造商,煤油、油烛、松香、酒精生产者的请求以及所有与照明有关的行业的请愿书。

致议员先生们:

我们正在遭受一个国外竞争对手的不可容忍的竞争。跟我们比起来,他在生产光方面的优势非常明显,他的光以惊人的低价充斥了国内市场。他得意得很——因为所有的消费者都被他抢走了。因为他，本国工业的一个分支一下子就完全停滞了。这个竞争对手不是别人，正是太阳。

我们祈求你们能通过一项法律，让所有的窗户：天窗、屋顶窗、里里外外的百叶窗、窗帘、遮帘、圆窗统统关上。一言以蔽之，所有的空隙、洞穴、通道、裂缝，凡是太阳光可以借由进入屋子里的地方都应该被堵上……

如果你们尽可能关闭所有的自然光进入通道，并创造出对人造光的需求，那么我们法国的制造商不是会因此而深受鼓舞吗？……

如果需要消费更多的动物油脂，那么肯定需要更多的牛和羊……如果需要消费更多的油料，那么我们就会扩大种植罂粟、橄榄树……我们灌木丛生的荒原将被富含树脂的树所覆盖。

请你们做出选择，但要讲究逻辑，因为，如果你们像现在这样，禁止从外国进口煤、铁、谷物和纺织品，而这些进口商品的价格越来越低，接近于零，那么，你们允许价格本来就是零的太阳光一整天都在照射，岂不是自相矛盾吗！

这是对自由贸易最梦幻、最富戏剧性的辩护。不过，巴师夏不只是反对征收保护性关税，他还嘲讽了经济领域里各种形式的矛盾思维。1848 年，社会党人在没有考虑可行性的情况下，冲动地提出了拯救社会的方案,巴师夏转而反对他们,他运用的武器与他反对旧制度时运用的武器一样。他写道:"想依靠国家生活的每个人,忘了国家的生存也要依靠每个人。"

但他特别看重的目标、他最痛恨的"诡辩",是打着"国家利益"的幌子设立保护性关税,使攫取私人利益的行为合法化。他特别喜欢驳斥某些别有用心的人打着自由经济学的幌子设置贸易壁垒的主张。当法国商务部提议提高进口布料关税以"保护"法国工人时,巴师夏用一个有趣的悖论做出了回应。

他在致商务部部长的信中说:"通过这样一项法律之后,任何人都不得使用梁或椽子,除非它们是用小钝斧制作的……现在我们要用斧头砍100下,以后我们就得砍300下了。我们现在用1个小时就能完成的工作以后就需要3个小时了。这样,劳动将得到多么有效的鼓励!……从今以后,建造屋顶的人就必须遵守我们的要求,就像现在任何想买衣服的人都必须遵守你们的要求一样。"

尽管他的批评犀利讽刺,但实际效果甚微。他前往英国会见了当地的自由贸易运动领导人,返回巴黎后他也组织了一个自由贸易协会,但这个协会只维持了18个月就关门大吉了。巴师夏从来都不是个优秀的组织者。

1848年临近时,巴师夏当选为国民议会议员。那时的他认为,危险似乎来自另一个极端,即人们过于关注资本主义制度的不完善,并盲目地选择以社会主义取而代之。他着手写《经济和谐论》(*Economic Harmonies*),想在其中阐明,世界的混乱无序只是表面上的,背后还有许多追求自身利益的人,他们的逐利行

201

为会在市场上转化为促进社会公益的力量。但那时他的健康状况已经严重恶化了。他几乎无法呼吸，在疾病的折磨下，脸色变得铁青。他搬到了比萨居住，在当地报纸上看到了自己的讣告和一些悼词，他被称为"伟大的经济学家""杰出的作家"。他在给一位朋友的信中说："感谢上帝，我还没有死。我保证，如果我离开时，留给爱我的朋友们的不是哀痛，而是对我温柔、深情、有点忧郁的回忆，我肯定会含笑九泉，视死如饴。"他想竭力完成自己的著作，可惜大限已至。1850年，巴师夏去世了，临终前口中念念有词，身旁凝神静听的牧师听到他说的是"真理，真理……"。

他是经济学界不起眼的小人物。他非常保守，但在保守派中也没什么影响力。他的作用似乎是刺破了那个时代的浮夸风。但在他机智风趣的表象下，却隐藏着一个更令人不安的问题：这个体系总是合理的吗？公共利益和私人利益是否存在冲突？当私人利益的自动调节机制在每一个节点上都被在它基础上建立起来的政治体制的非自动调节机制所扭曲时，我们还能相信它吗？

在地上的"乐土世界"里，这些问题从来没有被正视过。官方经济学界很少注意到逗乐小丑提出的悖论，它只是平静地向享乐世界的精确量化发展，巴师夏提出的问题仍然没有得到解答。当然，利用数学心理学很难解决"不通路"和小钝斧问题；和埃奇沃斯一道推动经济学成为一门"科学"的斯坦利·杰文斯也承认，"实话实说，关于政治，我自己也如堕五里雾中"。不幸的是，不懂政治的不止他一个。

第7章 维多利亚时代的世界与经济学的地下世界

于是地下世界继续繁荣。1879 年,一名美国成员加入了这个阵营。他是个留着胡子、性情温和又极为自信的人,他说:"政治经济学……按照现在的教法,是没有希望的。但是,之所以如此,是因为这门学科的编讲者唯命是从,以假乱真,自相矛盾,欲言又止,鞭挞邪恶不力,结果反而袒护了不公正的行为。"这还不是全部。这位异教徒坚持认为,解决贫困问题的方法就在眼前,但经济学界对其视而不见。运用他提出的补救之法,一个全新的世界将展现在世人眼前:"无法用言语形容!这是诗人们歌颂的黄金时代,也是先知们预言过的黄金时代!……它是基督教的顶峰——拥有碧玉之墙和珍珠之门的上帝之城!"

这名新成员就是亨利·乔治(Henry George)。难怪他属于地下世界,因为他早期的职业经历对培养他探求和维护真理的严谨思维没有多大的助益。他几乎什么工作都做过:冒险家、淘金者、工人、水手、排字工、记者、政府官员和讲师。他没上过大学,13 岁辍学后成了一名水手,乘坐 586 吨重的印度洋号轮船前往澳大利亚和加尔各答。在同龄的孩子们学习拉丁语的时候,他已经买了一只宠物猴子,目睹过一个人从牵拉船桅和风帆的绳索上摔下来。他是一个瘦削、热情、独立、喜欢四处游历的孩子。从东方回来后,乔治在家乡费城的一家印刷公司打工。19 岁时,他再次乘船前往加利福尼亚淘金。

在动身之前,乔治列出了自己的骨相评估表:

| 恋爱运 | 强 |
| 子女运 | 中 |

忠实性	强
顾家性	强
专注性	弱

他的"营养"评级为"满分","利欲心"评级为"弱","自尊心"评级为"强","欢乐心"评级为"弱"。某些方面的评级不错,不过他的"谨慎性"评级为"强"有些离谱。1858年当他乘坐的轮船抵达旧金山时,乔治不顾一年之前签订的水手合约跳上了岸,执意前往维多利亚淘金。他找到了金色的矿石,但那是黄铁矿。黄金梦破灭后,乔治决心回归海上生活。由于专注性较弱,他先是在旧金山一家印刷厂做排字工,后来到了碾米厂做称重工,再后来,用他自己的话说,他成了"流浪汉"。之后乔治又一次长途跋涉去寻找金矿,但依旧无果而终。最终乔治回到了旧金山,一贫如洗。

乔治邂逅了安妮·福克斯(Annie Fox),两人一见钟情,遂相约私奔。福克斯小姐当时刚17岁,天真无邪,而乔治则是个长相英俊的小伙子,留着比尔·科迪[1]式的胡须。两人私奔时,福克斯小姐带了一个大包裹;年轻的冒险家还以为里面装的是珠宝,但事实上,里面装的只是《家庭诗集》(Household Book of Poetry)和其他书籍。

在接下来的几年里,他们的日子过得很凄惨。乔治在印刷厂

---

[1] 美国西部开拓时期最具传奇色彩的人物之一,有"白人西部经验的万花筒"之称。

第7章 维多利亚时代的世界与经济学的地下世界

里打零工,很难找到好一点的工作,薪水微薄。当安妮有了第二个孩子时,乔治写道:"我走在大街上,决定从遇到的第一个看似有钱的人那里讨点钱。我拦住了一个陌生人,向他讨要5美元。他问我要钱做什么。我对他说,我的妻子正在家里坐月子,我没钱买东西给她吃。他把钱给了我。要是他不给我钱,绝望的我说不定会铤而走险杀了他。"

乔治26岁时开始写作。他在《旧金山时报》(San Francisco Times)编辑部找到了一份工作,还把自己写的一篇文章交给了楼上的编辑诺亚·布鲁克斯审阅。布鲁克斯怀疑,那篇文章是乔治从其他报纸上抄来的,他查证了几天后发现,报纸上没有刊登过类似的文章。这篇文章可以刊发。他下楼去找乔治时才发现,乔治是个身材瘦小的年轻人,脚下需要垫一块木板才够得上铅字盘。此后,乔治成了一名记者。

几年之后,乔治加入了《旧金山邮报》(San Francisco Post)。这是一份倡导改革的杂志。乔治开始写一些特殊题材的文章,比如有关中国苦力及师徒契约、修建铁路占用土地和地方托拉斯的阴谋等。他给身在法国的约翰·穆勒写了一封长信,阐述了他对移民问题的看法,得到穆勒的赞同和详尽回复。除了撰写感兴趣的政治类报道外,他有时间还会遵循新闻工作者的传统,冒险去寻找素材:"日出号"轮船的船长和大副纠缠两名船员,导致他们跳海而亡。当这艘轮船抵达旧金山时,乔治和《旧金山邮报》发现了这个秘密,并公之于众。船长和大副最终被绳之以法。

后来报社转卖,乔治设法得到了一份公家闲职——煤气表检查员。他并没有过悠闲的生活,相反,开始阅读大经济学家的著述。他已经有明确的兴趣了,而且已经是当地响当当的人物了。他需要时间学习、写作,他还想在工人阶级中宣传伟大的穆勒的思想。

当加利福尼亚州立大学设立政治经济学讲席教授时,人们普遍认为他是这一职位的有力候选人。但是,要获得资格,他必须在师生面前发表一次演讲。乔治在这次演讲中鲁莽地表达了情绪化的观点,他说:"有人常常打着政治经济学的幌子反对工人阶级提高工资。"他还说:"开展政治经济学研究不需要专业知识,不需要汗牛充栋的图书馆,也不需要昂贵的实验室,甚至不需要课本和老师,只要自行思考即可。"这番话令在场的师生十分震惊。

他的学术生涯一开始便结束了。在加州大学找到了更适合的候选人后,乔治又开始写小册子和学习。之后,很突然地,"大白天走在城市的街道上,一个想法、一个愿景、一个召唤出现在我的脑海里——叫什么名字无所谓……正是它激励我撰写了《进步与贫困》(*Progress and Poverty*)一书,而且在我想放弃的时候,它一直支撑着我。夜深人静,当我独自一人读完最后一页时,我跪在地上,哭得像个孩子"。

可想而知,这本书里所写的,都是他的肺腑之言,是抗议和希望交织在一起的呐喊。同样可想而知的是,这本书的论证过于情绪化了,而且对专业问题的阐述不够严谨,不过这跟时下枯燥无味的课本形成了鲜明的对照,难怪经济学的卫道士们不会认真考虑这种风格的论证。

第7章 维多利亚时代的世界与经济学的地下世界

现在找一个不懂理论只知道怎么赚钱的思维僵化的商人,对他说:"有一个小村庄,它将在10年内变成大城市,10年内铁路将取代驿车,电灯将取代蜡烛,将有大量的技术改进极大地提高劳动生产率。在10年内,利息会提高吗?"

他会回答:"不会。"

"普通劳动者的工资会提高吗?"

他会回答:"不会。"

"那么,什么会提高呢?"

"地租,也就是土地的价值。赶紧去给自己买块地留着吧。"

在这种情况下,只要你听从他的忠告,你就不必再做其他事情了。他可以坐着悠闲地抽烟;可以像那不勒斯的流浪汉和墨西哥的麻风病人那样闲荡;可以坐上热气球升空或者钻入地洞;你不必做任何工作,不必为社会增添一分一毫的财富,就会在10年之内发财。你可以在新城市拥有一栋豪宅,但在这座城市的公共建筑物中间也会有一所济贫院。

不需要通读饱含情感的全书,只需要阅读这一段就能明白关键的问题在哪里了。亨利·乔治对这些人的收入(有时数额惊人)不是来自为社区提供的服务,而是来自他们有幸拥有优质土地这一事实感到愤怒。

当然,李嘉图早就看到了这一切,但他只是声称,随着社会的不断发展，地主越来越富裕，这会加剧资本家的不幸。在亨利·乔治看来，这只是一个切入点。地租这种不公正的收入不仅剥夺了资本家诚信经营的利润，还增加了工人的负担。更具破坏性的是，他发现地租也是导致工业萧条"爆发"的原因，而反复"爆发"工业萧条会动摇社会的根基。

这个观点他没有阐释清楚。它主要是基于这一事实：既然地租从一开始就被认为是一种社会性勒索，那么它自然意味着以牺牲工人和实业家的利益为代价，不公平地向地主分配产出。至于萧条爆发的问题，乔治确信，地租会不可避免地导致人们对土地价值的疯狂投机（就像在西海岸发生的那样），土地价值必然会崩盘，其他商品的价格同样会暴跌。

在发现了贫困的真正原因和制约进步的根本因素后，乔治很自然地提出了一个补救措施——开征巨额单一税。这是一种可以覆盖所有地租的土地税。然后，随着毒瘤从社会中消失，太平盛世将到来。这种单一税不仅可以免除所有其他类型的赋税，而且在废除了地租后，它可以"提高工资，增加资本收益，消除贫困，为任何希望工作的人提供有报酬的就业机会，为人力提供自由发挥的空间，改进政府作风，并使文明提高到新的阶段"。这简直堪称终极灵丹妙药（没有其他更好的词了）。

当我们试图对该观点做出评价时，我们发现它有些难以捉摸。当然，这种观点很天真，只有像乔治这种自诩为救世主的人才会把地租与罪恶画上等号。同样，把工业萧条归咎于土地投机，也是严重夸大了经济扩张中一个方面的不利影响：土地投机可能导致麻烦，但在地价根本没有虚涨的国家，也发生了严重的萧条。

所以我们不必在这里纠缠。但是，当谈及这本书的中心内容时，我们必须仔细斟酌。虽然乔治的机械式诊断是肤浅和错误的，但他对社会的批评基本上是道义上的，而非机械式的。亨利·乔治问道，为什么地租要存在？为什么有人能从所有权中受益，却不需要为社会提供任何服务？实业家因富有远见和独创性获得利润，这是他应得的奖励，但一个人的祖父拥有牧场，在两代之后，社会公认牧场适合建造摩天大楼，这人的远见体现在哪里呢？

这个问题很具有煽动性，但也不能因此就轻易地谴责地租制度。因为地主并不是社会发展唯一的被动受益者。扩张中的公司的股东、因技术进步提高了生产力的工人、搭国家繁荣的顺风车增加了实际收入的消费者，都是社会进步的受益者。所有人都在以不同的形式享受着条件优越的地主获得的非劳动性收益。有问题的不只是地租，还有其他的非劳动性收入。毫无疑问这是一个值得认真考虑的问题，但只揪着土地所有权不放无法彻底解决问题。

另外，地租问题也不像亨利·乔治所认为的那样严重。少量的地租稳定地流入了农场主、房主和中等收入百姓的腰包。哪怕是在地租收入的垄断领域——大都市的地产经营，市场也是在不断变化和流动的。封建时代的地租处于冻结状态，但现在的地租随着土地的买卖不断转手，不断地被评估和再评估。美国的地租收入已经从1929年占国民收入的6%下降到今天的不足2%，这样的数据变化足以说明问题。

但无论《进步与贫困》的观点是否合乎逻辑，也无论其道义上的谴责是否合乎情理，它一经问世便引起了极大的反响。它成了畅销书，一夜之间，亨利·乔治就成了名震全国的人物。《旧金山淘金者》(San Francisco Argonaut)的评论员说："我认为《进步与贫困》是这半个世纪的代表作。"《纽约论坛报》(New York Tribune)的社论声称："自从亚当·斯密的《国富论》出版以来，没有哪一部著作能与它相媲美。"就连《审查员》(Examiner)和《纪事报》(Chronicle)也声称，它是"长期以来政治经济学领域最恶毒的书"，不过这样的评论只是提高了它的知名度。

乔治去了趟英国，在那里完成了一次演讲后，他成了国际知名人士。他被选中去竞选纽约市长，在有三人参与的竞选中，他击败了西奥多·罗斯福，仅以微弱劣势败给了坦慕尼协会[1]推举的候选人。

到那个时候，单一税已经成了他的执念。他组建了土地和劳工俱乐部，向本国和英国热情的听众发表演说。一位朋友问他："这意味着战争吗？除非地主很懦弱，否则你能在不发生战争的情况下从他们手里夺走土地吗？"乔治说："我不认为有开战的必要，但若真的有必要，那就开战吧！再也没有比这更神圣的事业了，对，从来没有！"

他的朋友詹姆斯·拉塞尔·泰勒（James Russell Taylor）说："他是最温和、最善良的人，他不会因愤怒而开枪。但他宁愿掀起世界大战，也要让他的观点被接受。这种勇气……使他抵得上

---

[1] 1789年5月12日建立，最初是美国一个全国性的爱国慈善团体，专门维护民主机构，尤其反对联邦党的上流社会理论，后来成为纽约一地的政治机构，并成为民主党的政治机器。

千军万马。"

不用说，他的学说被体面人视为洪水猛兽。一位在市长竞选期间支持乔治的天主教牧师被暂时逐出了教会；教皇本人就土地问题发表了通谕，当乔治给教皇寄送了精心印制的回函时，教皇没有理会。美国著名的职业经济学家弗朗西斯·A.沃克（Francis A. Walker）写道："我不会讨论如此声名狼藉的方案，因为我不想让我的读者蒙羞"；但是，当官方经济学家以震惊或轻蔑的心态看待他的著述时，听众们却被他深深地打动了。《进步与贫困》的销量超过了这个国家此前出版的所有经济学著作销量的总和。在英国，他的名字也变得家喻户晓。不仅如此，他的部分思想——尽管通常有所淡化——也被伍德罗·威尔逊[1]、约翰·杜威[2]、路易斯·布兰代斯[3]等人吸收和传承。事实上，亨利·乔治的忠实信徒至今仍然很活跃。

1897年，年老体弱的他仍不屈不挠地准备参加第二次市长竞选。他深知竞选的压力很大，自己那颗衰竭的心脏可能无法承受。事实也的确如此，他被一些人称为"掠夺者""侵犯他人

---

[1] 伍德罗·威尔逊（Woodrow Wilson，1856—1924），苏格兰裔美国博士、文学家、政治家，美国第28任总统。
[2] 约翰·杜威（John Devey，1859—1952），美国著名哲学家、教育家、心理学家，实用主义的集大成者，也是机能主义心理学和现代教育学的创始人之一。
[3] 路易斯·布兰代斯（Louis Brandeis，1856—1941），美国律师、法官，1916年至1939年任美国联邦最高法院大法官，是最早在美国提供无偿公益服务的律师之一，被称为"人民的律师"。

权利的人""混乱和破坏的鼓吹手",并在选举前夕去世了。数千人参加了他的葬礼。他是个虔诚的宗教信徒,让我们祝福他的灵魂进入天堂吧!至于他的名声,还是直接把他划归为经济学家的地下派吧!而且,直到今天依然是如此。他近乎救世主,又有些疯癫,而且在道德层面上对我们的经济制度提出了发人深省的质疑。

但在地下世界还发生了另一件事情,它比亨利·乔治对地租的严厉谴责和他在单一税基础上建造上帝之城的疯狂愿景更为重要。一种充满活力的新精神正席卷英格兰、欧洲大陆甚至美国,这种精神体现在"盎格鲁-撒克逊种族注定要主导世界历史和文明"等口号中。它不只出现在英格兰,还穿越海峡,出现在了法国。维克多·雨果宣称,"人类需要法国"。在沙俄,专制主义代言人康斯坦丁宣称,沙俄没有被西方污染,荣登领导东方的宝座。在德国,皇帝解释了**上帝**是如何站在他们一边的。在美国,西奥多·罗斯福也把自己变成了类似理念的代言人。

帝国主义时代已经开启,地图绘制者正忙着修改颜色,标示各国在非洲大陆的所有权。1870—1898 年,英帝国的面积增加了 400 万平方英里,人口增加了 8800 万;法国获得了几乎相同的领土面积,人口增加了 4000 万;德国获得了 100 万平方英里的殖民地和 1600 万居民;比利时获得了 90 万平方英里的殖民地和 3000 万人口;就连葡萄牙也加入竞逐,获得了 80 万平方英里的新土地和 900 万居民。

事实上，在三代人的时间里，世界的面貌已经大大改变了。但更重要的是，西方对待变革过程的态度发生了显著变化。人们会记得，在亚当·斯密所处的时代，这位苏格兰哲学家对商人试图扮演国王的角色嗤之以鼻，并主张让美国殖民地独立。斯密对殖民地的轻视态度也得到了广泛的认同：约翰·斯图尔特·穆勒的父亲詹姆斯·穆勒称殖民地是"上层阶级巨大的院外救济体系"，就连迪斯雷利[1]也在1852年公开表示，他相信"这些该死的殖民地是挂在我们脖子上的沉重磨盘"。

但现在一切都变了。正如人们常说的，英国是在不经意间成就帝国霸业的，但随着帝国主义步伐的加快，"不经意"变成了"一心一意"。罗斯伯里伯爵（Lord Rosebery）把大英帝国称为"有史以来最伟大的世俗行善机构"，这反映了当时普遍流行的看法。马克·吐温在观看维多利亚一世女王的周年庆典游行时说："是的，《圣经》中提到英国人时说，'温顺之人有福气，他们将继承这个世界'。"

大多数人都赞同帝国扩张领土。英国桂冠诗人吉卜林写的几句歌词就反映了当时大多数人的心声：

> 我们不想打仗，但我们不怕打仗，
> 我们有船，我们有人，我们也有钱！

---

[1] 本杰明·迪斯雷利（Benjamin Disraeli，1804—1881），英国保守党领袖、三届内阁财政大臣，两度出任英国首相。

还有一些人认同帝国扩张领土是基于另一种原因，如查尔斯·克罗斯韦特爵士（Sir Charles Crossthwaite）认为，英国和暹罗[1]之间的真正问题是，"谁与他们开展贸易，以及我们如何从中获取最大利益，以便为我们的商品找到新市场，也为失业的人找到就业机会"。

还有一点，帝国的建立过程也为帝国建设者带来了好处。调查萧条问题的委员会非常高兴地看到，工人阶级的福利增加了，这在很大程度上得益于他们在海外的辛勤劳动：殖民地居民现在成了无产者的无产者。难怪扩张主义广受欢迎。

在整个过程中，官方经济学始终站在一边，平静地观察着帝国的发展，并将其讨论局限于新殖民地可能对贸易产生的影响。关注这一历史新现象的，还是地下世界的批评者。当他们审视世界范围内的统治竞争时，他们看到的不只是令人兴奋的政治冲突或者当权者莫名其妙的想法。

他们看到了资本主义发展的全新动向，事实上，他们认为帝国主义标志着资本主义自身基本特征的改变。更重要的是，他们在令人不安的新扩张过程中预见到了资本主义迄今为止最危险的趋势——走向战争的趋势。

首先发出这一警示的是一位温和的异教徒，正如他自述的那样，他来自"中部一个中等城镇中产阶级的中间阶层"，他就是约翰·A.霍布森（John A. Hobson）。霍布森身材矮小，身体虚

---

[1] 泰国的古称。

弱，非常担心自己的健康，由于说话口吃，他在演讲时会感到很紧张。他出生于1858年，一直梦想在牛津大学做学术研究工作；根据我们对他的背景和性格的了解（并不多，因为这个害羞、低调的人成功地避开了**名人录**），他注定要成为英国学术界的无名之辈。

但有两件事打乱了他的计划。他阅读了英国评论家和散文家鲁斯金的著作。鲁斯金嘲笑维多利亚时代资产阶级的货币价值准则和对"财富就是生命"理念的鼓吹。从鲁斯金的著述中，霍布森获知经济学不是没有人情味的科学，自此之后，他对改进正统经济学失去了兴趣，转向宣扬他心目中理想世界的好处。在这个世界里，合作性的劳工协会将比工资和利润具有更高的人性价值。霍布森坚称，他的计划"就像欧几里得的命题一样确定无疑"。

如果他是一名空想家，他可能会受到英国人的尊敬，因为英国人喜欢怪人。由于他的观点与主流观念不一致，践踏了传统美德，他成了经济学界的弃儿。一次偶然的机会让他结识了马默里（A. F. Mummery），一位独立的思想家、成功的商人和勇猛的登山者（1895年，他在南迦·帕尔巴特峰[1]去世）。霍布森写道："不用说，我和他的交往并不是在实际的登山层面，他也是位精神层面的登山者……"早在18世纪初，困扰着商界的周期性贸易萧条就出现了，马默里对造成这类萧条的原因有自己独到的看

---

[1] 地处喜马拉雅山脉最西端，位于巴基斯坦吉尔吉特-巴尔蒂斯坦地区，海拔8125米（另有海拔8126米的测量数据），是世界第九高峰。

法，正如霍布森所说，一些教授认为其想法"就跟试图证明地球是平的一样不合理"。马默里认为，可以从马尔萨斯的理论中找到萧条的原因。马尔萨斯认为，萧条的原因在于过度**储蓄**，即商业系统一直无法分配足够的购买力来买回产出的商品。

霍布森起初与马默里争辩，后来确信马默里是对的，于是两人合著了《工业生理学》（The Physiology of Industry）一书，阐述了他们的异端观点，即储蓄可能会损害繁荣。这种观点太离谱了，令官方经济学无法接受。从亚当·斯密开始，不是所有的大经济学家都强调储蓄只是积累的一面吗？不是每一次储蓄行为都会自动增加资本量，进而可让更多人就业吗？说储蓄可能导致失业不仅是无稽之谈，而且会损害社会稳定的一大支柱——节俭。经济界大感震惊：伦敦大学推广讲座想方设法阻止了霍布森出席，慈善组织协会撤回了对霍布森的发言邀请。这位学者之前是位异教徒，现在成了个弃儿。

这一切似乎与帝国主义问题不沾边。但思想是以迂回的方式萌芽的。霍布森被排斥在了正统学界之外，这迫使他走上社会批判的道路。这位社会评论家现在把注意力转向了当时的重大政治问题：非洲问题。

非洲问题的背景很复杂，也很容易激起人们的情绪化反应。1836年，一群荷兰人在德兰士瓦[1]建立了独立的国家，一个由"一面鞭打黑人、一面阅读《圣经》"的农民组成的社区，他们之间的关系十分牢固。但这些人选择的土地辽阔、光照充足、令人振

---

[1] 位于现南非共和国北部。

奋，而且地下埋藏着很多财富。1869年，人们在这里发现了钻石；1885年发现了黄金。短短几年内，一个殖民定居点变成了大批投机者的乐园。塞西尔·罗德斯带着他的铁路和工业项目出现在了这里。他一时脑热，批准了对德兰士瓦的突袭，英国人和荷兰人之间长期压抑的不满情绪由此爆发，布尔战争爆发。

当时霍布森已经身在非洲了。他曾经自称"上帝创造出的最胆小的生物"，不过这次他去了开普敦和约翰内斯堡，与克鲁格和斯马茨会了面，还在突袭德兰士瓦前夕与罗德斯本人共进了晚餐。罗德斯是一个复杂、难以捉摸的人。在他去非洲探险的两年前，一位记者曾引用他的话说：

> 昨天我在伦敦东区参加了一个失业者会议。我听了那些疯狂的言辞，它们只不过是要"面包"的呼声。在回家的路上，我仔细思考了这一场景……我珍视的是能解决社会问题的方案；即为了将英国400万名居民从血腥的内战中拯救出来，我们殖民地的政治家必须获得新的土地来安置剩余人口，为他们在工厂和矿山生产的商品提供新市场。正如我一直说的，帝国问题是获取面包和黄油的问题。

我们不知道他是否向霍布森阐述了同样的观点，有可能他提过，但这无关紧要，因为霍布森在非洲的所见所闻与他和马默里的过度储蓄理论（他们因此被视为经济界的异端）出人意料地吻合。

他回到英国后撰写了有关沙文主义和非洲战争的文章,到了1902年,他所著的一本书出版,他把在非洲的观察与自己的异端观点奇妙地融合在了一起。

这本名为《帝国主义》(*Imperialism*)的书破坏性极大,因为它对利润体系提出了有史以来最重要、最严厉的批评。马克思声称,这个体系最糟糕的结局是毁灭自己;而霍布森认为,它最糟糕的结局是毁灭世界。他认为帝国主义进程是资本主义想努力摆脱自我施加的困境的一种趋势,这种趋势必然涉及对外商业控制,从而不可避免地引发持续的战争风险。没有人对资本主义提出过比这更为深刻的道德控诉了。

霍布森控诉的实质是什么呢?

就客观性、不可阻挡性而言,这几乎是一个马克思主义的论点(霍布森并不同情马克思主义者及其目标)。它声称资本主义面临着无法解决的内部困难,它被迫转向帝国主义,不是出于纯粹的征服欲望,而是为了确保自己经济上的生存。

资本主义内部的困难,即资本主义的财富分配不均衡,在过去几乎无人问津。长期以来,利润体系的运作经常导致财富分配不均衡,这个事实一直是道德层面的话题,其**经济**后果则是由霍布森指出来的。

他看到的后果是极为惊人的。收入的不平等导致了最奇特的两难处境,这是一种相当矛盾的情况,即富人和穷人都无法消费足够多的商品。穷人是因为收入太少而消费不足,富人则是因为收入太多而消费不足!换言之,霍布森说,为了出清市场,一个经济体必须消耗掉它所生产的一切，即它生产出的每一件商品都要有买家。当穷人只买得起基本的必需品时，谁来买剩下的商品呢？答案显然是富人。但是，尽管富人有钱，但他们缺乏消费的实际能力：收入为百万美元的人消费的价值必须是收入为1000美元的人的1000倍才能达到要求。

因此，由于财富分配不均衡，富人**被迫**储蓄了。他们之所以储蓄，不只是因为他们大多数人都希望这么做，还因为他们不能合理地把钱花出去，因为他们的收入太高了，根本花不完。

正是这种储蓄导致了麻烦。经济要避免购买力不足的灾难性影响，就必须利用社会富裕阶层的自动储蓄。但问题是如何把积攒下来的钱用掉。经典的答案是，用它们兴建工厂，扩大生产，进而提高产量和生产力：斯密、李嘉图、穆勒，所有的大经济学家都同意这个方案。但霍布森看出了其中的问题。当大多数人已经因为收入过少而难以购买所有被投放到市场的商品时，明智的资本家怎么会购置设备扩大生产，进而让更多商品进入本就已拥挤不堪的市场呢？比方说，当市场上已经充斥着无人购买的鞋子时，把储蓄投资于新建另一家鞋厂会是什么结果呢？那又该怎么办呢？

霍布森的回答极其巧妙。富人的自动储蓄可以用另一种方式进行投资，这样就不会引起国内生产过剩了。这种方式就是海外投资。

这就是帝国主义扩张的根源。霍布森写道，这是"工业控制者通过寻求国外市场和对外投资来输出他们在国内无法使用的商品和资本，从而拓宽其过剩财富的流动渠道"。

结果是灾难性的。因为把过剩财富输送到国外的不止一个国家,所有的国家都在这么做。随之而来的便是一场瓜分世界的竞赛。每个国家都试图为其投资者攫取最富有、最有利可图的市场。因此,非洲变成了一个巨大的市场(也是廉价原材料的来源地),由英国、德国、意大利和比利时的资本家瓜分;亚洲变成了一块由日本人、俄罗斯人和荷兰人瓜分的"大饼"。印度成了英国商品的倾销地,中国则成了日本的印度。

就这样,帝国主义铺就了通往战争的道路——不是通过张扬的冒险或高雅悲剧,而是通过资本主义国家为其过剩财富争夺出路的卑鄙过程。很难想象会有这么无聊的开战原因。

不用说,这种涉及暴力和斗争的理论不会得到正统经济学家的支持。他们说,霍布森一直"把经济学与其他事物牵扯在一起",由于"其他事物"很难与追求快乐的世界联系起来,正统经济学界把帝国主义理论视为一种不良理论,认为它会损伤节俭是社会美德这一常识性观念。

但是,尽管这一学说被那些本应对其进行审查的人谨慎地回避了,但它却被一部分地下世界人士衷心接受了,他们就是马克思主义者。毕竟,这一思想并不完全是霍布森独创的;德国经济学家罗德伯图斯(Rodbertus)和热情的德国革命家罗莎·卢森堡[1]也提出过类似的思想,但霍布森探讨的范围更广、更深入。马克

---

[1] 罗莎·卢森堡(Rosa Luxemburg,1871—1919),国际共产主义运动史上杰出的马克思主义思想家、理论家、革命家,被列宁誉为"革命之鹰"。

思主义的主要理论家弗拉基米尔·伊里奇·乌里扬诺夫（Vladimir Ilich Ulyanov），也就是日后名闻天下的列宁，将这一思想融入了马克思主义学说中。

这个理论发生了一些变化。霍布森一直在思考这个问题：为什么资本主义国家在几十年的时间里对殖民地漠不关心，之后又如此热切地寻求殖民地呢？他的帝国主义理论不是教条，更没有信誓旦旦地预测战争绝对不可避免。事实上，他希望敌对的帝国主义国家能够找到最终的解决方案，在自己活也让别人活的基础上和平共处。

但在马克思主义的解读下，这一理论听起来更具威胁性，也更冷酷无情了。帝国主义不仅成了马克思主义经济体系的拱顶石，还在霍布森的框架之外不断扩张，直到用它解释了现代资本主义的整个社会面貌。此时出现了多么可怕的画面！

> 帝国主义是资本主义发展的最高阶段，它极大地提高了世界经济的生产力，以自己的形象塑造了整个世界，并将所有殖民地、所有种族、所有人民拖入金融资本家剥削的范围。与此同时，资本的垄断形式使寄生退化和衰退的元素越来越多……帝国主义从数以百万计的殖民地工人和农民那里榨取了巨量的超额利润，积累了数不清的财富。在这个过程中，帝国主义创造了一种腐朽的、寄生性堕落的收取租金的政府，以及靠剪息票生活的整个寄生虫阶层。帝国主义时代完成了为社会主义创造物质先决条件的过程（生产资料的集中、大规模的劳动社会化、工人组

织的加强），同时使"列强"之间的矛盾更加尖锐，并引发战争，导致单一世界的经济崩溃。因此，帝国主义是腐朽、即将消亡的资本主义。它是整个资本主义发展的最后状态，也是社会主义世界革命的开端。

这是1928年布哈林在第三国际发言时所说的一段话。尽管发言者、场合和日期不同，但我们听到的是列宁的声音。更令人不安的是，列宁认为资本主义对内腐败、对外掠夺，苏联直到解体前一直这样看待我们所处的这个世界。

帝国主义的存在是毫无疑问的事实。熟悉19世纪末20世纪初历史的人都很清楚，掠夺、领土扩张和殖民压迫，正是无休止的国际猜忌、冲突和战争的原因。即使不把第一次世界大战视为"纯粹"的帝国主义冲突，帝国主义之间的争夺也毫无疑问对它的爆发起了推波助澜的作用。

但是，征服和殖民在古埃及时代就已经存在了。无论是否有资本主义这个借口，它们都会继续存在。帝国主义**经济**理论让我们面对的问题是：过去50年的征服动机与之前或之后的征服动机是否不同？理解王朝国家对权力的渴求是很简单的事情，但帝国主义要求我们考虑的是，市场经济这种更客观的力量是否会导致同样的结果。

为殖民体系辩护的人声称不会。1868年，俾斯麦写道："所有所谓的为母国带来的利益在很大程度上都是幻想。英国正在放弃殖民政策，它觉得实施这一政策的代价太大了。"其他殖民体系的

第7章 维多利亚时代的世界与经济学的地下世界

辩护者也随声附和，他们指出，殖民地是"无利可图的"；殖民化不是列强乐意做的事情，而是列强为了履行自己的文明使命而被迫做出的行为；殖民地获得的利益比母国更多；等等。

但他们根本就没有抓住重点。一些殖民地确实无利可图——1865年，英国下议院所属的一个委员会建议放弃除了非洲西海岸外的所有殖民地，理由是从这些地方得不到什么好处。但是，尽管不是**所有**殖民地都有利可图，但从**某些**殖民地获得的利益很惊人：例如，投资锡兰的茶园，一年中获得的股息为投入资本的50%。虽然并非所有行业都从海外市场获利，但如果没有这些市场，一些重要的行业就很难生存。典型的例子是英国的棉纺织业对印度市场的依赖。就整个英国来看，对外投资无疑为储蓄提供了一个有利可图的出口：1870—1914年，英国有一半的储蓄用于投资国外，从国外投资中获得的股息和利息收入占英国国民收入的10%。

经济动机中肯定还夹杂着其他动机，帝国主义的经济补偿作用也不像霍布森所描述的那样简单。但总的来说，在解释欧洲列强向非洲和亚洲推进的动机时，各种理论基本上都包含了某种经济利益动机。以荷兰为例，爪哇岛和苏门答腊岛的大规模种植园为其资本提供了非常重要的投资机会；马来亚物美价廉的原材料为英国人提供了有利可图的国际垄断业务；中东有石油和战略位置极为重要的苏伊士运河。1885年，一位法国部长表示："我们的工业所缺乏的……而且越来越缺乏的是市场。"1926年，时任德意志帝国银行行长的沙赫特博士宣称："原材料之争在世界政治中扮演着最重要的角色，比战前更重要。对德国来说，唯一的出路就是获得殖民地。"各国的具体动机可能有差异，但有一点是相同的，那就是都想获得经济利益。

这是否意味着帝国主义确实与资本主义密不可分呢？答案没那么简单。当然，资本主义最初就是一个扩张的体系，这个体系的驱动力是努力积累越来越多的资本。因此，我们发现，资本主义企业从早期便在国外寻求市场和廉价原材料；同样重要的是，资本主义国家的政府通常支持和保护这些私人企业家的海外冒险活动。

这么多的帝国主义情节似乎没什么问题。但我们要从与霍布森或列宁不同的视角来审视资本主义的扩张过程。驱动力似乎并不来自国内大量未消化、需要在国外投资的储蓄。相反，潜在的推动机制似乎是具有非凡能力的资本主义经济组织模式，它能够取代其他模式，并在非资本主义环境中站稳脚跟。资本主义生产方式的技术导向、效率和纯粹的活力使其扩张"势不可当"。

今天我们倾向于把帝国主义进程视为**资本国际化**的一部分，这一进程甚至在资本主义完全形成之前就已经开始了，至今还在继续。但重要的是，我们必须对不同时代的国际化进行区分。引发第一次世界大战的帝国主义不仅把资本主义生产模式移植到了非洲、亚洲和拉丁美洲，还有赤裸裸的政治干预、可怕的剥削、军事控制，以及对贫穷国家利益的普遍漠视。例如，19世纪末或20世纪初英国在印度的投资在很大程度上是基于英国自己的需求，而不是印度的需求。在比属刚果或荷属印度群岛，投资则"完全"是基于母国而非殖民地的需求。

尽管外在表现有所变化,但这种老式帝国主义的部分残余还存在,第二次世界大战终结了经济霸权主导一切的旧殖民主义关系。战前那些任人摆布的殖民地,战后成了独立的国家。尽管其中许多国家曾经(现在仍旧)贫穷和软弱,但它们获得了独立的民族地位。欧洲国家再也不可能像20世纪上半叶那样傲慢地统治它们了。

美国的情况有所不同。自第二次世界大战结束以来,美国曾多次对欠发达国家发动战争,如对古巴、越南、尼加拉瓜和伊拉克,因此获得了"世界头号帝国主义列强"的不光彩头衔。但是,促使美帝国主义冒险的动机与19世纪派遣海军陆战队进入香蕉共和国[1]或开着炮艇进入中国的动机完全不同,并非为了保护美国的财产,而是为了保护美国的意识形态。就跟法国大革命时期的英国人一样,在苏联解体前,美国政府一直觉得自己受到了一股强大的革命力量(世界共产主义的力量)的威胁,最有可能被拉拢的对象似乎是第三世界那些脆弱且动荡的国家。因此,我们对这些国家的几乎每一种社会主义倾向都做出了反应,就好像它们是外国主导的共产主义政权的楔子,而且我们还支持这些国家的所有反动政府,把它们视为反共产主义斗争的盟友。

这种出于防御心态的对外侵略政策将如何结束还有待观察。也许美国能通过对欠发达世界的社会主义政府施加经济或军事力

---

[1] 对经济体系属于单一经济(通常是经济作物如香蕉、可可、咖啡等)、拥有不民主或不稳定的政府,特别是那些拥有广泛贪污和强大外国势力介入的国家的贬称。通常指中美洲和加勒比海的小国家。

量，维持一个令资本主义安全的世界，也许这样的政策会以我们自己的挫败和堕落而告终。然而，无论结果如何，这种帝国主义更多是为了保护一个大国不受外来者的影响（在古代中国或罗马也出现过这样的举措），而不是为了直接支持商业企业。支持和保护商业企业是 20 世纪帝国主义行为的直接动机，而美国的帝国主义是直接的政治统治，并非间接的经济统治。

与此同时，帝国主义的面貌还出现了第二个变化。毫无疑问，这是经济方面的变化，即跨国公司大量涌现，它们成为资本从本国流向海外的主要代理机构。

跨国公司的规模巨大，如可口可乐、IBM、微软和荷兰皇家壳牌等公司，其制造或加工业务遍布全球许多国家。跨国公司会在中东或非洲开采原油，然后在欧洲或美国提炼，最后在日本销售；或者它们可以在澳大利亚开采矿石，在日本加工，最终将成品运往美国。

从整体来看，跨国公司给资本的国际化带来了两个变化。首先，它们改变了资本的地理流向。正如我们所看到的，在古典帝国主义时代，资本主义扩张的主要目标是获取原材料或纺织品等基本商品的市场。现在，跨国公司已经从基本商品转向了它们在世界上居于领先地位的高科技产品了，如计算机和制药。其结果是，海外的资本配置发生了惊人的转变。1897 年，几乎一半的美国海外投资进入了种植园、铁路或矿业领域。今天，在美国的对外投资中，只有一小部分进入了这些领域，大部分转移到制造业领域，而且有 75% 的国际投资流向了欧洲、加拿大和其他发达资本主义国家。法国、日本或德国的绝大多数国际投资也都流向了发达国家（包括美国），而不是曾经的殖民地区。

跨国公司兴起的第二个经济后果是，它们把高科技与未经训练的廉价劳动力结合在了一起，这是非凡的能力。现代经济生活背后的机制极其复杂，计算机部件或电视组件可以在中国香港、韩国和泰国生产，操作科技机器生产它们的是刚刚脱离了土地的工人。从帝国主义的角度来看，这样的结果是令人困惑的。将整个生产过程转移到昨天还是农业经济区的能力，让资本主义社会制度的输出取得了前所未有的成绩。我们在前面提到，在经济革命时期，生产要素从前资本主义社会环境中产生，同样，在我们这个时代，新经济革命正把市场经济带入之前在世界经济中发挥消极作用的地区。从这个意义上说，现代帝国主义是振兴国外资本主义的强大力量。

与此同时，新帝国主义大大加剧了该体系在发达的母国内部的竞争。这不只是我们之前讨论过的市场相互渗透的结果，还因为跨国公司在欠发达地区设立的制造基地可以向母国输送大量低成本的商品。在中国香港或中国台湾制造的电视机，在韩国制造或墨西哥组装的汽车，可以很容易地以低于加州或中西部制造的相同产品的价格出售。没有哪个国家比美国更清楚这一点了。

现在预测这种国际化和竞争加剧的后果，或者预测几乎席卷所有亚洲新兴国家的金融和政治危机（并不奇怪）的结果还为时过早。毫无疑问，我们已经在朝着全球化经济体的方向迈进了，在这样的经济体中，新的全球经营企业与旧的国家边界和特权共存。就我们对帝国主义问题的探究而言，这样的结果具有讽刺意味,因为帝国主义的起源与缓解资本压力有关,但最终却加重了资本的压力。

约翰·霍布森于1940年去世,一篇讣告适时出现在了《伦敦时报》(London Times)上,恰如其分地指出了他的先见之明,同时指明他没有得到普遍认可。

他确实没有得到普遍认可。维多利亚时代最著名的经济学家是阿尔弗雷德·马歇尔,其风格与霍布森的完全不同。马歇尔行事谨慎,不走极端,得到了正统经济学界的认可;而霍布森信赖直觉、易走极端,是正统经济学界的弃儿。然而,在结束了阴暗的地下世界之旅后,我们要回到维多利亚时代的阳光下了。阳光下的主流经济学家可能看不到那些喜欢冒险的异教徒所看到的惊人景象,但他们做了一件异教徒没有做的事情:向经济学界,甚至向我们的世俗世界教授"经济学"。

只要看一眼阿尔弗雷德·马歇尔的肖像,你就能看出世人对这位教师的刻板印象:白胡子,花白稀疏的头发,炯炯有神的眼睛——一副典型的教授面孔。1924年他去世时,英国的大经济学家纷纷撰文悼念他,表达对他的敬意,其中一位名叫C.R.费伊(C. R. Fay)的经济学教授对这位维多利亚时代的大学者做出了如下生动的描绘:

> 庇古告诉我,我应该去跟他当面聊一聊奖学金论文的题目。于是,一天傍晚,我去了贝立奥庄[1]。他从一条小通

---

[1] 马歇尔故居。

第7章 维多利亚时代的世界与经济学的地下世界

道跑了进来,边跑边说:"进来,进来。"之后我和他一起上了楼。"你对选题有什么想法吗?"他问我。我说:"还没有。""好吧,那你听着,"他一边说,一边拿出了一本黑色小书。他告诉我,在听到喜欢的题目时要举手示意。于是,他照着小书开始念题目。我感到很紧张,我试图在他念完第一个题目时就向他示意,但他没有注意到,继续读了下去。在读到第二页中间的题目"近期德国金融危机"时,我举手向他示意。我在格雷夫斯瓦尔德[1]待过一个夏天,我说我对这个题目熟悉一些。"这个题目根本不适合你。"他说。我又沉默了5分钟,当我听到"阿根廷人"这几个字时,我又示意他停下来。我唯一的理由是,我的两位叔叔在那里做生意。"你自己去过那里吗?"他问道。我回答说:"没有。"他继续读了下去。过了一会儿,他停下来说:"你找到喜欢的题目了吗?"我说:"我不知道。"他说:"其他人也没有,但这是我的方法。现在,你想做什么题目?"我喘着粗气说:"德国和英国劳工的比较。"于是他拿出来一个带电动按钮的小灯笼(因为当时天已经很黑了),开始在书架上翻找,之后抽出来一些英文和德文著作,包括冯·诺斯蒂茨和库尔曼的,总共大约有30本。他对我说:"现在你自己体会一下,看完了告诉我们一声,萨拉会给你端茶来。"

---

[1] 德国东北部城市。

这一切都与困扰霍布森的非洲冲突，或者为亨利·乔治的思想创造了环境的兴盛的美国投机活动相去甚远。马歇尔和他同时代的埃奇沃斯一样，是大学教育的杰出成果。尽管他去过美国，甚至穿越美国到过旧金山，但他的生活、观点，以及他的经济思想却都带有宁静雅致的剑桥风味。

但他到底教授了什么呢？用一个词总结马歇尔的基本思想就是"均衡"，我们之前已经用它描述过维多利亚时代的新经济愿景了。马歇尔与巴师夏不同的是，后者陷入了非理性的经济诡辩；与亨利·乔治不同的是，后者看到了经济约束对生活造成的不公；与霍布森不同的是，后者在资本主义经济的客观进程中寻找隐藏的破坏性倾向。马歇尔主要对经济世界的自我调节、自我修正本质感兴趣。正如他最杰出的学生 J.M. 凯恩斯后来所写的那样，他创造了一个"让所有元素都通过相互制衡和相互作用而各处其位的完整的哥白尼体系"。

当然，其中大部分的内容以前都有人教授过。亚当·斯密、李嘉图、穆勒等都曾把市场体系阐述为一种高度复杂和高效的反馈机制。然而，在整体的愿景和对细节的精细处理之间，还有许多有待探索的领域和模糊不清的阐述，马歇尔所继承的市场均衡理论也有很多需要探讨的地方，甚至一些基本的问题还有待澄清，如价格是反映了商品的生产成本还是商品最终带给人的满足程度？换一种说法，钻石价格高是因为世间少有，还是因为人们喜欢佩戴它？也许只有经济学家对这些问题感兴趣，但只要它们仍然模糊不清，就很难解决经济学领域里的诸多问题。

马歇尔探究的正是这些含糊不清的经济理论问题。他把精确的数学思维与悠闲、散漫、清新的写作风格相结合，完成了他的大作《经济学原理》(Principles of Economics)，而且他把日常生活中耳熟能详的例子贯穿于全书。即使是商人也能理解**这种**经济学，因为他贴心地把所有难以理解、需要逻辑证明的内容都放在了脚注中（也正因为这样，凯恩斯有些不敬地说，经济学家最好阅读其脚注，不必理会正文）。无论如何，这本书取得了巨大的成功。它的第一版于1890年问世，现在仍然是有志成为经济学家的学生必读的书籍。

马歇尔对厘清经济学概念做出的重大贡献是什么呢？他本人一次又一次提到时间的重要性，认为时间是均衡机制发挥作用的过程中不可或缺的要素。

正如马歇尔所指出的，均衡的基本含义随着经济的调整过程是发生在短期还是长期而变化。在短期内，买家和卖家会在市场上讨价还价，但议价过程基本上都围绕着固定数量的商品，如钻石商随身携带的小提箱里的钻石。然而，从长远来看，钻石的数量并不是固定的。当需求大时，可以增开新矿；当供给过剩时，可以弃用旧矿。因此，在短期内，钻石的心理效用，也就是对钻石的需求，对其市场价格产生了更为直接的影响；但从长远来看，随着供给量受到消费者需求的调整，生产成本对市场价格的影响会更大。当然，就价格的决定而言，成本和效用的影响不是泾渭分明的，用马歇尔自己的话来说，需求和供给就像"一把剪刀的两个刀片"，问是供给还是需求单独影响了价格，就像问是剪刀的上刀片还是下刀片完成了剪切动作一样毫无意义。但是，在做剪切动作时,可以说其中的一个刀片是主动的,另一个是被动的——当市场在短期内做出剪切动作时,效应需求刀片是主动的;当剪切动作发生在长期时,产出规模和生产模式均发生了变化,成本供给刀片就是主动的。

马歇尔的这一见解很有启发性,就像他运用分析性思维所阐述的其他观点一样。然而,《经济学原理》散发出的不只是理论上的光辉。如果说马歇尔是正统经济学界最出色的人,那么他也是最富有同情心的人。他真正关心的是辛勤劳动的穷人,是他在伦敦贫民窟中看到的"蜷缩着的可怜人",他认为经济学是改善社会生活的工具,所有这些情绪和思想都不可避免地融入他的著作。因此,应该注意的是,这本书对未来的评估提醒人们,不要相信"美好的生活画面可以在轻易构建的制度(想象中的)中出现",也不要希望富人会变得具有"骑士精神","帮助收税者……在国内消除贫困这一最大的罪恶"。

对这些维多利亚时代的观点,我们姑且一笑置之。不过,它们并不是马歇尔愿景的组成部分。马歇尔的愿景对经济学本身留下了最为深刻的印记。为此,我们来看看《经济学原理》中的两段话。第一段是典型的马歇尔式的迷人阐述,描述了一个人如何权衡购买带来的愉悦与支出引起的愉悦减损:

> 富人考虑是否花 1 先令买一支雪茄烟,穷人考虑是否花 1 先令买一个月用的烟草,钱是一样的,但富人考虑的愉悦要比穷人的少。年收入为 300 镑的职员在下雨天会乘车去上班,而年收入只有 100 镑的职员在大雨天

仍会步行上班。

在几页之后的另一段里,马歇尔讨论了经济学的目的。他说:

> 经济学研究人的政治、社会和私人生活,尤其是社会生活……但它却尽可能避开在现实中不会被忽略的政治问题……所以,用"经济学"这个意义广泛的词要比用"政治经济学"这个意义狭隘的词更好一些。

这两个看似寻常的段落有两点值得我们注意。第一,马歇尔敏锐地意识到,决定是否花钱打车上班的职员,即使不像霍布斯时代的伟大君王那么引人注目,也是能恰如其分地体现马歇尔式经济愿景的代表人物。这个代表性人物就是"个人",他的算计不仅象征着市场体系的运作,而且是经济本身最终赖以生存的基石。经济学愿景已不再是对君主制社会或斯密式社会的动态的研究了,更不是马克思主义的阶级斗争。取而代之的是这样的经济学:解释追求自身利益的个人的集体生活。

与此密切相关的是另一个变化,隐含在第二段引文中。早期愿景的核心部分,即政治内容从经济学里消失了。马歇尔认为,经济学的目的是解释均衡价格如何形成,而不是解释权力和服从关系,如何出现在人人利用社会秩序追求自己"效用"的层级社会中。

经济学为什么会出现去政治化的转变呢?有两个可能的原因。首先,1848年事件,也许还有社会主义思想的日益传播,使人们明确承认权力和服从的关系更具争议性了（尽管对此少有检验）。在斯密或穆勒所处的时代，这种社会关系被视为理所当然。第二种完全相反的可能性是，19世纪民主思想被人们逐渐接受，这使得马歇尔的愿景更加可信了。

这是一个我们可以提出但无法解答的问题。可以肯定地说，经济学已然取代了政治经济学，开启了新的篇章。随着我们讨论的继续，这一点显得越来越重要。最后值得一提的是，在马歇尔的分析元素中，对经济分析最重要的元素是时间。在马歇尔看来，时间是抽象的时间；是分析数学曲线时运用的时间，是可以不断开展理论实验的时间，而不是任何事情发生的实际时间。也就是说，它不是不可逆的历史时间，最重要的是，它也不是马歇尔本人活着时所处的那个历史时间。想想马歇尔在世时看到了什么：沙俄的反资本主义暴力革命、席卷全球的战争、第一波反殖民主义浪潮。想想接下来又发生了什么：资本主义在欧洲大部分地区衰落，政府观念在世界范围内转变，美国爆发震撼世界的大萧条。然而，经济学与这些剧烈的变化有关，但阿尔弗雷德·马歇尔及其正统经济学界的同事们对它们都不大了解。"**自然从不飞跃**"是出现在1890年《经济学原理》第一版和1920年最后一版扉页上的一句话。事实上，历史可能会突然飞跃，经济学世界可能与历史世界密不可分，教科书中的长期和短期意味着与社会时钟的无情嘀嗒声完全不同的"时间"概念——所有这些都与均衡概念相去甚远，而均衡正是马歇尔经济研究的核心。不管他说了什么，他都不会受到责备，因为他是一个信仰温和而坚定的人。问题是，他研究得不够深入。

如果不是因为下面这一点的话，他的不足可能会得到宽恕。就在马歇尔和他的同事们极力完善微妙的均衡机制时，一些持异见者坚持认为，现实世界的特征不是均衡，而是变化——剧烈的变化，而且变化才应该是经济研究的主题。在他们看来，战争、革命、萧条和社会冲突是经济研究的基本问题，而不是教科书中所称的均衡和稳定的美好调节过程。但当异教徒和业余爱好者向维多利亚时代的正统学界指出这一点时，他们的打扰遭到了后者的怨恨，他们的警告被后者置之不理，他们的方案遭到了后者的蔑视。

正统经济学界的自满不仅是时代的悲哀，更是知识界的悲剧。如果学者们注意到了地下世界，如果阿尔弗雷德·马歇尔有霍布森或埃奇沃斯那样令人不安的愿景，有亨利·乔治那样的社会问题意识，那么，当20世纪的大灾难降临时，人们也不会对如此彻底的社会变化手足无措了。回想起来，它带给我们的启示是，无论思想有多么离经叛道，都不要无视它们。保守人士尤其要注意这一点。

第 8 章

凡勃伦眼中的野蛮社会

第8章 凡勃伦眼中的野蛮社会

光阴荏苒，现在距 1776 年《国富论》出版已过去 125 年[1]了，在此期间，世界的辉煌或卑劣，天真或险恶，它在技术上取得的伟大成就，或它在人类价值观上存在的缺陷，似乎都难逃大经济学家的法眼。对这个多面世界的解释多达几十种，不过它们有一个共同点：以欧洲为中心。尽管社会面貌在不断变化，但它仍然是旧世界，仍然拘泥于传统。

因此，当理发师学徒迪克·阿克赖特因珍妮纺纱机发了财时，他变成了理查德爵士，这样的变化不是没有意义的；把这些暴发户吸纳到血统高贵和举止文雅的群体里，英国传统绅士统治遭受的威胁得到了缓解。诚然，这些暴发户带来了一系列中产阶级的做派，甚至还有反贵族情绪，但他们也隐隐感觉到，更高的社会阶层不是仅靠财富就能达到的。正如有关礼仪举止的无数喜剧所证明的那样，拥有数百万美元、购买象征家族悠久历史的饰章的啤酒大亨和隔壁贫穷的世袭贵族是有区别的。发迹的欧洲财主可能像克罗伊斯[2]一样富有，但万贯家财还是让他们觉得美中不足，因为他们认识到，财富只是社会阶梯上的一级台阶，而且绝对不是最后一级。

---

[1] 此处指 1901 年。
[2] 吕底亚最后一位国王，大富豪。

美国则大不相同。这个国家不仅是由强烈反对家世和出身等级划分的人建立的,而且崇尚个人独立和个人成就的精神也深植人心。在美国,个人能力就能证明自己是否足够优秀,不需要用家世验证。因此,虽然新英格兰黑暗的血汗工厂与旧英格兰阴暗的工厂没有太大的区别,但只要观察一下它们主人的举止和行为,你就会发现相似之处很少了。因为当欧洲的资本家仍然笼罩在封建专制的阴影下时,美国善于赚钱的人早已沐浴在阳光下了,他们对权力的追求或对财富的享受是不受抑制的。在19世纪后半叶的美国,财富是获得社会认可的垫脚石。只要财富达到了一定数量,美国的富翁们就会自动获得护照,不需要签证就可以进入上流社会。

因此,与国外的竞争相比,新世界的赚钱游戏更粗野,更没有绅士风度。这里下的赌注更高,成功的概率也更大,光明正大地开展竞争的精神也更缺乏。

例如,在19世纪60年代,航运和商业奇才科尼利尔斯·范德比尔特(Cornelius Vanderbilt)发现他的商业伙伴威胁到了他的利益——这种情况并不罕见。于是他给他们写了一封信:

先生们:
　　你们已经着手破坏我的事业了。我不会起诉你们,因为诉讼太耗时了。我要以彼之道,还施彼身。

你们真诚的友人
科尼利尔斯·范德比尔特

他说到做到。"我才不管什么法律不法律呢,难道我没有权利这么做吗?"这位航运大亨问道。后来,J.皮尔庞特·摩根(J. Pierpont Morgan)也表达了同样的观点,只不过形式稍微文雅一些。当他的合伙人贾奇·加里(Judge Gary)罕见地通过律师向他提出警告时,他怒不可遏地咆哮道:"哼,我不想让律师告诉我什么事不能做。我雇他是要他告诉我,如何做我想做的事。"

美国人不只比同时代的欧洲人更忽视法律法规,也更凶强好斗,而且为达到目的无所不用其极。一个恰当的例子是争夺奥尔巴尼-萨斯奎汉纳铁路控制权的争斗,这是吉姆·菲斯克(Jim Fisk)和贵族摩根之间一系列争斗中的重要环节。摩根控制着铁路线的一端,菲斯克控制着另一端。最终的解决方法是,双方都在各自一端开一个火车头,让它们像巨大的玩具一样对撞。当时输了的一方也很不服气,在离开现场时还拆除了铁轨和高架桥。

在争夺产业霸权的**混战**中,没有人讨饶,也没有人让步。标准石油集团为了对付一个特别难缠的竞争对手,甚至用上了炸药。像绑架这类不那么暴力的手段之所以引人注目,与其说是因为不道德,不如说是因为它们形式新颖。1881年,一场暴风雪摧毁了纽约的电报线路,冷酷无情的货币市场大亨杰伊·古尔德(Jay Gould)不得不通过信使把交易指令发送给他的经纪人。他的对手马上采取行动,绑架了这个男孩,用另一个长相酷似他的男孩取而代之。几个星期以后,古尔德沮丧地发现,不论他做什么,他的对手事先都一清二楚。

不用说，对待同行不择手段的人是很难善待普通老百姓的。他们认为欺骗、榨取投资者的财富是理所当然的事情，股票市场被视为富人的私人赌场，老百姓下注，金融大亨操纵结果。至于在这样的安排下，赌注下定后会发生什么——那是老百姓关注的事情，要是这些金融大亨不尽其所能地诱使老百姓入坑的话，他们的这种态度倒是值得赞扬。

值得注意的是，老百姓愿意入坑。当古尔德或洛克菲勒购买铁轨、铜或钢材的消息"传开"时，人们一哄而上，都想搭上便车。事实上，老百姓每一次上车都会惨遭屠戮，但这从未动摇他们的信念。这种信念使虚拟的金融骗局成为可能。一个震惊世人的例子是，亨利·罗杰斯和威廉·洛克菲勒在没有投入一分钱的情况下收购了安纳康达铜业公司。他们是这样做的：

1. 罗杰斯和洛克菲勒向马库斯·戴利开出了3900万美元的支票，用以购买安纳康达的资产，条件是后者将支票存入国家城市银行，并在指定期限内不得动用这笔资金。

2. 二人成立了一家名为"联合铜业公司"的皮包公司，由自己的职员担任挂名董事，并促使联合铜业公司购买安纳康达铜业公司——不是以现金购买，而是以7500万美元的联合铜业公司股票购买，这些股票很容易印制出来。

3. 罗杰斯和洛克菲勒从国家城市银行借出3900万美元来偿付他们向马库斯·戴利开立的支票，并用7500万美元的联合铜业公司股票作为这笔贷款的抵押。

4. 他们在市场上以 7500 万美元的价格出售了联合铜业公司的股票（先通过经纪人大力吹捧）。

5. 有了这笔收入，他们向国家城市银行偿还了 3900 万美元的贷款。最终他们从这笔交易中获得 3600 万美元的利润。

当然，这种自由放任的做法牵涉到惊人的骗局。芝加哥、圣保罗和堪萨斯铁路公司总裁 A.B. 斯蒂克尼表示，作为一名绅士，他相信任何地方的铁路公司总裁的人品，但作为铁路公司的总裁，他一刻也不能放松对他们的警惕。他说出这么嘲讽的话是有原因的。在一次会议上，各个铁路公司的负责人呼吁商定统一的运费率，以免他们之间不断地相互削价、自相残杀。一位铁路公司的总裁在会议间隙偷偷地溜了出来，将商定的费率表用电报传回了他的办公室，以便他的公司先行一步降价。碰巧的是，他的电报被截获了。在接下来的会议中，主办方以确凿的证据揭露了这一事实。这个例子表明，即使是在盗贼中也无公平可言。

这是一个回忆起来会让我们感到脸红的时代。当然，它的荒诞既体现在外在的排面上（在一些聚会上，有的人为了炫富，把香烟裹在百元钞票里），也体现在那种中世纪式的争强斗狠精神上。但我们不要误解了时代精神。当富豪们对老百姓横行霸道、颐指气使时，他们也在无情地践踏着彼此。他们大胆凶狠、无原则的行为与其说是有预谋的恶行或有意蔑视基督教理想，不如说是不受良心和良好习惯约束的本性暴露。"我不欠老百姓什么。"

摩根曾这样说。他的意思是，这句话是他的哲学信条，而不是对世界冷酷无情的蔑视。在那个富豪横行霸道的时代，生意场上的竞争很残酷，讲道德的代价往往是失败。

经济学家是如何理解这一切的？

经济学家对这些了解不多。美国的经济学家跟随着欧洲老师的脚步，给美国套上了一种完全不适合的模式。残酷而疯狂的金融游戏被描述为"节俭和积累"过程；彻头彻尾的欺诈被说成了"创业"；铺张浪费被说成"正当消费"。事实上，这个世界被粉饰得面目全非。人们可能读过约翰·贝茨·克拉克的《财富的分配》（Distribution of Wealth）等重要著作，却永远不知道美国是百万富翁的天下；人们可能仔细阅读过陶西格（F. W. Taussig）所著的《经济学原理》（Economics），但永远不会从中看到被操纵的股市。如果人们仔细阅读了劳克林教授（Professor Laughlin）在《大西洋月刊》（The Atlantic Monthly）上发表的文章，他们会发现"牺牲、努力和技能"是获得巨额财富的原因，他们会被告知，每个人都有权利"享受自己努力的成果，不努力的人不享受成果"——这可能包括购买立法机构和钻石的权利。

总之，正统经济学为现状辩护，而且麻木不仁；它无视美国奢靡、昌盛的本质，却以线条和暗淡的颜色描绘出对它的一种刻板印象。虽然它不缺诚实、勇气或智慧，但它具有马尔萨斯所说的那种"形势和利益导致的无意识偏见"。美国经济学家太痴迷于狂热的时代潮流了，以至于无法后退几步，从远处冷静、客观地观察这个国家。

此时需要的是一种陌生人的眼光,像德·托克维尔或布莱斯[1]这类人的眼光,从陌生人的视角来审视这一切。索尔斯坦·邦德·凡勃伦(Thorstein Bunde Veblen)就有这样的眼光——他出生在美国,但生性不像任何一个国家的公民。

凡勃伦是个怪人,外表看起来像个挪威农民。一张照片显示,他的头发平直中分,呈倒 V 形覆盖在他的前额上。一双炯炯有神的眼睛从他那钝平的鼻梁后向外窥视着,显出一副若有所思的样子。凌乱的小胡子遮住了他的嘴,浓密的络腮胡遮住了他的下巴。他穿着一套厚厚的、满是褶皱的西装,马甲上还有一个用来固定怀表的大别针。照片看不到的是,他的裤子上还有两个钩着袜子的安全别针。从这张照片可以看出,他是个瘦削、走路时脚步抬得很高但像猎人一样安静的人。

他的外表奇特,个性更奇特。他那双锐利的眼睛可能暗示着他具有同样锐利的心智审视力,而他土里土气的外表可能意味着他具有直率的调查研究风格。但凡勃伦的生活与其外貌特征没什么联系,他过的是离群索居的生活。

离群索居通常是一种病态现象,按照现在的标准来看,凡勃伦一定患有精神疾病,因为他几乎与外界完全隔绝了,他过得好像是另一个世界的生活。在同时代人眼里理所当然的事情在他看

---

[1] 詹姆斯·布莱斯(James Bryce, 1838—1922),英国自由党政治家、外交家、历史学家。

来就像人类学家眼中野蛮社会的仪式一样有趣、奇特和刺激。其他经济学家，包括亚当·斯密和卡尔·马克思，不仅身处他们的社会，而且**心系**他们的社会；有时他们对周围的世界赞誉有加，有时他们对所看到的景象充满了绝望和愤怒。但索尔斯坦·凡勃伦不同，他虽然身处这个熙熙攘攘、纷纷扰扰的社会，但对周围的一切都不感兴趣，他抱着冷眼旁观的态度，就像个局外人。

正因为像个局外人，所以他既不墨守成规，也不激进。在凡勃伦眼里，这个世界是令人不适、望而生畏的；他就像一个来到未开化地区的传教士一样，不愿意入乡随俗，于是以可怕的孤独为代价，保持自己不受影响。许多人钦佩甚至敬爱他，但他没有亲密的朋友：没有一个亲密到能让自己直呼其名的男性朋友，也没有一位能让他倾心相爱的女性。

他有很多怪癖，这是意料之中的事情。他拒绝安装电话，他把书原封不动地靠墙堆放，连包装都懒得拆；他觉得每天整理床铺毫无意义，于是他早上把床罩一盖，晚上一掀完事。他懒得清洗用过的盘子，把它们堆积在水槽里，直到橱柜里没有盘子可用时，他会拿着水管，把水槽里堆积的盘子冲洗一下。当所有来访者都渴望听他发表高论时，他却会一言不发地呆坐几个小时。他是一个藐视陈规惯例的人，无论学生的学习状况如何，他都给所有学生打相同的分数。当一名学生需要更高的分数才能获得奖学金时，他欣然地将这名学生的成绩由 C 改成了 A。他对大学的管理制度相当不满，满腹牢骚，当教务处明确规定要点名时，他会非常认真地点一遍名，把缺勤学生的卡片放一堆，把出勤学生的卡片放另一堆，但到了最后，他会不经意地把两堆卡片混在一起，最终无法确认哪些学生缺勤。有时候他会做出一些毫无意义的恶作剧，如向路过的农民借一个麻袋，然后把马蜂窝装到里面还给对方。让人感到滑稽的是，有一次，一个小女孩问他的名字首字母T.B.是什么意思，他回答说是玩具熊；后来这个小女孩就这样称呼他，他不以为意，但别人都不敢这么称呼他。他对什么事都不轻易表态，这让人觉得他神秘莫测。他曾经担任一本期刊的编辑，有人问他对某位社会学家在这本期刊上发表的文章有何看法时，他回答说："每页平均400字，这位教授的平均字数是375。"让人最不解的，也许是这个爱说讽刺话和不讨喜的人却对女性有着非凡的吸引力。他的情感经历非常丰富，而且他还不一定是主动的一方。他曾经问道："如果有女人主动靠近你，你该怎么办？"

具有如此令人困惑和复杂的个性，还喜欢离群索居，他只有一条途径表达自己的想法，那就是写作。他的写作风格就跟他的性格一样复杂，充满了深奥的信息和术语。他写文章就像做外科手术一样，用锋利的刀刃把最原始的东西暴露出来，却不见流血。在他的笔下，慈善事业成了"务实浪漫的散文"，宗教成了"N度空间中可销售但不可估量的虚构之物"，主要的教会组织成了"连锁店"，个别教会成了"零售店"，这些说法虽然尖刻，但很生动。他把手杖描述为"表明拿着它的人不用从事任何有益工作的广告"，他还指出，手杖是一种武器："对任何天生凶暴的人来说，手握这种实实在在的原始攻击性武器是非常令人安心的。"**天生**凶暴！多么野蛮、奇怪却又一本正经的说法。

但这一切与经济学有什么关系呢？从"经济学"这个词的

传统意义看，确实没有关系。凡勃伦的经济学与维多利亚时代讲文雅、重精度的那套游戏无关。在这种游戏中，世界的运行方式要由微积分来证明。凡勃伦的经济学与早期经济学家解释事物如何演进的努力也没有什么关系，他想知道的是事物为什么是这样的。因此，他探究的起点不是经济大戏，而是戏中的角色，不是情节，而是导致"商业体系"这一幕特殊大剧上演的一系列风俗和习惯。总之，他深入研究了经济人的本质及其经济仪式和风俗，在这一近乎人类学的探究方法中，绅士手拄拐杖去教堂和关注地主收地租一样重要。他力图透彻了解自己身处的社会的本质。在充满欺骗和惯例的迷宫中搜索时，他必须从穿着、举止、言谈或者礼貌用语中寻找一切线索和证据。就像精神分析学家一样，他会抓着最微小的琐事不放，因为他认为这些琐事能够揭露被掩盖的重要现实。他寻求的意义也很奇怪，甚至有悖于常识，这一点与精神分析学家也颇为相似。

正如我们将要看到的，他对社会的审视是无情的。但他这种尖刻的特性不是因为蔑视他人，而是因为他对我们最热衷的观念很冷漠。对凡勃伦而言，就好像没有什么是他熟悉的，没有什么是太普通而不值得他注意的，因此也没有什么是他不能评判的。毕竟，只有心态特别超然的人，才会把手杖视为闲得无事可干的广告和野蛮的武器。

他超然的心态似乎一直伴随着他。1857年，凡勃伦出生于边境的一个农场里，是一个挪威移民家庭的第四个儿子，也是这个家庭的第六个孩子。他的父亲托马斯·凡勃伦（Thomas Veblen）

是一个感情冷漠、不近人情、思维迟钝、不喜约束的人，但凡勃伦后来说他父亲是他见过的最好的人。他的母亲卡丽热心、性急、充满激情，正是她给凡勃伦讲了冰岛和挪威的传说，令他终生着迷。但凡勃伦从小就表现得很古怪。他生性懒惰，不喜欢做家务，喜欢待在阁楼上读书，还喜欢给人起绰号，而且他聪明早熟。他的一个弟弟说："在我很小的时候，我就觉得他无所不知。无论我问他什么问题，他都会详细地解答。后来我才发现，他告诉我的很多事情都是捏造的，但即使是谎言，他也编造得很好。"

无论是什么造就了他非同寻常的个性，教养因素都使他和这个以表面论价值的世界出现了隔阂。儿时的他如同拓荒者一样简单、朴素而贫困。他穿的衣服是家里自制的，没穿过羊毛制品，大衣是用小牛皮制成的。咖啡和糖是奢侈品；像汗衫这样的普通衣服也是如此。但更重要的是，他度过了具有异国风味的童年。在美国的挪威人形成了紧密而独立的社区，挪威语是他们的通行语言，挪威是他们真正的祖国。凡勃伦不得不把英语作为一门外语来学习，直到上了大学才把它学好。这里是典型的父权制自我封闭社区。有一天，凡勃伦从田里被叫回来，发现自己的行李已经打点好，就要放到马车上了，此时他才知道自己要去上大学了。

当时他17岁，家人为他选择的大学是卡尔顿学院。这所学院是东海岸文化和启蒙运动的一个小前哨，距离凡勃伦夫妇耕种的明尼苏达镇很近。家人把他送到那里是想让他成为路德教派的牧师，而他也发现卡尔顿以宗教为核心。但是，要想驯服这样一个思想活跃、反抗传统的聪明人，或诱使他萌生出对宗教的虔诚之心，难如登天。在每周的演讲会上，凡勃伦从不提及转变异教徒思想等传统话题，而是"为食人行为辩护""为醉汉辩解"，这让全体教职员工一片哗然。当凡勃伦被问及是否在为这些恶行辩护时，他平静地回答说，他只是在进行科学观察。教员们承认他是个天才，但有点害怕他。他的老师约翰·贝茨·克拉克（后来成了美国杰出的经济学家）就很喜欢他，但认为他"不容易适应环境"。

这个行为古怪但天赋异禀的人却在卡尔顿学院遇到了一个最不可能的机会。他和学院院长的侄女艾伦·罗尔夫相恋了。艾伦本人也很优秀，是位才女，两人自然而然地相互吸引。凡勃伦给艾伦读斯宾塞的书，让她皈依了不可知论，他还坚信艾伦是维京海盗英雄甘奇·罗尔夫的后裔。

他们于1888年结婚，但婚后关系起伏不定。这个性格孤僻、提供不了多少爱情的男人似乎很需要女性的关爱。除了少数例外（一位美女称他为"黑猩猩"），很多女性愿意委身于他。但凡勃伦似乎对所有女性都不重视；他对艾伦也很不忠诚。艾伦不得不一次又一次离开他，有时是因为他的轻率，有时是因为他对她太残忍，有时纯粹是因为她猜不透他神秘莫测、与世隔绝的心灵。然而，多年以来，每次闹别扭后凡勃伦都会主动求和。有一次，凡勃伦突然来到树林里艾伦的屋子前，手里拿着一只黑袜子。他问道："夫人，这是你的吗？"

当凡勃伦离开卡尔顿学院时，他下定决心从事学术研究。但事与愿违，他的职业生涯很不顺利，挫折不断。他当然想保持自己的兴趣，但似乎运气不佳。有一次，他请一名自己以前教过的学生为他探查一下纽约一家公共福利机构的职位，这名学生答应了，但最后的结果是，学生得到了那份工作。但那是多年后的事了。现在，凡勃伦在威斯康星州的莫诺纳学院获得了一个职位，一年后该学院永久关闭，他又去了霍普金斯大学，希望获得学习哲学的奖学金。尽管手持重量级推荐信，他还是没有得到奖学金。他转而到耶鲁大学深造，1884年以优等成绩毕业，获得博士学位。但他的前途依然渺茫。

凡勃伦返家时在巴尔的摩感染了疟疾，需要特殊的饮食。但他对家人没有感恩之心，他在家人最需要的时候带走了马和马车，还对着他们放狠话说，他们永远都不会成功，因为他们不够狡诈。他就那样过着游手好闲的生活。他的一位兄弟写道："他很幸运，出身于一个以忠诚和团结为原则的家庭里……凡勃伦是这个备受尊敬的社区中唯一的游手好闲之人……他不是读书就是瞎晃悠，天天如此。"

当然，他什么都读，包括政论短文、经济学、社会学、路德派赞美诗、人类学论文等。但他的游手好闲加剧了他与社会的隔绝，也使他更愤世嫉俗、性格更内向。他偶尔打些零工，摆弄一些毫无结果的发明，辛辣地评论当时的俗事，种些植物，与父亲闲扯，写几篇文章，偶尔也会找找工作，但没有结果。他没有取得神学学位，因此宗教学院不接受他；他也缺乏那种令人称羡的风度和气质。他娶艾伦在一定程度上是为了谋个生计，这让艾伦的家人感到很失望。艾伦的叔叔是阿特金森、托皮卡和圣达菲铁路公司的总裁，凡勃伦希望能在该公司获得一个经济学家的职位，但坏运气再次降临到他头上。这家铁路公司的财务陷入了困境，被一个由银行家组成的委员会接管,他谋求的职位也随之撤销。爱荷华大学给了他一个机会;有博士学位和重量级推荐信在手,还有妻子的人脉,得到这个职位似乎是板上钉钉的事情,但他还是失败了,因为他不够坚强有力且信奉不可知论。后来,他又在最后一个环节被圣奥拉夫学院拒绝了。就好像命运之神在刻意为难他,迫使他继续保持孤立一样。

这样的日子又持续了7年,在此期间,凡勃伦除了读书几乎什么都不做。最后他的家人召开了一次家庭会议。毕竟,他那时已经34岁了,还从来没有做过一份体面的工作。会议决定,他继续深造,再次尝试进入学术界。

他选择了康奈尔大学。1891年,他走进了J.劳伦斯·劳克林(J. Laurence Laughlin)的办公室,说:"我是索尔斯坦·凡勃伦。"保守派经济学中坚分子劳克林见到凡勃伦时必定大吃一惊:后者戴着一顶貂皮帽,穿着一条灯芯绒长裤。不过,凡勃伦特有的气质打动了这位长者。于是,劳克林去见了芝加哥大学的校长,并获准聘请凡勃伦为研究员。第二年,芝加哥大学开始招生办学,聘请劳克林担任经济系主任,劳克林以每年520美元的薪水聘请了凡勃伦。多说一句,劳克林去世后,经济学界认为他做出的最大贡献就是把凡勃伦引进了芝加哥大学。

芝加哥大学不仅给了35岁的凡勃伦第一份工作,还给他将要剖析的社会提供了样本。这所大学是洛克菲勒创办的,当时在学生中流行着这样一首短歌:

约翰·D.洛克菲勒

一代人杰

捐出所有余资

创立了芝加哥大学

正如人们所预料的那样,这所大学并不奉行保守主义。它的教育方针是培养商业人才。校长是雄心勃勃的威廉·雷尼·哈珀,当时年仅 36 岁。沃尔特·海因斯·佩奇很钦佩他,称赞他是业内翘楚。这位极富进取精神的大学校长为了招揽精英,毫不犹豫地以高薪挖其他大学的墙脚。芝加哥大学就跟标准石油集团一样,凭借雄厚的财力成功招揽到了美国大部分的知识界精英。后来凡勃伦曾以刻薄的文字描述过这一切,不过,芝加哥大学也给他提供了良好的环境。这所大学人才济济,包括后来以前所未有的精度测定光速的阿尔伯特·迈克尔逊(Albert Michelson)、生理学家雅克·勒布(Jacques Loeb)、社会学家劳埃德·摩根(Lloyd Morgan)。这里有巨大的图书馆,还有一本有待编辑的经济学新期刊。

凡勃伦开始引起关注。他渊博的学识为他赢得了声誉。一名学生说:"那就是会说 26 种语言的凡勃伦博士。"著名学者詹姆斯·海登·塔夫茨(James Hayden Tufts)在一间考场里遇见了凡勃伦,事后他说:"当我走进教室时,考试已经开始了,有一个我不认识的人在提问。他的语速是我听过的最慢的,到了后头,我很难记住他一开始问的是什么。不过,一会儿之后我就发现,他很睿智,能在不透露自己观点的情况下阐明问题的本质。不过,他会表露出追根究底的决心。"

但他孤僻的性格让人无法理解他，没有人知道他究竟是怎么想的。有人问他的妻子，他是不是社会主义者，她不得不告诉他们，她也不知道。他从不曾卸下"盔甲"，他总是表现得彬彬有礼、理智客观，从不情绪化地表达自己对世界的看法，这让那些想刺穿他盾牌、深入他内心世界的人始终与他保持着一定的距离。一位学生曾经问他："凡勃伦教授，你认真地对待任何事情吗？"他低声回答道："是的，但你不要告诉任何人。"

他因长期熬夜看书而变得瘦削憔悴。上课时，他先是把厚厚的德语书扔在讲桌上，然后用被香烟熏得发黄的手指哆哆嗦嗦地翻页。对高档香烟的嗜好是他唯一的虚荣性表现。他曾经的学生霍华德·伍尔斯顿牧师曾这样描述他在课堂上的表现："他以低缓的语调开始讲起了早期德国的乡村经济状况。不久后，他讲起了由新兴贵族提出并得到神职人员批准的不公正的法律拟制，他歪了歪嘴，露出了讽刺的微笑和失落的眼神。他用尖酸刻薄的语言剖析了贵族的愿望就是上帝意志这一恼人的法律拟制。他指出，在现代制度中也存在类似的现象。他轻声笑了笑，然后回到主题，继续讲解。"

但不是每个人都欣赏他的教学方法。实际上，他觉得学生越少越好。他从不调动课堂气氛，还很乐意把学生赶走。他曾问一名笃信宗教的学生，教会的价值是否比得上一桶啤酒。一位认真做笔记的学生想让他重复一下之前说过的一句话，他说，他认为那句话不值得重复。他发音含糊不清，有时会胡言乱语，离题万里。听他课的人越来越少了，其中的一个班最终只剩下了一名学生。后来在另一所大学，原本他的课表上显示的是："索尔斯坦·凡勃伦：每周一、周三和周五10：00—11：00"，后来课表逐渐改成了"每周一 10：00—10：05"。

但有少数人在认真听他讲课，他们颇有收获。一名学生后来说："真是令人毛骨悚然，就好像一个死人在慢慢地讲话，要不是他眼睛里还散发着光芒，他就跟死人没什么区别了。"这名学生补充道，"但是，我们日复一日地听着，发现他非同寻常的方式很好地传达了超然于物而略带嘲讽的智慧。他超然的态度、自由的思想吸引了我们，但他的性格似乎不太健全。他的学者气质令人惊叹和愉悦。他对细节的把握让大多数人望尘莫及，但他又能总揽全局。他会以平静的语调熟练地说出一些俚语或当前流行的顺口溜佐证他的观点，而在下一刻他又可能会引用中世纪一节又一节的拉丁赞美诗。"

他的家庭财务状况和他试图解读的政治经济学一样错综复杂。他和妻子艾伦住在芝加哥，但这并没有妨碍他继续寻花问柳，这让哈珀校长很不高兴。当他和另一个女人一起出国时，他在芝加哥大学便难以立足了。于是他开始另谋职位。

他在芝加哥大学待了整整14年，到1903年时，他的年薪达到了1000美元。不过这些年的光阴没有白费，因为他永不满足、渴求知识的头脑终于开始结出果实了。在发表了一系列精彩的文章和出版了两部杰出的著作后，他变得家喻户晓——尽管让他出名的主要是他奇特的行为和观点。

凡勃伦的第一本书是在他42岁时写就的，那时他还是个低级讲师。他去找哈珀校长，要求对方按例给他加薪几百美元。哈珀回答说，他没有为学校增光添彩，凡勃伦回答说他不想这么做。如果不是劳克林的调解，凡勃伦当时就会离开芝加哥大学；如果是这样的话，哈珀校长就会错失一次让芝加哥大学名扬天下的机会，因为那时凡勃伦的《有闲阶级论》(*The Theory of the Leisure Class*)即将出版。没有迹象表明，凡勃伦希望这本书会给世人留下特别的印象。他曾把书里的内容读给学生听，淡然提到，学生们觉得它繁杂无趣。在出版商接受这本书前，他重写了好几次。但出乎意料的是，这本书一经出版便引起了轰动。威廉·迪恩·豪威尔斯[1]为它写了两篇长评，一夜之间，这本书成了当时知识分子的**必读书籍**。正如一位著名社会学家对凡勃伦所说的那样，"它震惊了东海岸的人"。

难怪它引起了人们的注意，因为从来没有一本书能以如此辛辣的文风做出如此严肃的分析。读过它的人，都会对凡勃伦犀利的眼光、尖刻的用语以及对社会的嘲讽暗自窃笑，书中荒谬、残忍和野蛮的成分与理所当然之事、习俗和自然的处置方式交织在一起，产生了令人震惊的效果，怪诞而有趣，而且措辞也非常巧妙。下面就是从这本书中截取的一小段文字：

> ……据说，法国有位国王因为在道德上过分拘礼而丧命。由于移动御座的侍从官不在场，这位国王竟毫无

---

[1] 威廉·迪恩·豪威尔斯（William Dean Howells，1837—1920）美国作家、评论家和编辑，他的小说和评论直接影响了后来很多现实主义作家。

怨言地坐在火炉前忍受着烈火的烘烤,最终使得他尊贵的躯体难以复原。不过,这位国王保住了其神圣之躯免受卑贱的玷污。

在大多数人看来,这本书似乎只不过是对贵族阶级的生活方式进行了嘲讽,对富人的愚蠢和怪癖做出了有力的抨击。从表面上看,确实是如此。凡勃伦以他的生花妙笔道出了这样一个观点:有闲阶级通过明里暗里的炫耀性支出来显示自己的优越性,而其自身的标志即有闲本身,通过在公众面前的炫耀,使他得到了进一步的满足。书中有无数的例子表明,"越是昂贵的""越好",例如:

即使在我们的私生活中,如果每天吃饭时用的是手工制作的银质餐具和放在高价位亚麻桌巾上的手绘瓷器(其艺术价值往往存疑),我们都必定会觉得有些飘飘然。当我们习惯了这样的生活水平后,生活水平出现一点倒退,我们都会觉得人性尊严遭到了严重的冒犯。

这本书的大部分内容都涉及我们日常生活中经济方面的精神病态研究,它以奇特的方式把财产准则完整而详细地阐释出来,就好像它们是刚出炉的考古新发现一样,令大家读得津津有味。在一个充斥着广告和人人喜好攀比的国度里,对于自身真实的写照,人们只能摇头哀叹,并对作者细致入微的刻画钦佩不已。

但是,有关我们喜欢炫耀的嗜好的描述,无论多么有趣或切中要害，都只是这本书的解释性资料。正如标题所表明的那样，这是对有闲阶级理论的一次探索。尽管凡勃伦可能会在中途停留，评论当下更引人注目的风景，但他的兴趣在于旅程的终点，如经济人的本质是什么？在他建立的社区里怎么会有一个有闲阶级存在？有闲本身的经济意义是什么？

古典经济学家会用常识来回答这些问题。他们从理性地寻求增进自身利益的个人角度观察世界。有时，野蛮的人性会占据上风，如马尔萨斯指出的劳动阶级人数令人绝望地倍增，但总的来说，人类被描绘成了理性生物。在竞争中，有些人上升到了顶端，有些人下降到了底层，那些幸运或睿智的人成功后，自然会利用他们的财富来减少他们的劳动量。一切都很简单，也很合理。

但这样的人类观在凡勃伦看来毫无意义。他根本不相信把社会联系在一起是出于理性计算的"自利"的相互作用，他甚至不完全相信闲暇本身就比工作更可取。通过阅读，他了解了一些鲜为人知的民族的生活方式，如美国的印第安人和日本的阿伊努人，尼尔吉里山脉的托达斯人和生活在澳大利亚丛林里的人。这些民族的经济结构简单，有闲阶级似乎不存在。更引人注目的是，在这些靠劳动为生的社会里，每个人都在工作，而且无论做什么工作，他们都不会因辛劳而感到自卑。他们积极工作的动力，不是源于对盈亏的考虑，而是源于自然的敬业精神和对子孙后代的关怀。人们在日常工作中积极努力，不劳动和休闲行为即使会得到宽恕，也绝不会受到尊重。

但另一种社会也得到了凡勃伦的关注。波利尼西亚人、古冰岛人和封建日本的幕府是另一类前工业化社会：他们有明确的有闲阶级。值得注意的是，这些阶级并不是游手好闲、无所事事之徒。相反，他们是社会里最忙碌的成员之一。但他们的"工作"都是掠夺性的，他们通过武力或狡诈攫取财富，而不靠体力或技能创造财富。

但是，尽管有闲阶级没有提供任何生产性服务，但他们得到了社会的充分认可。因为这些社会不仅很富裕，能养得起一个非生产性阶层，而且它们的进取心强到了足以赞扬这个阶层的程度；那些晋升为有闲阶级的人非但没有被视为挥霍者或掠夺者，反而被视为强者和能人。

因此，人们对工作的态度发生了根本性的变化。有闲阶级的活动——通过武力获取财富——开始被视为光荣、可敬的。相比之下，纯粹的劳动被贬低为下贱之举。古典经济学家认为，觉得工作枯燥乏味是人的本性使然，但凡勃伦却认为，这是在掠夺精神的影响下，曾经受人尊敬的生活方式的堕落；一个崇尚武力和蛮力的社会不会给辛苦劳作的人祝福。

但这一切与美国或欧洲有什么关系呢？关系很大。在凡勃伦的眼里，现代人与其野蛮的祖先相差并不大。这种观点可能会让可怜的埃奇沃斯感到不寒而栗，因为这意味着凡勃伦用战士、酋长、医务人员、勇士和处于底层的普通民众取代了他的享乐机器。凡勃伦后来在一篇文章中写道："野蛮生活的行为准则是迄今为止一切种族生命史上最持久、可能也是任何文化阶段中要求最严格的行为准则；因此，野蛮的人性必然经由遗传无限期地延续下去。"

就这样，凡勃伦在现代生活中看到了过去的传统。有闲阶级已改变了职业，改进了方法，但其目标没有变，仍然是掠夺财物不工作。当然，它不再寻求战利品或妇女了，而且采用的方式也没有那么野蛮了。它现在追求金钱、积累财富，以及或明或暗地炫耀财富，就跟以前美洲土著在帐篷上挂带发头皮一样[1]。有闲阶级不仅维持旧的掠夺模式，而且个人力量依旧受到推崇。在社会看来，有闲阶级成员仍然是社会中的骁勇好斗之人，因此，底层的普通民众试图效仿他们。每个人，无论是工人、中产阶级公民还是资本家，都试图通过引人注目的金钱支出——实际上就是浪费——来展示他的掠夺能力。凡勃伦说："要在社会中站稳脚跟，就要达到某种模糊的财富标准；就像在早期的掠夺阶段，野蛮人要达到部落对体力、智慧和武器技能要求的标准一样。"同样，在现代社会中，人人都力求超越他人，而且在此过程中，以非掠夺性手段谋生的人会"本能地"感到屈辱。

　　这听起来牵强吗？我们不习惯把自己视为野蛮人，我们不习惯这种比喻，因而会对它嗤之以鼻。不过，凡勃伦的观察听着虽有些奇怪，却蕴含着几分真理。与体面的办公室工作相比，体力劳动不太受尊重。事实上，通常情况下人们对财富的积累远超出理性的欲望和需求，至少成功人士是这样。我们不需要接受凡勃伦的人类学解释（其中的一些解释，如"野蛮生活"的"纪律"假定，在当代的原始社会研究中缺乏有力的支撑），但仍然可以从他的主要见解中获益——从潜藏于心底的非理性因素角度，而不是从19世纪将行为美化为理性和常识的角度出发，能更好地理

---

[1] 旧时美洲土著从被杀的敌人头上剥下带发头皮作为战利品。

解经济行为的动机。

这些非理性因素究竟是心理学因素还是人类学因素，我们无须纠缠这个问题。我们只需要知道这一点就够了：将行为追根溯源，我们会发现，除了美妙的理性外，还有其他因素可以解释行为动机。例如，罗伯特（Robert）和海伦·林德（Helen Lynd）在他们的经典研究《中产城镇》（*Middletown*）中发现，在大萧条时期，除了工人阶级中最贫穷的那部分人之外，所有人都是先节衣缩食，然后再削减某些"必要的"享乐性支出；而在当代，看看任何一本杂志的广告版面，你都能发现中上层阶级为炫耀而炫耀的行为标准。没有人能免受竞相模仿的影响，即使只从文学层面看，凡勃伦对掠夺性野蛮人的描绘也有助于我们理解自身。

还有最后一个结论有待得出。把人视为未完全开化的野蛮人这一观点不仅解释了有闲阶级的存在，也解释了人们认可炫耀性支出是正常行为的原因。它为理解社会凝聚力本身的性质提供了线索：早期的经济学家认为，组成社会的各个阶层存在着巨大的利益分歧，因此未能成功地解释将社会凝聚在一起的到底是什么因素。举个例子。如果说马克思的观点是正确的，那么当无产阶级与资本家的矛盾不可调和、利益截然相反时，是什么阻止了革命的爆发呢？凡勃伦给出了答案。下层阶级与上层阶级并不是剑拔弩张的关系，它们被一种无形但如钢铁般牢固的共同态度束缚在了一起。工人们并不想取代他们的经理；他们只是想效仿他们。他们自己也默认了这样的价值判断：他们的工作不如雇主的"体面、可敬"，他们的目标不是摆脱上层阶级，而是爬上这个阶级。有闲阶级理论的核心是社会稳定理论。

••

1899年《有闲阶级论》出版后，凡勃伦声名大噪，不过他更多的是以讽刺作家而非经济学家的身份出名的。激进分子和知识分子都很崇拜他，但他对他们的褒扬不以为意。他的经济学家同僚仍然在质疑他是不是社会主义者，不知道是否应该认真对待他。他们有理由感到困惑，因为凡勃伦前一句话还在赞扬马克思，下一句就开始批评他。他最严肃认真的社会判断往往被他的玩笑话所掩盖，而他的玩笑话可能被视为病态的幽默，也可能被视为真实感情的流露。

与此同时，凡勃伦还在写另一本书。他要阐述自己对商业体系的定义。他在写给熟人格雷戈里夫人（Mrs. Gregory）的信中说："这本书更'超越'了，或者正如看过它的朋友们所说，它更离题了。它的名字叫《企业论》（*The Theory of Business Enterprise*），在这个书名下，我可以避免干扰，自由地阐述理论了。"

这本新书于1904年出版。不管内容是否切合实际，它比《有闲阶级论》更充满智慧，也更奇特。它所倡导的观点似乎违背了常识。亚当·斯密时代的每一位经济学家都把资本家视为经济舞台上的主角；人们普遍认为他们是经济进步的主要推动者。但在凡勃伦笔下，一切都颠倒了。商人仍然是主角，但他们不再是推动者，而是体系中的破坏者了！

不用说，凡勃伦是从奇怪的社会视角进行观察，才得出了如此令人不安的结论。他不像李嘉图、马克思或维多利亚时代的经济学家那样，从人类利益的冲突开始谈起，而是从一个非人类的技术底层阶段开始谈起。机器令他着迷。他认为社会由机器主导，受机器标准化的束缚，按机器正常的性能发展，而且社会要适应机器的准确性和精确性。除此之外，他认为经济发展本身就是机械性的。经济学意味着生产，而生产意味着社会在生产商品时要像机器一样相互协调。当然，这样的社会机器需要照看者，即技术人员和工程师，他们要对机器进行必要的调整，以确保各方面的高效合作。但从整体来看，社会最好被视为不受感情羁绊的巨大机械装置，一座高度专业化、高度协调的人类机械装置。

但是，商人在这个体系中处于什么位置呢？商人对赚钱感兴趣，而机器和工程师们除了制造商品外，没有其他目的。当机器运转良好、配合顺畅时，以赚取利润为唯一目标的人将置身于何处呢？

在理想的情况下，这里没有商人的容身之处。机器不关心价值和利润，它只制造商品。因此，除非商人成为工程师，否则他无法履行任何职能。不过，作为有闲阶级的一员，商人对工程学不感兴趣，他只想积累资本，但机器根本就没有设置这样的使命。因此，商人要实现其目标，就不会在社会机器框架内工作，而是会拆台捣乱！他不助力商品的生产，而是阻碍正常的产出流，使商品价格波动，自己好浑水摸鱼。实际的生产依赖于可靠的机器，而商人建立了信贷、贷款和虚假的资本估值等上层建筑。一方面，社会在机械地运转；另一方面，金融结构摇摆不定。与现实世界相对应的金融结构摇摆不定，盈利机会不断出现、消失、重现。但这种获利方式的代价很高，这是在不断地干扰、破坏社会供给，甚至是在有意误导社会生产。

263

这种观点乍听起来是相当令人震惊的。商人会损害生产利益，他们的行为比异端分子还要恶劣，这样的观点听起来很愚蠢。

但是，先不要急着把这一理论视为奇怪的无稽之谈，我们先来看看凡勃伦是在什么样的时代背景下提出它们的吧。记住，当时正值美国工业时代，马修·约瑟夫森（Matthew Josephson）曾贴切地把它称为"敛财大亨"时代。如前所述，许多商人像蛮族首领一样傲慢、专横、肆无忌惮地运用权力，他们为了实现经常性掠夺的目标无所不用其极。尽管这些现象对凡勃伦的观点有利，但它们并不能完全证明商人是在蓄意搞破坏。为此，我们必须审视敛财大亨的另一个缺点：**这些人对生产商品不感兴趣**。

我们以1868年发生的一件事来证明这一点。当时，杰伊·古尔德正在与范德比尔特争夺伊利铁路的控制权，这是工业史上一段极不光彩的插曲。古尔德和他的手下被迫乘划艇沿哈德逊河逃离，一路逃到了新泽西州的一家酒店。但我们现在关注的不是他们的争斗细节，而是他们完全不关心铁路本身这一事实。在与范德比尔特缠斗期间，古尔德收到了一位铁路管理人员的来信，信中说：

> 铁轨已磨损到前所未有的程度，有的地方已经断裂、分层，泽西市和布法罗之间几乎没有一英里的公路可以安全地以正常速度行驶，在许多地段，只有将火车的速度降低到每小时10英里或15英里才能安全地行驶。

当事故频发时，该线路的一位副总裁说："大家自求多福吧，我已经尽了全力。"他的意思是，他正在想方设法应对公司的财务危机。

古尔德绝非个例。在美国金融业的黄金时代，鲜有金融大亨对实体经济感兴趣，但实体经济为他们的股票、债券和信贷结构奠定了基础。不久后，亨利·福特（Henry Ford）开启了一个具有强烈生产意识的工业巨头时代。但与单调的商品生产相比，哈里曼家族[1]、摩根家族、弗里克家族[2]和洛克菲勒家族还是对操纵大量无形的财富更感兴趣。例如，1883年，被视为商业英雄的亨利·维拉德（Henry Villard）敲下了金色道钉，标志着横跨美国大陆的北太平洋铁路完工。数千人为此欢呼；"坐牛酋长"正式将苏族[3]部落的狩猎地割让给了铁路公司，他也因此被特准释放出狱；经济学家宣称，维拉德的财务问题与他的组织天才相比微不足道。不过，如果他的粉丝读了劲敌詹姆斯·希尔写的一封信，可能会对他有不同的看法。詹姆斯·希尔冷静地审视了维拉德帝国后宣称："……这些线路位于好地段，其中的一些线路位于富裕地区，需要运输的货物量很大；但投入的资本总额远远超出了合理的水平，而且线路和坡度的选择也很差。**实际上，它必须得重建。**"

---

[1] 美国金融家和铁路大王爱德华·亨利·哈里曼（Edward Henry Harriman，1848—1909）开创的家族，是在美国拥有巨大影响力的大财阀。

[2] 美国实业家、金融家、资本家以及艺术品投资人亨利·克莱·弗里克（Henry Clay Frick，1849—1919）开创的家族。

[3] 北美印第安人中的一个民族。

再看最后一个例子，1901年美国钢铁公司的建立。在凡勃伦看来，这家钢铁企业是一台巨大的生产钢铁的社会机器，由工厂、熔炉、铁路线和矿山组成，它们在统一的管理下高效地协调运作。但在"设立"这家美国钢铁公司的人看来，这些都是次要的考虑因素。这家规模巨大的公司拥有约6.82亿美元的实际资产，但它出售了3.03亿美元的债券、5.1亿美元的优先股和5.08亿美元的普通股。换言之，这家公司的金融资产"规模"是其实际资产规模的两倍，支撑普通股的除了无形的"善意"之外，什么都没有。然而，在创造这些无形资产的过程中，J.P.摩根及其公司赚了1250万美元，主要发起人的认购利润高达5000万美元。这家公司的融资总成本为1.5亿美元。如果说这家新建公司的经营宗旨与凡勃伦设想的（即高效地为社会供应钢铁）相一致的话，那么所有这些都会得到宽恕，但事实并非如此。在该公司成立后的13年里，其钢轨的报价是每吨28美元，而制造钢轨的成本仅为此报价的一半。换句话说，技术统一的目的没有实现，仅仅是维持了一种虚假的财务结构。

结合时代背景看，凡勃伦的理论就不那么离谱了。它之所以刺痛人心，是因为它把公认的最有教养的做法描述为野蛮的仪式。但事实充分证明了他的基本论点：商业巨头的功能确实与实际管理生产机器的人的功能大不相同。大胆的金融欺诈游戏无疑促进了商品流通，但也干扰了商品流通。

奇怪的是，《企业论》引起的轰动要比《有闲阶级论》小得多。《企业论》从未像《有闲阶级论》那样跨越专业界，进入全国知识界的视野。它比较难懂，技术性强，还含有一些公式。凡勃伦也许是为了向学者们证明,如果他愿意,他也**可以**写出"技术性"经济学。但在他那冷漠、平淡的文字背后,隐藏着一股很容易让人感受到的敌意。

在凡勃伦看来,无论商人或其辩护者如何用供需或边际效用的精巧理论解释他们的行为,他们本质上都是掠夺者。后来,凡勃伦在《工业巨头》(*The Captain of Industry*)中描述了商人的真实面目,他用"伺机而动"一词来描述企业家的功能:

> 毫无疑问,"伺机而动"一词最初被用来描述一种蟾蜍的心态,这种蟾蜍具有丰富的捕食经验,知道苍蝇和蜘蛛一般在哪里出没,它会提前选定一个绝佳的位置,待在那里伺机完成上帝的仁慈旨意。稍微改变一下语气,这个词也适合描述受健全的商业原则约束的工业大亨的成熟心态。这种蟾蜍的脸上流露出温和的自满感,而他优美的体型则给人一种金字塔般的稳定感。

但《企业论》里没有这种说辞,因为凡勃伦想在这本书里提出一种社会变革理论,更确切地说,他想提出一种有关商人及其体系最终衰落的理论。凡勃伦认为,商业领袖的日子不多了,尽管他们有权有势,但他们面临着一个强大的对手。它不是无产阶级(因为他在《有闲阶级论》中已经阐明了底层民众是如何仰慕上层阶级的),而是更难对付的敌人:机器。

凡勃伦认为,机器"摒弃了拟人化的思维习惯",它迫使人们实事求是,思考精确、可衡量的事物,不受迷信和万物有灵论的干扰。因此,那些接触机器作业过程的人会发现,他们越来越难以同时接受"自然规律"和围绕着有闲阶级的社会分化设想了,于是社会分裂了,处在对立面的不是穷人和富人,而是技术人员和商人、技工和军阀、科学家和仪式主义者。

凡勃伦在后来的一系列著述中,主要是在《工程师与价格体系》(The Engineers and the Price System)和《不在位所有权与企业》(Absentee Ownership and Business Enterprise)中,更详细地阐述了这一"革命"。最终,社会上将会出现一支工程师队伍,他们将接管混乱的商业体系。他们掌握了实际的生产权力,但他们还没有意识到商业体系与纯粹的工业体系不能兼容。但总有一天,他们会相互协商,摆脱"不在位所有者的束缚",并按照大规模、有秩序的机器生产原则来管理经济。如果他们没有这样做呢?商业掠夺性会加剧,直到最后堕落为一个赤裸裸依靠武力、特权和武断的命令运行的体系,在这个体系中,商人会没落,旧军阀会重新崛起。我们把这样的体系称为法西斯主义。

凡勃伦在1921年就写出了这些观点,不过他认为实现这一切还有很长的路要走。他在《工程师与价格体系》的结尾处写道:"在这种情况下,没有什么能动摇守护者或刚进入不在位所有者行列的广大富裕公民的情感,时机未到。""时机未到"是他典型的想法。尽管他力求不带个人色彩,但字里行间还是充满了敌意。然而,这体现的并不是他个人的敌意(与私人恩怨无关),而是他风趣的个性和超然的态度,他认为一切都是短暂的,仪式和装模作样终究会被其他东西所取代。

我们稍后再评价他的言论,现在我们要注意的是一个奇妙的对照。凡勃伦的方法让我们想到了一个最不像凡勃伦的人，即那个有些疯癫的怪人、乌托邦社会主义者亨利·德·圣西门伯爵。别忘了，圣西门也颂扬生产者，嘲笑装模作样的人。圣西门曾经嘲笑"阁下是国王的兄弟"之说，让世人震惊，想到这一点也许有助于缓和我们对凡勃伦蔑视商业大亨的态度的批判。

1906年是凡勃伦待在芝加哥大学的最后一年，那时的他已经名扬国外了。他参加了有挪威国王出席的宴会，还自豪地把宴会菜单寄给了他的老母亲。得知他见到了一位国王，他母亲深受感动。但他家里的情形不太好，他太花心了。尽管他的书出版了，他自己也获聘为助理教授，但凡勃伦的行为与哈珀校长倡导的原则不相符，即不能为芝加哥大学增光添彩。

他开始寻求新的职位。由于他的名声不大好，新工作很难找。最后他去了斯坦福大学。人未到，有关他的消息就已经在学校里传开了，包括他高深莫测的学术成就、不可捉摸的个性、难以抑制的出轨倾向。所有这些传言都得到了充分的证实。他对任何事情都是"一问三不知"，拒绝对任何事情做出承诺，少数能忍受他这种态度的人觉得他很不错，他也被称为"最后一个万事通"。但他的私生活没什么变化，有一次，一位朋友为了避免尴尬，说住在他家的一位年轻女士是他的侄女，凡勃伦说："她不是我侄女。"一语便道破了真相。

1911年，他与妻子艾伦离婚。他是个不称职的丈夫（他会把仰慕者写给他的信放在艾伦一定会发现的口袋里）。然而，相当可悲的是，希望这段婚姻恢复正常的却是艾伦，不过她始终未能如愿。有一次，艾伦以为自己怀孕了，凡勃伦惊慌失措地把她送回了娘家。他认为自己完全不适合做父亲，他还用男性在家庭中不重要的人类学观点为自己的恐惧找借口。最终，离婚变得不可避免。艾伦在一封长信的结尾处写道："尽管凡勃伦先生离婚时答应每月给我 25 美元，但他可能会食言。"她说对了。

离婚那年，他再次跳槽了，这次去了密苏里大学。他住在朋友达文波特家里。达文波特是一位著名的经济学家，也是个孤傲而独特的人，常常待在地窖里写作。然而，这是凡勃伦的高产期。他回顾了在芝加哥的日子，指出这所大学已经从教育中心堕落为重要的公共关系中心和足球运动中心了，他还在《论美国高等教育》（*The Higher Learning in America*）一书中对美国大学做出了有史以来最为尖刻辛辣的批评。凡勃伦在撰写此书时半开玩笑半认真地说，它的副标题将是"对彻底堕落的研究"。

但更重要的是，他把目光投向了战争威胁迫在眉睫的欧洲，他在有关德国的著作中，将其好战的政府比作绦虫，他以辛辣的文字写道："……绦虫与宿主之间的关系不容易以文字美化，即使以用途和习惯作为理由来令人信服地证明其生存的合理性也非易事。"《德意志帝国和工业革命》（*Imperial Germany and the Industrial Revolution*）一书命运多舛：政府宣传部门想利用它为战争造势，但邮政部门发现其中有太多不利于英国和美国的言论，因而禁止邮递它。

当战争来临时，凡勃伦前往华盛顿效力。在他看来，爱国心只不过是野蛮文化的另一种表现，但他自己并不缺乏这种精神。

但在华盛顿，他像烫手山芋一样被人推来推去。人人都听说过他的大名，但没有人想用他。最后，他被安置在了食品管理局一个不起眼的岗位上。在那里，他表现得仍然像往常一样。他撰写了增加粮食产量的建议，不过由于牵涉到农村社会和商业模式的大规模改造，这些建议得到了"有趣"的评价后便被束之高阁了。他提议对有家佣的人征收高额税以释放人力；这一提议也被忽视了。这是典型的凡勃伦式提议：他说，管家和男仆"通常都是体格健壮的人，只需稍微锻炼他们的肌肉，减轻他们的体重，他们就能成为合格的装卸工和搬运工"。

1918年他来到了纽约，为自由派杂志《日晷》(*Dial*)撰稿。当时，他撰写的《对和平性质的调查》(*An Inquiry into the Nature of the Peace*)一书刚出版不久。他在这本书里大胆地指出，欧洲可选择的方案有两个：一是延续旧秩序，这可能刺激战争爆发；二是放弃商业体系。最初还有人谈论他的方案，到后来就无人问津了。凡勃伦在《日晷》上大肆吹捧这一观点，但该杂志的发行量不断下降。他受邀在新成立的社会研究新学院讲学，该学院汇集了很多大学者，包括约翰·杜威、查尔斯·比尔德[1]、罗斯科·庞德院长[2]。但即便如此，他的处境也越发不妙了。他在教室里仍然自说自话，喋喋不休，他的讲座一开始人气爆棚，但很快就失宠了。

---

[1] 查尔斯·比尔德（Charles A. Beard，1874—1948），美国历史学家。
[2] 罗斯科·庞德（Roscoe Pound，1870—1964），美国法学家。

他毁誉参半，令人感到奇怪。门肯[1]曾写道："凡勃伦学说光芒四射，有凡勃伦信徒、凡勃伦俱乐部，还有能缓解世上一切悲伤的凡勃伦疗法。在芝加哥，还有凡勃伦女孩——也许是已到中年、感到绝望的吉布森女孩[2]。"但在凡勃伦本人看来，自己一无是处。在新学院的大厅里有一尊他的半身像，这让他感到极不自在，最终这尊雕像被搬到了不显眼的图书馆里。就他的个人生活来看，他几乎无法自理，得靠几个忠诚的学生相助，包括韦斯利·米切尔（Wesley Mitchell）和伊萨多尔·鲁宾（Isadore Lubin），这两位都是当时很重要的经济学家。有一段时间，他热切地期待着新世界的到来：一个工程师和技术人员的时代，他希望俄国革命能开创这样一个时代。但他看到的一切令他大失所望，正如新学院的霍勒斯·卡伦（Horace Kallen）所写的那样："当他期待的事情没有实现时，他会表现得意志消沉，兴趣索然，呈现出走向死亡的迹象……"

凡勃伦被邀请担任美国经济协会主席，但他拒绝了，理由是"他们没有在我需要的时候邀请我"。最后他回到了加利福尼亚。约瑟夫·朵夫曼（Joseph Dorfman）在为他撰写的权威传记中说，当他来到西部的小屋时，以为有人侵占了他的土地。"他闷声不响地拿着一把斧头打碎了窗户，一个原本懒散的人被突然激怒后变得勤快起来，达到了近乎疯狂的程度。"事后确认，这完全

---

[1] 亨利·门肯（H. L. Mencken, 1880—1956），美国作家和编辑。
[2] 19世纪90年代到20世纪初的虚拟时尚偶像，指独立且受过良好教育的年轻女性。

是一场误会。他在那里安顿了下来，家里自制的家具一定让他回想起了自己的童年时光。他穿着从西尔斯·罗巴克公司邮寄来的粗糙工服，不惊扰大自然的一切事物，甚至连一棵杂草都没有动过。他静静地坐在那里，看着老鼠和臭鼬从他脚边跑过，在小屋里自由地探索，而自己则沉浸在不愉快的遐想中。

回望一生，他既不幸福，也不成功。1914年与他结婚的第二任妻子患有被害妄想症，早已被送到了收容机构；他的朋友都住在很远的地方；他的著作被业余爱好者所重视，但基本上被主流经济学家忽视了，工程师们也不知道他的大名。

他已经70岁了，不再从事写作。他宣称："安息日多么美好啊，我要遵守安息日的规矩。"他的学生来看望他，发现他比以往更冷漠了。他被人奉承，还收到了自称他信徒的人写来的信。一位粉丝在信中问道："您能告诉我，您早期的著作是在芝加哥哪所房子里写的吗？如果可能的话，请告诉我具体哪个房间。"另一位粉丝读完《企业论》后写信给他，询问如何才能赚到钱。

1929年，在美国股市大崩盘的前几个月，凡勃伦去世了。他留下了一份遗嘱和这份用铅笔写就但未签名的训诫："我希望死后丧事从简。如果火化方便，尽可能快地火化，不要举行任何仪式；把我的骨灰撒到大海里，或撒到大江大河中，最终流入大海；不要为我竖立墓碑、塑像、石碑，不要为我撰写铭文或墓志铭，在任何地点、任何时间都不必纪念我；不要发布我的讣告，不要搞纪念活动，不要印制我的相片、出版我的传记，也不得以任何方式复制或传播任何写给我或者我写的信件。"

和往常一样，他的要求被忽视了：他的遗体被火化，骨灰撒进了太平洋，但马上就有人撰文纪念他了。

我们该怎么评价这个怪人呢？

毋庸讳言，他是个容易走极端的人。例如，他在论述有闲阶级的特征时，上一页还是生动的描述，下一页就成了辛辣的讽刺。当他从公认的审美标准中辨认出隐含的财富因素时，他俏皮地指出，"一顶绅士帽或一双漆皮鞋的细致光泽，并不会比磨旧袖口的油亮更具真正的美感"。他说得很有道理，我们应当乖乖地承认，自己的品位确实带有势利的成分。他还写道，"俗世有关节俭的建议，几乎与母牛密不可分，而且是站在反对把这类动物作为点缀之用的立场"，他的这种看法就纯属无稽之谈了。不服气的门肯问他："这位喜欢考虑重大问题的教授，有没有在乡下散过步？在散步的过程中，有没有穿行过有奶牛的牧场？在经过牧场时，有没有从后面观察过奶牛的动作？还是说，只是漫不经心地走了过去？"

凡勃伦对商人的描述，或者对有闲阶级本身的描述，也可能遭到类似的批评。毫无疑问，美国资本主义太平岁月的金融大亨是敛财大亨，凡勃伦对他们的描绘虽然语带抨击，却接近事实。但是，凡勃伦和马克思一样，没有深入全面地探究商业制度。这种制度就跟英国的君主制一样，在很大程度上可以适应世界的巨变。更重要的是，他没有看出这台重新安排了人们生活的大机器会改变企业功能的性质，就跟它会改变工人的思考过程一样，而且商人本身也会因为要管理庞大的机器，变得越来越官僚主义。

凡勃伦对机器的痴迷确实让我们有点担心，没有情调的哲家写出来的文字会很尖刻。机器也许能让我们实事求是地思考现实问题,但是,现实是什么样的呢?《摩登时代》里卓别林所扮演的角色不是一个快乐的或适应时代变化的人。一支工程师队伍很可能会更有效地管理我们所处的社会,但他们是否能更人性化地管理社会就另当别论了。

不过,凡勃伦确实点明了一个重要的变化过程,这个变化的影响力比他那个时代其他变化的影响力更大,但被当时的经济学家不可思议地忽视了。这个变化就是,**事实上现代科学和技术成了社会变革的主导力量,作为一种制度性力量,它们一起出现标志着世界进入了现代**。因此,从许多方面看,这种变化既是一种经济愿景,也是一种历史愿景。凡勃伦认为,技术时代的分水岭与历史上的任何分水岭一样伟大,将机器引入社会生活的方方面面和漫长的生命周期,由此实现的革命性意义不亚于人类学会驯养动物或移居到城市生活。就像每一位发现了显而易见却不为人知的事物的伟大人物一样,凡勃伦太心急了;他预计这个变化过程会在几十年甚至几年内完成,但实际上,它需要几代人,甚至几个世纪的时间。然而,值得称赞的是,他把机器生产视为他那个时代经济生活的主要事实,仅凭这一卓越的见解,他就必定在世俗哲学家名人堂里占有一席之地。

此外,凡勃伦也开辟了看待经济学的新视角。在他对日常生活习俗做了野蛮化的描述之后,新古典主义把社会描绘成和乐的茶话会的做法越来越行不通了。他曾写道:"游荡在海浪和海草中,手里拿着耙子,念着咒语,捕捉贝类的一群阿留申岛民……庆祝他们在租金、工资和利息三个方面实现了均衡。"他以此嘲笑维多利亚时代的经济学家。他嘲笑古典学派以一个没有人性的框架来解释原始人类的斗争问题,他还认为试图用一套不完善且过时的旧观念来理解现代人的行为是枉费心机。凡勃伦说,人不能用复杂的"经济规律"来理解,因为在这些规律中,人类的凶残本性和创造力都被理性的外衣所掩盖了。他认为,最好用不那么讨喜但更基本的人类学或心理学词汇来描述人类:具有强烈的非理性欲望、轻信、无知、固守仪式。他要求经济学家抛弃那些令人满意但不切实际的想象,找出人类如此行事的原因。

他的学生、出色的经济学家韦斯利·米切尔对他做出了这样的总结:"索尔斯坦·凡勃伦产生了令人不安的影响,他是来自另一个世界的访客,他剖析了人们习以为常的事物,而且他日常思考中最熟悉的部分就好像是外部力量造就的奇妙产物。在社会科学领域,没有人像他这样思维不受环境的束缚,也没有人像他这样拥有如此广阔的探究视野。"

第9章

凯恩斯的异端学说

第9章 凯恩斯的异端学说

索尔斯坦·凡勃伦在去世前几年，做了一件与他性格不相符的怪事：他突然进入了股市。一位朋友向他推荐了一只石油股票，他担心晚年缺钱花，便用一部分积蓄买入了这只股票。起初，他赚了些钱，但可惜的是，坏运气再次降临——这只股票的价格刚上涨，公司就受到了石油丑闻的影响。他的投资最终打了水漂。

这起事件本身并不重要，只是揭开了凡勃伦盔甲上的又一个小缺口。然而，换个角度看，这一不幸事件很有启发性，值得人深思。因为让凡勃伦本人沦为受害者的诱惑因素也同样蒙蔽了整个美国：当最清醒的观察者都会被诱惑时，整个国家都沉醉在永久繁华的美梦中便不是什么怪事了。

美国处处显示出繁荣的迹象。20世纪20年代末，美国的就业人口多达4500万人，工资、租金、利润和利息收入约为770亿美元，如此大的数额是当时世界上前所未有的。赫伯特·胡佛（Herbert Hoover）直言道："在上帝的帮助下，我们很快就会看到贫困从这个国家消失。"他可能是目光短浅的，但谁又不是这样呢？不过他的话基于这一无可争议的事实：与世界历史上的任何一个普通家庭相比，美国普通家庭的衣、食、住条件和生活享受都更好。

这个国家树立了一个全新的自我形象，比敛财大亨的海盗式理想更加振奋人心。民主党全国委员会主席约翰·J.拉斯科布（John J. Raskob）曾为《妇女家庭杂志》（Ladies' Home Journal）撰写了一篇文章，其标题"人人都应该是富翁"，可谓一语中的。他写道："如果每人每周节省下15美元，并将其投资于绩优股，那么，20年后他至少可以获得8万美元，而且他每个月从股市中可获得约400美元的收入。他将成为富翁。"

要得到这样的结果，需要假设个人会把每年大约6%的股息进行再投资。还有一条更诱人的致富之路。如果采用拉斯科布方案的人花掉了股息，只赚股价上涨带来的收益，他也能迅速实现致富目标，而且其间承受的痛苦要少得多。假设他每周存下来15美元，而且在1921年投入780美元买了股票，到了1922年，他的资金将增加为1092美元。如果他每年再增加780美元的股票投资，那么到了1925年，他的资金将变为4800美元，1926年为6900美元，1927年为8800美元，1928年为16 000美元。是不是令人难以置信？到了1929年5月，他的财富估计将超过21 000美元，其价值是20世纪80年代同样数额的10倍。当大牛市几乎不间断地持续了近半代人之久时，谁会认为这不是通往财富的阳光大道呢？理发师也好，鞋匠也好，银行家也好，商人也好，每个人都下注，每个人都赢了钱，大多数人心里想的是为什么以前没想过这么做。

结局无须多言。在1929年10月那可怕的最后一周，股市崩盘了。市场上出现了无法控制的抛售浪潮，在证券交易所的经纪人看来，这就像尼亚加拉瀑布突然破窗涌入。精疲力竭的经纪人目瞪口呆地看着巨额的财富像棉花糖一样融化；他们声嘶力竭地喊着，试图吸引买家的注意。有这么一则有关当时情景的笑话：据说高盛的每一份股票都附赠一把左轮手枪，而当你预订酒店房间时，柜台人员会问："是要睡觉还是跳楼？"

风暴过后，一片狼藉。在短短的两个月时间里，股市跌去了过去两年里实现的涨幅，400亿美元的价值就这样消失了。到了第三年年底，投资者21 000美元的账面财富减少了80%，他最初7000美元的积蓄只剩4000美元了。"人人都是富翁"的愿景化为了泡影。

回想起来，这样的结果不可避免。股市建立在无数贷款的基础之上，这些贷款可承受的压力是有限度的，突破了这个限度，问题就会出现。更重要的是，在支撑繁荣景象的地基上面，是摇摇欲坠的枯枝朽木。拉斯科布主席提出的退休方案计算足够精确，但他从未考虑过这个问题：人们的月平均工资只有30美元，如何能攒下15美元呢？

毫无疑问，全国收入的巨大数字令人印象深刻，但各个阶层的收入是非常不均衡的。大约24 000个处于社会金字塔顶端的家庭获得的收入是600万个处于底层的家庭的三倍，换句话说，处于顶端的幸运家庭的平均收入是底层家庭平均收入的630倍。[1]这还不是唯一的缺点。在无限繁荣的喧嚣中，还有200万名失业公民存在。在股市崩盘前的6年里，每天都有两家银行倒闭，但这个事实被银行富丽堂皇的装饰掩盖了。另一个事实是，普通美国人以自杀的方式享受繁荣：他们竭尽所能地获取抵押贷款，在分

---

[1] 原文疑笔误，应为750倍。

期付款的诱惑下不计后果地扩大贷款额度,然后为了赚钱,急切地买入数量惊人的股票——估计有3亿股——不是用现金直接购买,而是用保证金,也就是借钱买入。

悲惨的结果能否避免,当时的人都看不清。那时候,总是有一些举足轻重的人物传播令人振奋的消息。即使是像耶鲁大学的欧文·费雪(Irving Fisher)这样杰出的经济学家,也被繁荣的表象所迷惑,宣称"我们正在向'永恒的高原'迈进"——就在他发声一周后,股价即从高原的边缘下跌,他的这一言论也沦为了笑柄。

对坚信美国会永远繁荣的这一代人打击最大的,并不是股市的戏剧性狂跌,而是当时国内发生的事情。在那段灰暗岁月里发生的一些事情可以说明问题。1930年年底,印第安纳州的蒙西市(因被选为"中产城镇"而闻名)有25%的工人失业。在芝加哥,大多数职业女性每小时的收入不足25美分,其中25%的女性收入不到10美分。仅在纽约的鲍厄里,每天就有2000名失业者排队领取食物救济。在全国范围内,住宅建设下降了95%,有900万个储蓄账户消失,有85 000家企业倒闭。全国工资总量下降了40%,股息下降了56%,工资下降了60%。

大萧条最令人沮丧的一面是,它似乎没有尽头,没有转机,没有解决之道。1930年,美国人还在无畏地吹嘘"快乐的日子又要回来了",但国民收入从870亿美元下降为750亿美元。1931年,美国人唱着"我赚了五块钱",国民收入骤降至590亿美元。1932年,美国人唱的歌变成了"兄弟,你能攒下一毛钱吗?",此时国民收入已降至420亿美元。

第9章　凯恩斯的异端学说

到了 1933 年，国家已接近崩溃。国民收入降至 390 亿美元。4 年前的繁荣景象已经消失得无影无踪；老百姓的生活水平回到了 20 年前。有 1400 万名失业者在街角徘徊，在胡佛村晃悠，在家里无所事事。美国似乎永远没有恢复往日荣光的希望了。

失业是最让人难以忍受的。数百万名失业者就像栓塞一样阻碍了国家血液的流动；如此多的失业者存在是无可争辩的事实，比任何文字都更有力地证明这个体系出了问题，但经济学家们却苦口婆心、绞尽脑汁地倡导亚当·斯密的精神，然而他们既诊断不出问题所在，也开不出药方。在斯密列出的资本主义弊病中，没有这种形式的失业，它是荒谬的、不合理的，因此是不可能存在的。但它确实存在。

按常理说，试图解决生产不足和失业并存难题的人应该是强烈同情无产阶级、对现实愤愤不平的左翼经济学家，但事实与此相去甚远。解决这个问题的人是个豁达大度的艺术业余爱好者。事实上，他是个多才多艺的人。例如，他写了一本数学概率书，艰涩深奥，罗素[1]称这本书"怎么赞扬都不为过"。他把自己的深奥逻辑与赚钱天赋相结合，靠买卖外汇和大宗商品这条最危险的致富之路，积累了 50 万英镑的财富。更令人印象深刻的是，他在政府部门任职期间，抽空写了很多数学论文，而且他靠着每天起床前的半个小时，积累了巨额的私人财富。

但这只是展示他多面手形象的部分例子。当然，他是一位经

---

[1] 伯特兰·罗素（Bertrand Russell, 1872—1970），英国哲学家、数学家、逻辑学家、历史学家、文学家，分析哲学的主要创始人。

济学家,是剑桥大学的教授,学识渊博,地位尊崇。但他在选择终身伴侣时,却避开了知识女性,从迪亚吉列夫[1]创立的名舞团里选中了一位芭蕾舞女主角。他是英国最前卫的知识分子精英团体布鲁姆斯伯里的宠儿,同时也是一家人寿保险公司的董事长,他足智多谋,左右逢源。在微妙的国际事务中,他是中流砥柱,虽然是官方代表,但这并不妨碍他搜集其他欧洲政客的信息,包括他们的情妇、神经性疾病和财务偏见。在现代艺术开始流行之前,他就在收藏现代艺术品了。不过,他也是一位古典主义者,收藏了世界上最好的牛顿作品。他经营着一家剧院,后来又担任了英格兰银行的董事。他认识罗斯福和丘吉尔,也认识萧伯纳和毕加索。他像投机者一样玩桥牌,更喜欢单打独斗而不是定约式的桥牌。他像统计学家一样玩牌,会注意到一局牌中连续两次主打相隔的时间。他曾经表示自己一生只有一个遗憾:喝的香槟不够多。

他的名字叫约翰·梅纳德·凯恩斯,出身于英国一个古老的名门望族,这个家族可以追溯到1066年的威廉·德·夫阿涅(William de Cahaignes)。凯恩斯是个传统主义者,喜欢思考家族昔日的荣光,而他的父亲是知名的经济学家约翰·内维尔·凯恩斯(John Neville Keynes)。不过凯恩斯不只是出身好,他一个人的才华堪比半打人的能力。

---

[1] 谢尔盖·迪亚吉列夫(Serge Diaghilev,1872—1929),俄罗斯著名的戏剧艺术家,芭蕾舞大师。

凯恩斯出生于 1883 年，也就是卡尔·马克思去世的那一年。这两位经济学家一生一死，在时间上衔接，虽然都对资本主义体系的哲学产生了深刻的影响，但他们俩有天壤之别。马克思生活艰苦、心情沉重，对社会感到失望，常常愤愤不平；正如我们所知，他是《资本主义末日》(*Capitalism Doomed*)判决书的起草者。凯恩斯热爱生活，日子过得多姿多彩，轻松自如，功成名就，是资本主义可行论的缔造者。如果我们可以把马克思有关资本主义崩溃的激情预言归因于他在现实生活中的失意；同理，我们也可以把凯恩斯重建资本主义的有力宣扬归因于他在现实生活中的一帆风顺和功成名就。

凯恩斯的童年处于维多利亚时代，他进入了传统学校学习，并显露出了过人的才华。4 岁半时，他就已经在琢磨利息的经济意义了；6 岁时，他想知道自己的大脑是如何运转的；7 岁时，他的父亲发现他是一个"非常讨人喜欢的伙伴"。他去了古德柴尔德先生的预备学校，在那里展现出了非凡的驾驭天赋：他有了一个给他拿课本的"跟班"，而他则帮后者解决棘手的家庭作业。他还与另一个他不喜欢的男孩签订了一份"商务条约"：他每周从图书馆给这个男孩借一本书，而这个男孩永远与他保持 15 码的距离。

14 岁时，他申请并获得了伊顿公学的奖学金。与流传甚广的英国公立学校的恐怖故事相反，他肉体上没有受到虐待，精神上也没有遭到压制。他在这里茁壮成长；他的分数最高，获得了很多奖项；他给自己买了一件淡紫色背心，初尝了香槟的味道；他个子很高，显得背有些驼，还蓄着小胡子；他参与划船活动，还是一名令人敬畏的辩手；他热心于伊顿公学的事务，但不谄上欺下。并且从他17岁时写给父亲的一封信中就可以看出，他拥有超乎寻常的洞察力。当时布尔战争正打得如火如荼，校长发表了一次演说，凯恩斯用五句话完美地总结了其要点："这是很平常的事情；应该展现我们的感激之情；铭记学校的光荣传统；做任何事情都力争做到最好；一如既往。"

凯恩斯在伊顿公学的学习生涯非常成功；在剑桥大学国王学院也是如鱼得水。阿尔弗雷德·马歇尔希望他日后成为全职经济学家；马歇尔的接班人庇古（Pigou）教授每周都请他吃一次早餐。他当选为剑桥大学联合会秘书，也因此自动成了世界上最著名的非政府辩论社的社长；伦纳德·伍尔夫[1]和利顿·斯特雷奇[2]（后来成了他的情人）看上了他，后来他成了布鲁姆斯伯里这个小团体的核心人物；他登山（斯特雷奇抱怨"众多愚蠢的山民"）、买书、熬夜与人辩论，魅力四射。总之，他是个杰出的人。

但是，再杰出的人也得吃饭，也得考虑谋生的职业，他没什么钱，做学术也挣不了几个钱。他有更大的志向，在给斯特雷奇的信中他写道："我想管理一条铁路或建立一支信托基金，至少也要哄骗投资大众，这些方面的原理既简单又有趣。"

但没有人向他提供铁路或信托基金职位，"诈骗"的想法只是显示出他有玩世不恭的一面。最终他选择了谋求公职。他满不

---

[1] 伦纳德·伍尔夫（Leonard Woolf, 1880—1969），英国政治理论家、作家、出版商。

[2] 利顿·斯特雷奇（Lytton Strachey, 1880—1932），英国著名传记作家。

在乎地参加了公务员考试,就连斯特雷奇的姐姐都问他,他满不在乎的态度是不是装出来的。他说不是,他只是对考试胸有成竹而已,肯定会进入前十名。结果正如他所说,他名列第二,得分最低的部分是经济学。他后来解释说:"我显然比考官更懂经济学。"如果他说的不是实情,那可是对考官不可宽恕的冒犯,但他说的完全是事实。

1907年,凯恩斯到印度办事处工作,但他对这份工作深恶痛绝。他把精力都花在了撰写数学论文上,他发现政府小官员的工作与经营铁路相去甚远。两年后他实在受不了了。他声称,自己的工作包括把一头血统纯正的公牛运到孟买,而且他发现,在工作中因考虑不周说错一句话就会被"打入冷宫"。于是他辞去了公职,回到了剑桥。但他的此番经历不是毫无用处的。根据对印度事务的了解,他在1913年撰写了《印度的货币与金融》(*Indian Currency and Finance*)一书,人人都承认这是他的一部小杰作。同年,当一个调查印度货币问题的皇家委员会成立时,29岁的凯恩斯获邀担任委员,这是非比寻常的荣誉。

剑桥的环境更适合他,他很快就取得了成功,标志性的事件是他被任命为英国最具影响力的经济出版物《经济学杂志》(*Economic Journal*)的编辑,此后他担任这一职务长达33年之久。

与剑桥大学相比,布鲁姆斯伯里的氛围更令凯恩斯感到惬意。布鲁姆斯伯里既是一个活动场所,也是一些人的精神家园:凯恩斯读本科时加入的那个知识分子群体现在有了一个家,有了共同的哲学理念,也闯出了名声。这个迷人小团体的人数不过二三十人，但他们的意见成了英国的艺术标准——毕竟，这个小圈子的成员包括伦纳德和弗吉尼亚·伍尔夫、E.M.福斯特[1]、克莱夫·贝尔[2]、罗杰·弗莱[3]和利顿·斯特雷奇。只要能博得布鲁姆斯伯里成员的微笑，诗人就会名声大振；只要布鲁姆斯伯里的成员皱皱眉头，诗人就会名声扫地。据说布鲁姆斯伯里的成员可以用十几种不同的语调说出"真的"一词，其中表达无聊意思的绝不是少数。这是一个既理想主义又愤世嫉俗、既勇敢又脆弱的群体。他们的行为有点疯狂；在"无畏舰骗局事件"中，弗吉尼亚·伍尔夫（当时还姓斯蒂芬）和几个同谋装扮成阿比西尼亚皇帝及其随从，得到了女王陛下近身护卫舰的护送。

在这个团体中，凯恩斯是核心人物：他是军师、参赞和裁判。他可以自信地谈论任何事情：作曲家威廉·沃尔顿（William Walton）、编舞家弗雷德里克·阿什顿（Frederick Ashton）和许多其他艺术家或专业人士都习惯了听凯恩斯说"不，不，你完全错了"。顺便提一句，他的绰号叫"波佐"，取自一位科西嘉外交官的名字，这位外交官以兴趣广泛和诡计多端而闻名。

对一个即将在资本主义世界引起轰动的人来说，这些都只是小试牛刀而已。

---

[1] 爱德华·摩根·福斯特（Edward Morgan Forster, 1879—1970），英国著名小说家、散文家和批评家，著名的人道主义者。

[2] 克莱夫·贝尔（Clive Bell, 1881—1964），英国美学家、文艺批评家，当代西方形式主义艺术的理论代言人。

[3] 罗杰·弗莱（Roger Fry, 1866—1934），英国艺术批评家和美学家，西方现代主义美术的开山鼻祖。

战争期间,布鲁姆斯伯里的活动中断。凯恩斯被征召到财政部,负责英国的海外财政工作。他必定也是那里的风云人物。一位老同事后来讲了一则他的轶事:"当时急需西班牙比塞塔,我们好不容易才筹到了一小笔钱。凯恩斯适时地向财政大臣报告了这一情况,财政大臣松了口气说,无论如何我们在短期内有**比塞塔**库存了。凯恩斯说:'不是这样的!'吓坏了的上司问:'什么?'他回答说:'我已经把它们都卖掉了,我要打破市场。'他真的做到了。"

他很快就成了财政部的关键人物。他的第一位传记作家,也是他的同事经济学家罗伊·哈罗德(Roy Harrod)告诉我们,思想成熟的人都清楚,凯恩斯对赢得战争的贡献大于任何其他文职官员。尽管如此,他还是设法抽出时间做其他事情。有一次他前往法国处理金融事务,途中萌生了这样一个想法:让法国将一些名画出售给英国国家美术馆,这将有助于平衡两国的账户。于是,他买了价值10万美元的柯罗[1]、德拉克洛瓦[2]、福兰[3]、高

---

[1] 让·巴蒂斯特·卡米耶·柯罗(Jean Baptiste Camille Corot,1796—1875),法国写实主义风景画和肖像画画家。

[2] 斐迪南·德拉克洛瓦(Ferdinand Delacroix,1798—1863),法国著名浪漫主义画家。

[3] 让·路易斯·福兰(Jean Louis Forain,1852—1931),法国印象派画家和版画家,从事油画、水彩、粉彩、蚀刻和石版画等创作。

更[1]、安格尔[2]和莫奈[3]的画作，并设法为自己买了一幅塞尚[4]的画作。当时德国军队正架着"大伯莎"[5]炮轰巴黎，名画的价格大跌。回到伦敦后，凯恩斯观看了芭蕾舞演出。莉迪亚·洛波科娃（Lydia Lopokova）当时在《幽默女士》(the Good Humorated Ladies)中扮演美女，很受观众欢迎。西特威尔夫妇邀请她参加了一个聚会，她和凯恩斯初次会面。不难想象说着纯正英语的凯恩斯和正在学习英语的莉迪亚之间的交流状况。莉迪亚曾说："我不喜欢八月份待在乡下，因为我的腿被蚊子咬得很厉害。"

但这一切都与战后欧洲的安顿这个重大问题无关。凯恩斯现在已经是有一定分量的人物了，他站在国家元首的椅子后面，随时准备给元首出谋划策，提供指导。他代表财政大臣前往巴黎出席最高经济委员会会议，并全权做出决定，他还作为英国财政部代表出席和平会议。但他只是二级官员；虽然在台上占有一席之地，但无权直接干预游戏结果。这一定让他感到沮丧和痛苦，因为他近距离目睹了美国威尔逊总统被法国克里孟梭总统击败，人

---

[1] 保罗·高更（Paul Gauguin, 1848—1903），法国后印象派画家、雕塑家。

[2] 让·奥古斯特·多米尼克·安格尔（Jean Auguste Dominique Ingres, 1780—1867），法国著名画家，新古典主义画派的代表人物。

[3] 奥斯卡·克劳德·莫奈（Oscar Claude Monet, 1840—1926），法国最重要的画家，被誉为"印象派领导者"，是印象派代表人物和创始人之一。

[4] 保罗·塞尚（Paul Cézanne, 1839—1906），法国后印象画派主要代表。

[5] 德国巨型加农炮。

道主义和平精神被报复心所取代的整个过程。

1919年,他在写给母亲的信中说:"我已经好几个星期没给任何人写信了,我感到筋疲力尽了,一部分是因为工作,一部分是因为对周围的邪恶感到沮丧。这两三个星期过得太痛苦了,前所未有;和约内容令人愤慨,也不可能得到落实,它只会带来不幸。"

他从病床上爬了起来,抗议他所谓的"维也纳谋杀",但他一个人的力量太微小了,无法阻挡潮流。这是迦太基式的和约[1],德国要支付巨额赔偿金,这会迫使该国在国际贸易中不择手段地赚取英镑、法郎和美元。当然,这不是流行的观点,但凯恩斯认为,《凡尔赛和约》无意中为德国独裁制度和军国主义的可怕复活埋下了伏笔。

他在绝望中辞了职,然后在距离和约签署还有三天时,他开始发动攻击。他满怀愤怒之情,以最快的速度写就了《和约的经济后果》(*Economic Consequences of the Peace*)一书,当它在12月份出现在世人面前时,他一举成名了。

这本书写得很精彩,影响力惊人。凯恩斯看到了首脑们发挥的作用,他综合运用小说家的技巧和布鲁姆斯伯里评论家的敏锐洞察力来描述他们。在谈到克里孟梭时,他写道:"对于法国,他抱有一种幻念,而对包括法国人和他的那些同事在内的人类,他却是极为清醒的。"在谈到威尔逊时,他写道:"……就像奥德修斯一样,总统在安坐的时候,看起来更富有智慧。"尽管他对

---

[1] 指强者强加在弱者身上的短暂的、不平等的和约。

人物的描绘形象生动，但最令人难忘的是他对和约造成的伤害的分析。凯恩斯认为，这次会议只是在鲁莽地清算政治仇恨，完全无视当前面临的紧迫问题，即促使整个欧洲复苏，使其成为团结的、运转良好的整体。他写道：

> 对于这些问题，四巨头会议没有给予多少关注，而是一心想着其他的事情——克里孟梭关心的是将其敌人的经济生活彻底摧垮，劳合·乔治关心的是做成一笔交易，带回家一些东西，好向国内的民意交代，而这些东西充其量也只能应付一个星期而已，威尔逊总统不做正义和公正之外的任何事情。摆在我们面前的是再明显不过的事实，在他们眼里，诸如饥饿和分裂这类最根本的经济问题，基本上不大可能引起他们的兴趣。赔款是他们在经济领域关心的主要议题，而他们又是把赔款当作一个神学问题、政治议题和选举的伎俩来加以解决的，他们从各种角度来看待这一议题，却从未从他们所掌握的各国经济前途这一角度来加以考虑。

接下来他发出了严重的警告：

> 因此，摆在我们面前的危险在于，欧洲人口的生活水平迅速下降，到达某个临界点，在这个临界点上，部分人将会处在饥馑的状态（俄国已达到了这样的临界点，奥地利也接近了临界点）。人不会总是平静地死

去。因为饥饿会让有些人变得毫无精神，内心充满无助的绝望感，会让另外一些人紧张不安、歇斯底里和悲观绝望。这些处于困境中的人可能会把欧洲组织的残余部分尽数摧毁，也可能会在他们不顾一切满足个人的强烈需要中湮没文明本身。我们所有的资源、勇气和理想现在应该联合起来，共同对抗这一危险。

这本书大获成功。自和约签署的那一刻起，其条款就难以落实，这是明摆着的事实，但凯恩斯是第一个看出、说出问题并建议对其做出彻底修改的人。他也因此被视为具有非凡远见的经济学家。1924年道威斯计划出台，开始打破1919年造成的长期僵局，他的预言天赋也得到了证实。

凯恩斯现在已经名扬四海了，接下来的问题就是决定从事什么职业了。他选择了商业，而且是最危险的商业，他用几千英镑的资本在国际市场上投机。刚开始他几乎血本无归，之后得到了一位从未谋面的银行家的贷款，因为他在战争期间的所作所为给这位银行家留下了深刻的印象。利用这些贷款，他不仅收回了本钱，还积累了200万美元的财富。他的成功极具偶然性。他对内幕信息不屑一顾，事实上，他曾宣称，只要华尔街交易员无视他们的"内幕"信息，他们就能赚大钱。他依靠的只不过是对资产负债表的细致审查、丰富的金融知识、直觉和某种交易天赋。早上醒来后，他在床上研究财务信息，然后做出决定，最后打电话下达交易指令，就是这么简单。在余下的时间里他可以自由地做更重要的事情，如研究经济理论，这样他就能与李嘉图齐名了。

顺便说一句,他不只为自己赚钱。他在掌管国王学院的财务时,将 30 000 英镑的基金额增加到 380 000 英镑。他还管理着一家投资信托公司,同时为一家人寿保险公司提供财务指导。

凯恩斯分身有术,能同时处理好多个任务。他为《曼彻斯特卫报》(*The Manchester Guardian*)撰稿,定期在剑桥上课。在课堂上,他对国际商品市场的发展和特点进行了深入的描述,还时不时地融入枯燥的理论。他买了更多的画作和书籍,在与利顿·斯特雷奇、邓肯·格兰特和其他几十位男性结束了恋人关系后,他迎娶了莉迪亚·洛波科娃。这位芭蕾舞女演员摇身一变,成了剑桥教授的妻子。让凯恩斯的朋友们感到意外(也松了一口气)的是,她完美地扮演了这个角色。当然,她放弃了自己的职业生涯,据一位来访的朋友后来说,他听到了楼上传来的砰砰声和撞击声,那是莉迪亚在练舞。

莉迪亚是个大美人,凯恩斯是位像样的仰慕者,他长得不算英俊,但显得高大稳重。他壮硕的身躯与他那求知欲强的略长的三角形脸很相配。他鼻梁高挺,有伊顿公学时代就留下来的精修过的胡子,丰满而灵巧的嘴唇,还有一个相当令人扫兴的下巴。他的一双眼睛最能显露他的个性:在弯弯的眉毛下,它们时而严峻,时而冰冷,时而闪闪发光,或者它们就像一位编辑所写的那样,"散发着无限的柔情蜜意",这可能取决于他扮演的角色是政府使者、投机者、布鲁姆斯伯里的天才还是芭蕾舞迷。

凯恩斯有个怪癖,他喜欢像中国清朝的官员一样,双手拢在袖子里坐着。他喜欢观察别人的双手,对自己的手颇感自豪,这使得他的这一怪癖更加让人摸不着头脑了。事实上,他甚至为他和妻子的双手制作了模型,而且他还说过,他会收集朋友的手模。当他与人会面时,他首先观察的是对方的手掌、手指和指甲的特征。当他与富兰克林·罗斯福初次交谈时,他是这样描述这位总统的:

> 当然,一开始我没有仔细考虑这些问题,因为我的注意力自然地集中在了他的手上。他的手相当结实,但显得不够秀气,也不灵巧,又短又圆,十足生意人的手指。我不能把它们精准地画出来,但在我看来,它们虽然不出众,但也不是那种常见的类型。尽管如此,我还是出奇地熟悉这种手指,我以前应该在哪里见过它们。我至少花了10分钟的时间,就像在脑海里寻找一个被遗忘的名字,几乎没有意识到我在谈论有关白银、平衡的预算和公共工程的问题。最后我终于想起来了,爱德华·格雷爵士也有这样的一双手,罗斯福的手更加坚定和美国化。

罗斯福在写给费利克斯·法兰克福(Felix Frankfurter)的信中说:"我和凯恩斯聊得很尽兴,我非常喜欢他。"倘若罗斯福知道他在凯恩斯眼里只是商人版的英国首相,不知他是否还会在信中这么说。

••

到了1935年，凯恩斯的职业履历已经相当辉煌了。《印度的货币与金融》一书尽管篇幅不长，但堪称佳作；《和约的经济后果》在全世界引起了轰动；《概率论》(Treatise on Probability)虽然专业性强，但同样大获成功。关于《概率论》这本书，还有一件趣事：凯恩斯在与研究量子力学（量子力学是人类最大的智力成就之一）的数学天才普朗克共进晚餐时，普朗克对凯恩斯说，他曾经考虑过进入经济学领域，但后来放弃了这个念头，因为研究经济学太难了。凯恩斯绘声绘色地把这件事讲给了剑桥的一位朋友。朋友说："啊，这就怪了，伯特兰·罗素前几天也告诉我，他也想过进入经济学领域，但他觉得研究经济学太容易了。"

但正如我们所知，数学只是凯恩斯的副业；1923年，他撰写的《货币改革论》(Tract on Monetary Reform)再次引起了全世界的关注。凯恩斯猛烈抨击对黄金的盲目崇拜，反对人们放弃对本国货币的管理，并将这种责任转移到被动的非个人机制——国际金本位制。当然，这是一本技术性很强的书，但就像凯恩斯的所有著作一样，它语言生动。在谈到某些旧的经济理论中涉及的"长期"后果时，凯恩斯冷冰冰地写道："从长远来看，我们都会死。"这无疑给了旧经济理论当头一棒。

最重要的是，1930年，他出版了《货币论》(Treatise on Money)一书，这是一部试图解释整个经济体行为的著作，它篇幅长、专业性强、不易读懂，部分内容蹩脚，部分内容精彩，部分内容令人困惑，但它也是一本引人入胜的书，因为它探讨的核心问题是经济运行失衡的原因,即导致经济时而繁荣时而萧条的根源。

当然,几十年前经济学家已经开始关注这个问题。除了大范围的投机崩溃,如1929年美国经济的崩溃以及18世纪密西西比公司倒闭时法国出现的萧条,在正常的商业进程中,会出现一波接一波的扩张和收缩,就跟呼吸一样。例如,英国商业在1801年扩张,1802年收缩,1808年收缩,1810年转好,1815年收缩,以此类推,这样的起伏持续了一百多年;在美国,虽然时间略有不同,但商业一样有起有落。

导致繁荣与萧条交替的原因是什么?起初,商业周期被视为一种群体性的精神错乱现象:1867年,一位观察家写道:"这些周期性的崩溃本质上是精神性的,取决于沮丧、希望、兴奋、失望和恐慌情绪的变化。"但是,尽管这样的观点确切地描述了华尔街人、伦巴第街人、兰卡斯特人或新英格兰人的精神状态,但它没有回答这个根本性的问题:是什么导致了如此普遍的精神错乱现象?

一些早期的解释在经济过程之外寻找答案。我们之前曾提及的W.斯坦利·杰文斯大胆地提出了一种解释,他把经济周期的出现归咎于太阳黑子。乍看之下,这种观点很离谱,但实际上并非如此。1721—1878年,从繁荣到繁荣的商业周期持续时间平均为10.46年,而1801年威廉·赫歇尔爵士(Sir William Herschel)发现,太阳黑子的周期为10.45年,这给杰文斯留下了深刻印象,他确信,两个数字如此接近,不大可能完全是巧合。他认为,太阳黑子导致了气候周期、降雨周期的出现,进而导致了作物周期出现，最终导致了商业周期出现。

这么说来，这个理论还不算太荒谬，但经过更为周密细致的计算后发现，太阳黑子的周期为11年，天体力学和变幻莫测的商业之间的微妙对应关系随之被打破了。太阳黑子成为天文学探讨的问题，对商业周期刺激因素的探索，又重新回到了地面上。

事实上，它回到了一个世纪前马尔萨斯凭直觉指出的一个领域——储蓄。也许我们还记得马尔萨斯的疑虑——他含糊不清地表达了储蓄可能导致"普遍过剩"的思想。李嘉图对此嗤之以鼻，穆勒对其不屑一顾，这一思想也成了地下世界臭名昭著、危险的无稽之谈。说储蓄可能造成麻烦，就是在指责节俭本身！这是不道德的，亚当·斯密不是曾经写过"对各个家庭来说是谨慎的行为，对一个大国来说是愚蠢的"吗？

但是，早期的经济学家拒绝考虑储蓄阻碍经济发展的可能性，他们依据的不是道德教义，而是对现实世界的观察。

因为在19世纪初，储蓄的人大体上也是使用储蓄的人。在李嘉图或穆勒所处的困难时代，几乎只有富有的地主和资本家才有能力储蓄，他们积累的资金通常都被用于生产性投资。因此，储蓄被正确地称为"积累"，因为它代表了金钱的两面性：一方面是积累资金，另一方面是为赚更多的钱购买工具、建筑物或土地。

但到了19世纪中叶，经济结构发生了变化。财富分配得以改善，越来越多的社会成员有了储蓄的可能性。与此同时，商业规模越来越大，越来越制度化，能提供新资本的人也越来越多，不仅包括企业管理者、所有者，还包括全国各地的储户。

因此,储蓄和投资变得相互分离了,储蓄的是一拨人,投资的是另一拨人。

这确实对经济造成了麻烦。马尔萨斯预测的结果是对的,只是导致这一结果的原因与他所说的不同。

••

这个麻烦极为重要,是萧条问题的核心,因此我们必须花时间把它弄清楚。

首先我们必须了解衡量一个国家繁荣的标准。衡量标准不是黄金,贫穷的非洲多年来盛产黄金。也不是实物资产,建筑物、矿山、工厂和森林在1932年依然存在。繁荣和萧条与其说是与过去的辉煌有关,还不如说是与现在的成就有关,因此,应该以我们的**收入**作为衡量标准。当大多数个人都享有高收入时,国家就会比较富裕,当所有个人(或国民)的收入都下降时,国家就陷入了萧条。

但收入——国民收入——不是静态概念。事实上,经济体的核心特征是收入在不同主体间**流动**。每次购物时,我们的一部分收入都会被转移到别人的口袋里。同样,我们自己收入的每一分钱,无论是工资、租金、利润还是利息,最终都源于别人花掉的钱。想一想你获得的任何一部分收入,当其他人接受你的服务或光顾你的商店或购买你持有债券或股票的公司生产的商品时,他们就得从口袋里掏钱给你。

正如人们所描述的那样,正是通过资金在不同主体间的流转，经济才得以保持活力。

这种收入的分配流转过程非常自然，基本上没有阻碍。大家都把大部分收入花在了自己享用的商品上，也就是所谓的消费品上了。我们不断地购买消费品，大部分的国民收入流转得以保证。事实上，我们要穿衣吃饭，我们渴望享受，这确保了我们有规律的稳定支出。

到目前为止，一切都很简单。但我们的收入中，有一部分**不会**直接进入市场流转，那就是我们储蓄的钱。如果把这些积蓄塞进床垫里或以现金囤积起来，我们显然会打破收入的循环流动，因为我们给予社会的要比我们从社会获得的少。如果这种冻结行为广泛存在并持续下去，由于每次循环流转的货币越来越少，每个人的货币收入很快就会不断减少，我们就会陷入萧条。

但通常情况下，这种危险的收入流转中断不会发生，因为我们不会把攒下来的钱搁置不用，我们会用它们买入股票、债券或把它们存入银行，从而使它们再次得到利用。如果我们购买了新股，这就是把攒下来的钱直接投给了企业；如果我们把钱存入了银行，那些寻求资本的商人就可以从银行获得贷款。无论是把钱存入银行，还是把钱用于购买保险或证券，这些资金都会通过商业活动重新进入流通渠道。因为当我们的积蓄被企业占用和使用时，它们会再次变成他人的工资或利润。

但要注意这个重要的事实：储蓄不会自动转化为投资。企业不需要依靠储蓄维持日常经营，它从销售收入中支付开支。只有在扩大业务的情况下，企业才需要储蓄，因为其常规收入通常无法提供足够的资金建造新工厂或大幅增加设备。

这正是问题的症结所在。节俭的社会总是会设法储蓄一部分收入，但企业并不总是会扩大经营。当商业前景不佳时，无论是因为特定市场的"过剩"，还是因为国际形势令人担忧，或者是因为商人担心通货膨胀，或者出于其他任何原因，投资的动力都会减弱。当商人战战兢兢地展望未来时，他们怎么会扩大基础设施投资呢？

这就为萧条的发生埋下了伏笔。**如果我们的储蓄没有被厂商用于扩大投资，我们的收入必然会下降**，这就跟我们用窖藏的方式把储蓄冻结起来导致的紧缩情形一样。

这样的情形会发生吗？我们稍后再做分析。现在我们要注意的是，这是一场奇特的、无情的拉锯战。这里没有贪婪的地主，也没有贪婪的资本家，只有善良的公民谨慎地决定把部分收入储蓄起来，而同样善良的商人也谨慎地依据当前的商业状况决定是否要冒险购置新机器或建造新工厂。然而，经济的命运就取决于这两个合情合理的决定的结果。因为当两方的决定不一致时，经济就会调整。例如，当商人的投资少于社会的储蓄时，经济就会陷入萧条。经济是繁荣还是萧条，主要取决于此。

从某种意义上说，我们的命运易受储蓄和投资相互作用的影响，这是我们为经济自由付出的代价。苏联没有这样的问题，法老时代的埃及也没有。因为在命令决定一切的经济中，储蓄和投资都由上面决定，对国家经济生活的全面控制确保了国家的储蓄被用于建造金字塔或发电厂。但在资本主义世界里却并非如此，这里储蓄和投资的决定权都留给了经济行为者自己，由他们自由地做出决定。正因为决定是自由做出的，它们可能出现不一致。可能投资太少，无法吸收我们的储蓄，也可能储蓄不足以支持我们的投资。经济自由是非常理想的状态，但在萧条和繁荣时期，我们必须做好准备，应对它造成的不利后果。

说了这么多，我们都快忘了约翰·梅纳德·凯恩斯和他的《货币论》，现在回过头来谈。《货币论》一书对储蓄和投资的跷跷板理论做了精彩的阐述，这种思想并非凯恩斯原创，有很多大经济学家都曾经指出过这两个因素在商业周期中发挥的关键作用。但是，在凯恩斯的笔下，抽象的经济学理论散发出了夺目的光彩。他写道：

> 人们通常认为，世界上所有的财富都是通过所谓的节约这一痛苦的过程积累而来的，也就是人们自愿节制而不享用眼前的消费而来的。但是，光靠节制显然并不足以建立城市或者排干沼泽。
>
> ……另一个经济因素是企业经营。创造世界财富的是企业，增进世界财富的也是企业……当企业运行时，无论节约的情形怎样，财富都会积累起来。要是企业停顿的话，不论怎样搞节约，财富都会减少。

然而，尽管凯恩斯的分析很巧妙，但此书刚成文不久，他就发现了问题：他的储蓄和投资跷跷板理论遗漏了一个要点：它没有解释**长期处**于萧条状态的经济怎么能存在下去。事实上，正如跷跷板的类比所表明的那样，被过剩的储蓄拖累的经济似乎必定在相当短的时间内实现自我调整，跷向另一端。

因为储蓄和投资——节约和企业经营——并非完全不相关的经济活动。相反，它们在货币市场上密切联系，因为商人要在货币市场上"购买"储蓄，或者至少借用储蓄。储蓄和任何其他商品一样，都有其价格，即利率。因此（看起来是这样），当经济处于低谷时，大量储蓄的存在促使其价格下降，就像鞋子供过于求时，鞋子的价格会下降一样。随着储蓄价格下降，即利率下降，企业投资的积极性很可能会提高：当一家新工厂的建造成本原先为10%，现在变成了5%时，企业利润岂不是更高了？

因此，跷跷板理论似乎认定，商业周期本身就存在一个安全阀门：当储蓄变得过于充裕时，借贷成本就会降低，企业投资会得到鼓励。因此该理论认为，经济有可能收缩，但之后肯定会反弹。

可惜的是，大萧条时期没有出现这样的结果，利率下降没有引起投资反弹。此时，一些老秘方被拿了出来——局部性措施和全国性措施出台——但局面依然没有改观。从逻辑上看，除了利率，显然还有其他因素会影响储蓄和投资的平衡，一定有其他因素阻碍了经济回升。

此时凯恩斯的大作已经酝酿了一段时间。他在1935年写给乔治·萧伯纳的信中说："要了解我的心态……你得知道，我相信自己正在写的经济理论著作，将彻底改变——不是马上，而是在未来10年内——人们看待经济问题的方式……在现阶段，我不指望你或其他人相信这一点，但就我而言，我不只是希望，而是十分确信这一点。"当时他刚刚在萧伯纳的建议下重读了马克思和恩格斯的著作,但他发现自己对它们兴趣索然。

他向来判断准确。这本书问世后引起了巨大的轰动。不过值得怀疑的是,萧伯纳在读了这本书后是否认同他的判断。这本书就是《就业、利息和货币通论》(*The General Theory of Employment, Interest and Money*,下文称《通论》),书名本身就令人生畏,但它的内容更令人生畏。比如在第25页有这样的表述:"设 Z 是雇用 N 个人产出的总供给价格,Z 和 N 之间的关系为 Z = φ(N),这可被称为总供给函数。"能够想象得出,萧伯纳瞪大眼睛读这一页时的情形。如果说这样的内容还不够骇人,那还有更骇人的。门外汉在阅读斯密、穆勒或马克思的著作时能够看到社会行动的全景,但他们在这本书里看不到。书里有很多精彩的段落,如有一段把选股比作选美,令人印象深刻,但整体来看,这样的段落就如同代数和抽象分析沙漠里的绿洲一样稀少。

然而,这本书是革命性的,其他的词不足以概括它的意义。它是经济学领域的经典巨作,可与《国富论》和《资本论》相媲美。

因为《就业、利息和货币通论》提出了一个令人震惊和沮丧的结论:自动安全机制根本就不存在!经济不像一个能实现自我调整的跷跷板,而像一部电梯:它可以上升也可以下降,也可以完全静止不动。它可能停在一楼不动,也可能停在顶楼。换句话说,萧条可能根本无法自愈。经济就像一艘停航的船,可能无限期地停滞不前。

怎么会这样呢?经济陷入低谷时大量储蓄的存在不是会压低利率吗?这反过来不是会促使企业利用低成本资金扩建工厂吗?

凯恩斯在经济生活中最简单、最明显的事实中发现了自愈论的缺陷：**经济陷入低谷时，不会有大量储蓄存在**。因为当经济体陷入困境时，其收入会缩减，而当收入缩减时，储蓄会被挤出。凯恩斯问道，当社会上人人都穷困时，他们还会像富裕时那样储蓄吗？答案显然是不会。萧条的结果不是储蓄过剩，而是储蓄枯竭，储蓄不是如滚滚洪流，而是如涓涓细流。

事实就是这样。1929 年，美国公民从收入中储蓄了 37 亿美元；1932 年和 1933 年，他们未攒下分文，事实上，他们还动用了前几年的积蓄。在繁荣时期，公司在支付税款和股息后还能存下 26 亿美元，而 3 年后，它们损失了近 60 亿美元。凯恩斯说得显然是对的：储蓄是一种奢侈品，经不起艰难时期的考验。

但储蓄减少会造成比个人证券账户减损更为严重的后果：它在经济最需要动力的时候陷入了瘫痪。因为**没有**储蓄余额，利率就**不会**降低，商人就**不会**有借款动力。没有借贷和投资支出，就**没有**扩张的动力，经济就不会有任何起色。尽管有失业的工人和未得到充分利用的工厂和设备，但经济仍将保持"均衡"状态。

这就出现了"丰裕中的贫困"悖论，以及失业和机器闲置并存的反常现象。当经济陷入低谷时，一方面是对商品的迫切需求，一方面是生产不足，但这种矛盾纯粹是道德上的。因为经济运行并不是为了满足人们的**欲求**，人们的欲求总是和梦想一样永无止境。经济生产商品是为了满足**需求**，而需求则由人的钱包所决定。因此，失业者在经济体中发挥的作用几乎为零，他们对市场产生的经济影响可以忽略不计。

可以肯定的是，一旦投资减少，经济规模缩小，社会就会陷入苦难。但正如凯恩斯所指出的那样，这并不是**有效**的社会苦难，政府救助无法有效地替代足够的投资。相反，由于储蓄随着投资的减少而减少，经济流动规模变小，但仍然保持均衡。

这是一种很特殊的情况，实际上是一幕没有反派的悲剧。当储蓄是一种个人美德时，没有人能责怪社会上的储蓄行为。同样，商人不可能因为不投资而遭受惩罚，因为他们一旦看到了合理的投资机会，肯定会一马当先。困难已经不再是道德问题，与正义、剥削甚至人性愚昧无关，而是一个技术性难题，可以说是机械性故障。但它的代价也很高，因为不作为的代价就是失业。

这是最令人难以承受的事实。投资意愿不可能无限期持续，投资迟早会收缩。

因为产业在任何时候都受市场规模的限制。以19世纪60年代的铁路行业为例，当时该行业吸收了大量的投资。早期的铁路巨头们建造铁路并不是为满足20世纪60年代的市场需求；如果他们要为100年后的经济需要铺设轨道，他们得在无人居住的地区修路，而且铁路通向的是尚不存在的城市。所以他们建造的是当时可以使用的铁路，在满足了当时的需要后，他们就停了下来。汽车行业也是如此。即使亨利·福特能够在1910年筹集到1950年建造鲁日河工厂的资金，他很快也会破产，因为缺乏配套的公路、加油站，以及对大量汽车的**需求**。举个更近一些的例子，在20世纪90年代末，美国企业每年购置新设备的支出略高于1万亿美元，但不足2万亿美元。总有一天，这个数字会达到2万亿美元，但不会是在20世纪末。

因此，投资有自身的规律：起初急切地利用新机会获利，然后谨慎行事，避免头脑发热，过度投资，最后在市场饱和时按兵不动。

当每一个投资项目结束时，另一个项目立即出现，衰退就永远不会出现，但事实并非如此。人类需求巨大这一事实并不意味着任何投资都会盈利，因鲁莽和轻率扩张而消失的企业不计其数。大多数投资需要的不仅仅是乐观前景的刺激，还需要一些更具体的刺激，如新发明、更好的方法、吸引公众眼球的有趣产品等。任何商人都会告诉你，这样的机会不常有。

因此，当一个投资项目结束时，不一定有另一个项目取而代之。如果有的话，即使投资结构有所变化，但只要规模保持不变，经济也会平稳运行。但若没有后继的项目，经济就会开始收缩。

这就是体系固有的脆弱性的体现，对此，凯恩斯写道：

> 上古埃及可谓双重幸运，因为它有两种活动（建造金字塔与搜罗贵金属）的产物不能被人当作消费品使用，所以不会过剩。中世纪人们建教堂、做弥撒也是如此。给逝去的人造两座金字塔，做两场弥撒，得到的好处是建造一座金字塔，做一场弥撒的两倍。但在伦敦和约克之间建造两条铁路则不是这样。

于是，《通论》得出了三个悲观的结论：

第一，经济可能持续处于萧条中，无法自行脱困。"均衡"状态下可能存在失业，甚至是大量失业。

第二，繁荣依赖于投资。如果商业资本设备支出下降，经济就会开启螺旋式收缩，只有商业投资增加，经济才会开启螺旋式扩张。

第三，投资是经济不可靠的驱动力。资本主义的核心特征是不确定性，而不是确定性。尽管不是因为商人的过错，但经济过剩的威胁持续存在，过剩意味着经济衰退。

这样的前景当然令人不安，但凯恩斯不只满足于做出悲观的诊断。《通论》虽然预言了危险的存在，但它绝没有给出末日判决。相反，它提出了一种解决方案。

事实上，在真正的处方开出来之前，治疗就已经开始了。在医生们还没有完全确定应该做什么之前，药物就已经用上了。许多社会法规在被冷落了20年之后，又在百日新政期间派上了用场。这些法规旨在改善民众对政府不满的社会氛围，提振士气，而不是治病救人。要治病救人，需要政府有意识地通过支出来刺激经济。

一开始这只是临时的救济工作。失业率非常高，高到了政府必须采取行动的地步。毕竟，当时迪尔伯恩发生了骚乱，华盛顿也爆发了大游行，很多家庭挤在市政焚烧炉旁取暖，甚至在垃圾车里争抢食物。救济已成了必不可少的手段，而且从胡佛任内就已经开始了；之后，在罗斯福的领导下，救济变成了清扫耙叶，然后又变成了建设事业。突然之间，政府成了经济体内的主要投资者：道路、大坝、礼堂、机场、港口和住房项目纷纷涌现。

1934年，凯恩斯来到了华盛顿，就是在那次会面中，他细致地观察了罗斯福总统的手。他敦促总统进一步扩大救济计划。统计数据显示，私人投资活动已经陷入谷底：1929年，商业扩张产生了150亿美元的工资、薪水和利润，而在1932年，这一数字降至8.86亿美元，降幅高达94%。必须想办法启动投资引擎，将经济推入扩张轨道。凯恩斯希望美国通过增强国家总体购买力的政府支出刺激经济，当时这被称为"启动水泵计划"。

因此，当《通论》于1936年问世时，它提供的与其说是一个新的激进计划，不如说是对已经采取的行动方案的辩护。确切地说，是辩护和解释。因为书中指出，美国乃至整个西方世界面临的灾难只是企业缺乏足够投资导致的结果。因此，补救措施是完全合乎逻辑的：若企业无法扩张，政府就必须弥补不足。

凯恩斯半开玩笑地写道：

> 如果财政部用旧瓶装满钞票，然后把这些旧瓶以适宜的深度埋在废弃不用的煤矿中，再在上面堆满垃圾，然后根据自由放任的原则，让私人企业把这些钞票挖出来……失业问题就没有了。这样做可以大幅提高社会的实际收入。当然大兴土木的方法更好；但如果实际操作有困难，采用上述方法也比什么都不做要强。

在一些人看来，许多非正统的政府项目显然并不比凯恩斯异想天开的提议更明智。但现在，至少政府有了干预的理由，也就是说,当私营企业发现自己无法推进足够大的投资计划时,政府必须挺身而出,竭尽所能填补缺口——做出某种刺激是如此必要,以至于到了做任何事情都好过袖手旁观的程度。

如果不能直接刺激投资,那至少可以刺激消费。虽然投资是体系中反复无常的因素,但消费为经济活动提供了坚实的基础。因此,公共工程建设是解决问题的好方法,它既能直接维持失业者的购买力,还能引导私营企业恢复扩张态势,可谓一举两得。

凯恩斯本人在1934年写给《纽约时报》的一封信中说:"我从以下角度看待复苏问题:正常的商业企业要多久才能出来救援?在此之前,政府的异常支出规模应该有多大?应该以何种方式支出,以及支出政策持续多久是合理的?"

请注意"异常"两个字。凯恩斯并不认为政府计划是对商业进程的永久性干预。他认为,当系统陷入下行并且正在努力恢复平衡时,政府才可以伸出援手。

这似乎是常识的精髓,也确实是常识的精髓。然而,启动水泵计划从未带来最初希望的结果。1929—1933年,政府总支出规模一直在100亿美元上下徘徊,后来增加到了120亿美元、130亿美元,到了1936年增加到了150亿美元。私人投资从低谷中回升,收复了2/3的失地:到1936年,私人投资额达到了100亿美元。经过3年的政府注资,国民收入和国民消费增长了50%。失业问题虽然可控,但仍有至少900万人找不到工作,这不是经济进入新时代的迹象。

干预效果不佳的原因有两个。首先,政府支出计划没有使经济达到充分就业的程度。后来在第二次世界大战期间,政府支出上升到了惊人的 1030 亿美元，这不仅促进了充分就业，还导致了通货膨胀。但在 20 世纪 30 年代和平时期的经济结构内，这么高的支出是完全不可能的；事实上，即使是一项适度的政府支出计划，也很快引发了联邦权力逾越传统界限的传言。更糟糕的是，在大萧条的低谷期，美联储更害怕通货膨胀而不是失业，因此制定了不鼓励银行放贷的政策。

第二个原因与第一个密切相关。凯恩斯和政府支出者都没有料到，"新药"的受益者认为，药物对他们的影响比疾病本身更糟糕。政府支出**本意**是为了促进商业，但商业界**把它视为**一种威胁姿态。

有这样的想法不足为奇，毕竟新政是在反商业浪潮中推出的，原本几乎神圣不可侵犯的价值观和标准突然间遭到了怀疑的审视和批判。人们对"企业权""财产权"和"政府作用"的看法明显发生了改变；企业被要求在几年内忘掉其卓越的传统，采用与工会合作的新理念，接受新的规则和条例，改变许多常规做法。难怪他们认为华盛顿政府充满了敌意、偏见，采取了彻头彻尾的激进做法。难怪在这样的氛围中，商界的大规模投资热情被这种陌生环境造成的不安感所抑制。

政府为了清除失业实施了一项规模庞大的计划，但其所做的每一项努力（实际实施的可能是计划的一半），都被抨击为社会主义设计的证据。与此同时，打了对折的政府举措又吓退了企业，使它们不敢全面发力。这种情况就跟治病一样，药物治好了一种病，但其副作用使病人的身体变虚弱了。政府支出从未真正提振过经济——不是因为它在经济上有问题，而是因为它在意识形态上令人不安。

这并不是说政策本身令人不安，只是因为政策是在走投无路之下推行的，没有经过严密的设计。如果政府没有打开公共支出的阀门，最终私营企业还是会再次带头支出，过去一直是这样的。尽管大萧条很严重，但私营企业终究会找到新的投资途径。然而这样干等着什么也不做是不可能的。美国人民已经等了四年，他们已经没有耐心再等下去了，已经有经济学家开始把经济停滞说成是资本主义的慢性病了。马克思的呼声空前高涨，许多人指出，失业者的存在初步证明了马克思的判断是正确的。技术专家、统治论者也在到处宣言凡勃伦的主张，他们呼唤的不是无产阶级，而是工程师。还有一种更骇人的论调，它不厌其烦地指出，希特勒和墨索里尼知道如何处理失业问题。在各种补救方案和论调中，凯恩斯以文明的声音、经由《通论》所传达的信息无疑是温和的、令人安心的。

尽管凯恩斯支持管理资本主义的政策，但他不反对私营企业。他在《通论》中写道："宁可让一个人做他银行存款的暴君，也不要让他做他同胞公民的暴君。"他接着表示，政府只专注于提供足够的公共投资，绝大部分经济的运作可以也应该由私人进行。综合来看，《通论》不是在提供激进的解决方案，而是在解释不可避免的补救措施能奏效的原因。当经济长期低迷时，政府不作为导致的后果可能比大胆采用非正统做法导致的后果更加严重。

真正的问题在道德层面，而非经济层面。在第二次世界大战期间，哈耶克教授写了《通往奴役之路》(*The Road to*

Serfdom）一书，尽管书中一些内容存在夸大其词之嫌，但他对计划过度的经济提出的控诉深刻而有说服力。凯恩斯很喜欢这本书，也同意其中的某些观点，但在赞扬的同时，他也在致哈耶克的信中指出：

> 我得出的结论完全不同，我认为，我们想要的不是无计划，甚至不是少制订计划，实际上，我们肯定需要制订更多的计划。但计划经济应该在道德立场统一，包括尽可能多的人，既有领导者也有追随者的社会中实施。如果那些执行计划的人内心关注道德问题，那么适度的计划就足够安全了。事实上，他们中的一些人已经是这样的了。但可怕的问题是，也有部分人，他们不是为了享受计划的成果，而是基于完全相反的道德观，不是在为上帝服务，而是在为魔鬼服务。

这样的想法天真吗？资本主义能被管理吗？也就是说，政府计划者开关支出阀门以调整投资，政府投资永远不会取代私人投资吗？这个问题一直悬而未决。

我们把这个问题留到下一章讨论吧，现在先讨论凯恩斯和他的信念。把这个旨在拯救资本主义的人与那些想扼杀资本主义的人放在同一个阵营是严重的误判。诚然，他主张投资"社会化"（他从来都不清楚这意味着什么），但是即使他牺牲了某一个部分，也是为了拯救整体。

从本质上讲，凯恩斯是个保守派。他长期以来一直赞赏埃德蒙·伯克及其所代表的有限政府传统。在许多人都不认同这种观念的 1931 年，凯恩斯写道："我怎么能接受共产学说呢？他们把它视为圣经，不得妄加批评。在我眼里，它是过时的教科书，不仅从科学上说不通，而且在现代世界里不适用。它重视泥土胜于鱼虾，将野蛮的无产阶级置于资产阶级和知识分子之上，我怎么能接受这样的信条呢？资产阶级和知识分子尽管有缺点，但他们是人类的精华，肩负着传承人类成就的使命。"

人们可能会对凯恩斯的理论、他做出的诊断和他提出的应对方案质疑，一些人坚持认为凯恩斯是运行良好的经济体系的恶意捣乱者，但公正地说，这些人没有提出更令人信服的理论，没有做出更深入的剖析，也没有提出更可行的解决方法。不过，没人能否认凯恩斯的目标：建立大致上没有失业这一严重威胁的资本主义经济。

凯恩斯是个有能力一心多用的人。在构思《通论》时，他出资在剑桥建造了一座剧院。这是典型的凯恩斯主义式冒险。这家剧院一开始亏本经营，两年后扭亏为盈，而且在艺术上取得了巨大的成功。凯恩斯总是身兼多职：出资人、检票员（有一次店员没上班）、女主角的丈夫（莉迪亚扮演莎士比亚戏剧的女主角，广受好评），甚至是特许经销商。他在剧院旁边开了一家餐厅，小心翼翼地观察其收据，把它们与不同类型的娱乐活动相对照，以确定消费的食物数量如何随心境变化。他还开了一家酒吧，为了增加销量，以特别低的折扣出售香槟。这可能是他幸福生活中最快乐的插曲吧！

但这样的日子没能持续多久。1937年,凯恩斯身兼数职的日子被打断了,由于心脏病发作,他被迫放弃了很多事务。好吧,那就过相对懒散的日子吧!他继续积极地做交易,编辑《经济杂志》,还为《通论》撰写了几篇精彩的辩护文章。《通论》问世后,一位学者说:"凯恩斯先生认为自己在经济学领域做出的贡献堪比爱因斯坦在物理学领域做出的贡献。"凯恩斯可不是个软柿子,只要他想,他就可以拿起笔,逐一或全面驳斥他的批评者。他有时冷嘲热讽,有时妙语连珠,有时也破口大骂。"X先生拒绝了解我",他在许多简短的通信中都发出过这样无可奈何的感叹。

但战争正在逼近,慕尼黑事件[1]后形势进一步恶化。凯恩斯看了《新政治家和民族》(*New Statesman and Nation*)杂志上刊载的一些左翼分子的信函后,对他们的怯懦十分愤慨。他向该杂志专栏撰文称:"我不相信有真正的'社会主义者'!这样的人不存在。"他又称:"到了摊牌时,过不了四周,他们就会意识到自己是绥靖主义者,然后他们会以失败者的口吻向专栏投函,把捍卫自由和文明的责任留给漫画人物布林普上校[2]和守旧派,并为他们欢呼上几声。"

---

[1] 1938年9月,英、法、德、意四国首脑张伯伦、达拉第、希特勒、墨索里尼在慕尼黑举行会议,在没有捷克斯洛伐克代表参加的情况下,签订了把捷克斯洛伐克的苏台德区割给德国的"慕尼黑协定",作为交换德国向苏联进攻的条件。历史上把这种牺牲弱小国家利益、企图引开祸水的做法称为"慕尼黑阴谋"。

[2] 英国政治漫画家创造的极端保守人物。

战争爆发时，凯恩斯已经病得很严重，无法担任政府的固定职员了。财政部为方便他出谋划策，给他专门安排了一个房间。当时他已经开始写《如何筹措战争费用》(*How to Pay for the War*)一书了，他在书里提出了一个大胆的计划，即把"延期储蓄"作为战争融资的主要手段。这个计划很简单，就是把每个工人的部分工资自动投资于政府债券，直到战后才能赎回。之后当消费者需要用现金时，可用储蓄证书兑换现金。

强制储蓄——这与他早期努力推行的强制投资相比是多么大的变化啊！但这种变化是时局造成的，不代表凯恩斯思想的转变。过去的问题是投资太少，其症状是失业；现在的问题是全面备战导致投资过热，其症状是通货膨胀。但《通论》的框架有助于人们理解通货膨胀，也有助于人们理解其反面——失业，只要反过来思考就可以。现在每经过一轮周转，分发的收入都会增加而不是减少。因此，应对这一问题的方法与应对萧条的方法正好相反。对于萧条，凯恩斯主张运用一切可能的手段支持投资，现在，他主张必须增加储蓄。

了解这一点很重要，因为有很多人误认为凯恩斯是一位支持通货膨胀的经济学家。他确实支持经济萧条时期的"通货再膨胀"（提高收入而非价格）。但是，如果认为他是纯粹地支持通货膨胀，那便是无视他在《和约的经济后果》一书中所写的这段话了："据闻列宁曾说过，要摧毁资本主义体系，最好的方法就是破坏它的通货。政府可以通过持续的通货膨胀，在隐蔽、不易觉察的方式下，将国民很大部分的财富没收。通过这种方法，政府不但可以没收国民财富，而且可以任意地没收……列宁说得很对。

要推翻社会的现行基础,再也没有比破坏通货更诡诈、更可靠的手段了。这种方法利用了经济规律所有隐性的破坏力,百万人当中无一人能识破。"

凯恩斯极力表明,通过他的延期储蓄计划,人人都成为政府债券的所有者,这会扩大财富分配的范围。他的计划很合理,也很有吸引力,但未能获得足够多的支持。这个计划过于新奇,无法实施,税收、配给和自愿储蓄等老方法才是经过验证的可靠的战时财政武器。至于递延信贷计划,只是敷衍一番了事,从未像凯恩斯所设想的那样受到重视。

但他已经没有时间为遭受这样的冷遇哀叹了,他要全心全意地为英国的战事效力。1941年,凯恩斯经里斯本飞往美国,这是他六次同类旅行中的第一次。莉迪亚作为他的护士和监护人随行。自从不知疲倦的凯恩斯心脏病初犯以来,莉迪亚就一直扮演着计时员的角色,许多政要都曾被她礼貌而坚决地请出去过。"时间到了,先生们。"莉迪亚说,探访活动随即结束。

他去美国商谈英国战时财政不稳定的问题,以及如何应对战后过渡期内的可怕财政风险这一紧迫问题。英国并不是唯一关注此类问题的国家,美国也希望为国际贸易的流通奠定基础,以避免爆发可怕的金融战,因为金融战常常引发军事战争。为了保障国际货币流动,它们计划设立一家国际银行和一个国际货币基金组织。在过去狗咬狗的世界里,每个国家都试图削弱其他国家的竞争力,现在出现了一种新的合作机制,可以帮助一国摆脱货币困境。

最后一次会议在新罕布什尔州的布雷顿森林举行。凯恩斯尽管身体抱恙，仍然在会议上出尽了风头。这指的不是他的观点，而是他的人格魅力，因为最终方案更接近美国的提议，而不是英国的。其中一位代表在日记中描述了凯恩斯当时的表现：

> 今天晚上，我参加了一场特别讲究的庆祝活动。今天是剑桥大学国王学院和牛津大学新学院达成协议500周年纪念日，为了纪念这一时刻，凯恩斯在他的房间里举行了一场小型宴会……他像个小孩子一样兴奋，看得出来，他期待这场活动很久了。他特别有魅力。他发表了精辟的演说……这是个很有趣的例子，显露了这位非凡人物奇怪而复杂的本性。就纯粹的知识性问题而言，他的观点非常激进，而在文化问题上，他是真正的柏克式保守派。他的声音很轻柔，很适合这个场合，但当他谈到我们肩负的历史责任时，他的真挚情感很感染人。

会议结束时，凯恩斯致辞说："我们已经在执行一项有限的任务了，如果我们能够继续执行更大的任务，那世界就有希望了。"在场的人全都起立为他鼓掌欢呼。

和往常一样，他的主要活动不妨碍他从事一些次要活动。他被任命为英格兰银行董事（他声称"这让另一名女董事的任命引人猜测"）和一个新成立的音乐和艺术政府委员会主席。因此，当他肩负着向国际经济理事会阐述英国观点的重任时，也在不断地与旅行音乐家、维克威尔斯芭蕾舞团、诗歌朗诵团体和图书展览团体保持联系。当然，他一直在收集藏品；他为福尔格图书馆觅得了斯宾塞的珍品,他有点内疚地对图书管理员解释说,他用外交部的袋子把目录寄过来。

荣誉纷至沓来:他被授予贵族爵位,成了凯恩斯勋爵、蒂尔顿男爵。蒂尔顿是他中年时买入的一处庄园,令他高兴的是,凯恩斯家族的一个分支曾经拥有过这片土地。爱丁堡大学、索邦大学和他的母校都授予他荣誉学位;他被任命为国家美术馆董事会成员。他还有其他工作要做。美国向英国提供的第一笔贷款必须经过谈判,陈述英国观点的任务自然落到了他的肩上。从美国返回后,一名记者问他,英格兰是否将成为美国的第 49 个州,凯恩斯的回答很简洁:"没有那样的好运气。"

1946 年,难熬的日子结束了。他回到了苏塞克斯读书休养,为重返剑桥大学教书做准备。一天早上他剧烈地咳嗽起来,当莉迪亚飞速跑到他身边时,他已经去世了。

凯恩斯的葬礼在威斯敏斯特大教堂举行。他 93 岁高龄的老父亲约翰·内维尔·凯恩斯和他的母亲弗洛伦斯都参加了葬礼。整个国家痛失了一位伟大的领导人,正值国家最需要他的才华和智慧之际,他去世了。正如《泰晤士报》在 4 月 22 日发布的长篇讣告中所说的:"他的逝世使英国痛失了一位伟人。"

凯恩斯绝不是个天使。这位杰出的经济学家虽然非常了不起,但仍然是个凡人,也有自己的缺点和弱点。一次他与两位伯爵夫人和一位公爵打桥牌赢了 22 英镑,高兴得大喊大叫;他在阿尔及尔少给了擦鞋匠小费,还拒不认错,他说:"我不想加入货币贬值的一方。"他对思维迟钝的学生格外友善(他说,经济学家应该像牙医一样谦逊),对看不顺眼的商人或高级官员很粗鲁。国民地方银行行长哈里·戈申爵士曾以"让事情顺其自然"暗讽凯恩斯错了。凯恩斯回应说:"对自然的情绪,是该微笑还是该愤怒?也许让这位哈里爵士顺其自然就好了。"

凯恩斯在谈及自己的恩师阿尔弗雷德·马歇尔(他很敬爱马歇尔,但又开玩笑地戏称马歇尔是个"蠢老头儿")时,阐述了经济学家应具备的资质。虽然他没有描绘自己本人的状况,但我们能从中推断出他的天赋才华。

> 经济学研究似乎并不需要任何极高的特殊天赋。从智力上看,经济学与更高深的哲学或纯科学相比,不是非常容易的学科吗?但这个学科中很少有出类拔萃的人!这个悖论的原因也许在于,杰出的经济学家应该同时具有各种天赋。他应该兼具数学家、历史学家、政治家和哲学家的素养,他还必须懂符号,还会用文字把它们表述出来。他必须在普遍性中深入思考特殊性,并同时顾及抽象和具体。他必须依据过去,研究现在,面向未来。人的本性和人的习惯不应超出他的考虑范围。他必须在心怀目的的同时又超然物外,像艺术家一样超凡脱俗,同时又要像政治家一样求真务实。

正如凯恩斯所说,马歇尔是维多利亚时代的人,缺乏必要的反传统精神,无法使他的经济学深入社会,因此他只是接近于上述的完美经济学家。凯恩斯则比他更接近,他把布鲁姆斯伯里的"没有什么是神圣的"这一原则应用到了正统经济学领域,于是，这个世界再次被置于能看到其弊病的明眼人之下了。他能看到世界存在的问题，从情感和智力上也想解决问题。他既精通经济学，又在政治上很忠诚，而且他的愿景既体现了工程师的睿智，又让人满怀希望。

他的分析又如何呢？这就说来话长了。从1940年到20世纪60年代，"凯恩斯主义"经济学在美国占据主导地位，之后开始走下坡路，直到1980年。用其坚定的支持者艾伦·布林德[1]的话来说就是，"很难在美国40岁以下的经济学家中找到自称信奉凯恩斯主义的人"。

导致这一戏剧性转变的原因是什么呢？从某种程度上说，这是因为经济学界未能找到一种令人满意的方法调和凯恩斯的"宏观"经济观和马歇尔的"微观"经济观，前者强调的是由投资者不可预测的"动物精神"所决定的大量支出，后者强调的是由买卖双方的理性思考决定的单个市场的中心地位。从另一个角度来看，与通货膨胀相关的货币问题再次涌现，导致凯恩斯主义的影响力减弱。在接下来的25年里，人们越来越不相信凯恩斯所指出的政府的积极作用了，他们再次相信，对转向操纵力和驱动力的个人行为的信念，是凯恩斯主义政策比不了的。

凯恩斯主义就这样没落了，但它并没有消亡。相反，自20世纪80年代开始，我们进入了经济思想新时代。在这个时代，对如何看待经济问题没有明确的共识。其结果是一场愿景危机，这是

---

[1] 艾伦·斯图尔特·布林德（Alan Stuart Blinder, 1945—），美国经济学家，前联邦储备委员会副主席，普林斯顿大学经济学教授。

缺乏明确的分析规范的必然结果。截至撰写本书时，依然如此。奇怪的是，这种缺失对美国、在某种程度上对英国的影响，远大于对欧洲的。欧洲的经济学家从来都不是马歇尔的拥趸，他们与凯恩斯也保持着一定的距离。斯堪的纳维亚半岛、德国、荷兰和法国均出现了微观和宏观的务实融合。融合的愿景也许可以概括为：资本主义是目前唯一可行的制度，但若无强有力的政府存在，它就无法在日益全球化的世界中满足竞争的需要，也无法为那些在这一进程中受损的人提供令他们满意的福利和教育。其结果是一种非常接地气的"世俗"哲学，而美国尚未找到相对应的哲学。我们之后还会回过头来探讨这个问题。

第 10 章

熊彼特的自相矛盾

1930年，当大多数人都在忙着应付日益严重的大萧条时，凯恩斯却在漫不经心地考虑着一种截然不同的想法。尽管他说过这句名言："从长远来看，我们都会死"，但他还是展望了未来，长远的未来，而且提出了一个与当时不景气的氛围形成鲜明对比的预言。凯恩斯所看到的，并不是当前痛苦和怀疑状态的延续，而是一个几乎令人难以置信的美好前景（除非出现无法控制的人口泛滥或毁灭性的战争等灾难），与亚当·斯密所预言的普遍富裕之地相比毫不逊色。

凯恩斯把他对未来的小小展望称为《我们孙辈的经济可能性》(*Economic Possibilities for Our Grandchildren*)（补充一句，他自己没有后代）。这些可能性是什么？不夸张地说，它们暗示了一个适度的盛世；凯恩斯认为，到了2030年，经济问题可能会得到解决，不仅解决了萧条问题，还解决了经济问题本身，即长期以来的"僧多粥少"问题。人类（至少是英国人）与短缺的斗争有史以来第一次上升到一个新阶段——人类进入了个人需求很容易就能得到满足的新时代。

这是典型的凯恩斯式冲击，他出手的方向总是很出人意料。第一次世界大战后，当全世界都沉浸在喜乐的氛围中时，是凯恩斯敲响了警钟；20世纪30年代，当整个世界转向自怨自艾时，凯恩斯勇敢地提出，苦难即将过去。但他不只是在黑暗中吹口哨壮胆,相反,他只是效仿过去的大经济学家,思考了一个重要的经济问题——资本主义的发展趋势。

在萧条时期,趋势问题容易被忽视。然而,回顾过去200多年的历史我们会发现,资本主义不仅经历了一系列令人振奋的繁荣和令人沮丧的萧条,还呈现出很不规律的稳步攀升趋势。凯恩斯时代的4000万英国人当然不认为自己得到了上天的恩赐,但尽管时局艰难,他们的生活也比马尔萨斯时代的1000万英国人好多了。

大自然并没有变得更慷慨,相反,正如众所周知的收益递减规律所表明的那样,越密集地开发大自然,增加的产出越少。经济增长的秘密在于,每一代人不仅投入自己的精力和资源开发大自然,还用祖先积累的遗产开发大自然。随着遗产的增加——每一代人都在过去的财富基础上增加了新知识、新工厂、新工具和新技术——人类的生产力以惊人的速度提高。与内战后的祖父辈相比,20世纪60年代依靠科技力量的美国工人堪称超人。如果生产力稳步提高的过程能再持续一个世纪,即三代人的时间,资本主义就会成功。凯恩斯计算,以与过去100年相同的速度再积累100年的财富,英格兰的实际生产性财富将增加7.5倍。到2030年,每个工人都将拥有足够多的机器,这使他与1930年的祖父辈相比堪称超人。

生产力的大幅提高会改变一切。它可能会让研究稀缺性问题的经济学成为历史。社会的新问题将不是如何寻求闲暇,而是如何打发那么多的闲暇时间。为此,凯恩斯得意地引用了一段女清洁工的惯用墓志铭:

朋友们，不要为我悲伤，不要为我哭泣。
从此我将安息。
赞美诗和甜美的乐曲将在天堂响起，
而我连唱歌都不必。

当然，这只是理论上对未来的畅想，没有人会认真对待它。1930年，机器发出的咣当声令人心惊，任何人都认为这样的展望只是美丽的幻想。凯恩斯本人很快就忙着分析导致世界瘫痪的失业的本质这一紧迫问题了，这一展望也被他抛诸脑后了。

但是，无论是一厢情愿还是清醒理智，凯恩斯的展望对我们来说都很重要，因为《我们孙辈的经济可能性》一书让我们首次直面人类未来的问题。迄今为止我们所考虑的一切都只是历史。亚当·斯密所描述的17世纪受管制的世界向原子式市场资本主义的演变，李嘉图预测的资本主义在地主阶层主导的经济中幸免于难，马尔萨斯担心人口过多将使资本主义难以为继，马克思预测的资本主义终将自我毁灭，凯恩斯对长期萧条倾向做出的剖析，等等，所有这些对资本主义兴衰的预测，无论多么有趣，都缺乏某种悬念。因为历史的每一个转折点，我们都知道其最终的结果是什么。现在，我们处于令人不安的境地，现代经济学家讨论的不再是有助于塑造过去的思想了，他们讨论的是我们自己的社会、我们自己的命运、我们留给子孙后代的遗产。

因此，我们必须从对过去的研究转向对未来的评估。资本主义今天的处境如何？未来几年它将走向何方？这些都是现代世界的重大问题，也是我们现在必须关注的问题。

因此，我们把目光转向了另一位大经济学家，与凯恩斯相比，他研究的无疑是更加现代的问题。他是一位身材矮小、皮肤黝黑、贵族出身的男士，喜欢矫揉造作的散文和做作夸张的动作，他的名字叫约瑟夫·熊彼特（Joseph Schumpeter）。大萧条时期，他曾在哈佛大学做过一次有关经济主题的演讲。他脱下欧式斗篷，大步走进演讲厅，面对着目瞪口呆的学生，用带有维也纳口音的英语说道："先生们，你们为大萧条感到烦恼，其实大可不必。对资本主义来说，大萧条是一次很好的冷水澡。"在场的学生大受震撼，我就是其中之一，而且我可以证明，绝大多数的学生都不知道"douche"是淋浴的意思，不过我们意识到，他说的是一种非常奇怪的、非凯恩斯主义的观点。

熊彼特本人是第一个强调自己对经济生活的看法与凯恩斯不同的人。两人有许多共同的社会观，最重要的是他们都赞赏文明的资产阶级生活方式，都相信资本主义普世价值观，但他们对未来的看法截然不同。正如我们所看到的，凯恩斯认为，资本主义本质上可能受到了经济停滞的威胁，我们子孙后代的光明前景实际上取决于适度的政府干预；熊彼特认为，资本主义本质上是充满活力和以增长为导向的；尽管他同意在大萧条期间政府支出可以缓解社会困境，但他认为没有必要把政府支出作为永久性的辅助引擎。

尽管熊彼特相信资本主义固有的活力，但他对资本主义的长期展望与凯恩斯的恰恰相反。他以近乎违反常理的调侃方式率先指出，在"短期"内，资本主义确实会向上攀升，他还补充说，这里所说的"短期"指一个世纪。但他接下来做出了一个令人困惑的最终判决："资本主义能生存下去吗？不，我认为它不能。"我们必须深入了解这个自相矛盾的怪人。

熊彼特于1883年在奥地利出生，与凯恩斯同岁。他的家境殷实，但家族算不上显赫。父亲在他4岁时就去世了，7年后，他的母亲嫁给了一位杰出的将军，于是少年熊彼特被送到了专为贵族子弟开设的学校特雷西亚（Theresianum）学习。按照常理，小孩子进入完全不同的社会阶层会对其三观产生决定性的影响。熊彼特很快就适应了同学们的举止和品位，举手投足也自带贵族风范。他骑马参加过多所大学的教职工会议，这一习惯让同事们很不高兴。他说自己有三个夙愿：成为一个大情种、一名杰出的骑手和一位大经济学家，遗憾的是，他在现实中只实现了两个。然而，尽管带有贵族气质，熊彼特最终还是把历史的桂冠授予了另一个群体，但这个故事的转折必须等到本章结尾处才能揭晓。

他进入了当时的经济学重地维也纳大学，并很快崭露头角，成为一名明星学生。在著名经济学家亚瑟·斯皮托夫（Arthur Spiethof）看来，"他绝不是个初学者"，但他也很快显露出了难缠的一面，他冒着风险公开与他的老师——大名鼎鼎的经济学家欧根·冯·庞巴维克（Eugen von Böhm-Bawerk）唱反调。从维也纳大学毕业后，他曾去英国旅居，其间有过一段短暂而不幸的婚姻。之后他为埃及的一位公主担任财务顾问，薪水很高。在那里，熊彼特创造了一个奇迹，他把公主的地产租金减半，却使公主的收入翻了一番，他采用的方法也很简单，只是把他的个人收入限定在了法律规定的数额内。更重要的是，他在埃及出版了第一本有关经济理论本质的著作,这使他获得了奥地利的教授职位。3年后,27岁的他出版了《经济发展理论》(*The Theory of Economic Development*),这本书一问世便被视为难得的佳作。

《经济发展理论》听起来像是对我们所称的欠发达世界的分析,但在1912年,欠发达世界的特殊经济地位和问题还没有出现,当时是赤裸裸的殖民主义时代。熊彼特讨论的是另一种发展,即资本主义的发展及其增长趋势。这本学术性著作风格沉闷(尽管不时有奇思妙想闪现),漫不经心的读者不会觉得有多大的政治意义。然而,这部学术著作注定会为历史上影响力最大的资本主义解释提供依据。

论述以熊彼特式的矛盾方式开始。它是一本有关资本主义增长和动态变化的书,但它首先描述的是完全不存在增长的资本主义经济。在斯密、穆勒、马克思和凯恩斯所描述的世界里,都有促进资本主义增长的要素,即资本积累,但熊彼特最初描述的资本主义缺乏这一要素。他描述的是没有积累的资本主义,它的生产流完全静止不变,只是以"循环流转"的方式生产,从未改变或扩大财富的创造。

该模型类似于李嘉图和穆勒所设想的静止状态,它们的不同之处在于,在早期的经济学家眼里,静止状态似乎是资本主义的终结,而在熊彼特看来,它是资本主义的起点。因此,我们必须更加仔细地研究循环流转的特性。因为这个体系没有动力,经济生活的规则就是遵循惯性。熊彼特写道:"所有的知识和习惯,一旦获得,就会像地球上的铁轨路基一样牢固地扎根于我们自身。"

因此，一旦我们通过试错找到了对我们最有利的经济路线，我们就会把它当惯例不断重复。经济生活最初可能是个挑战，但后来就变成了一种习惯。

更重要的是，在这种不变的循环流转竞争中，任何人的收入都等于其产出贡献的价值。这意味着，雇主之间的竞争将迫使他们向工人支付其创造的产品的全部价值，土地或其他自然财富所有者获得的租金也等于其资源贡献的价值。因此，工人和土地所有者将在循环流转中获得他们的收入份额。资本家呢？熊彼特又提出了一个令人震惊的观点：资本家除了获得管理者的工资，什么也得不到。这是因为，他们所拥有的资本物品对产出价值的贡献，完全被制造这些物品的劳动力价值及其所包含的资源的价值吸收了。因此，正如李嘉图或穆勒所预测的那样，**在静态经济中没有利润！**

为什么熊彼特给我们呈现了一个如此奇怪（更不用说不切实际）的体系形象呢？也许我们已经猜到了他这么做背后的目的：他想用静态资本主义模型解释利润的来源。

利润来源是一个大多数经济学家都会谨慎对待的问题。斯密一会儿称利润是劳动创造的价值中被扣除的一部分，一会儿说利润是资本的独立回报，他的立场摇摆不定。当然，如果前者是对的，那么这就意味着劳动者被欺骗了；如果后者是对的，那么就必须解释清楚这个问题：为什么利润被划归为机器的所有者，而不是机器的发明者或使用者所有？穆勒认为，利润是对资本家"禁欲"的奖励，但他没有解释为什么资本家有权从明显符合他们自身利益的活动中获得奖励。还有一些经济学家把利润描述为"资本"的收益,就好像铲子本身因其对产出的贡献而获得报酬一样。马克思当然认为斯密的第一种观点是正确的,不过斯密并不知道这一点。但这是劳动价值论的一部分,而且人人都知道这种理论是错误的,因此不必加以考虑。

熊彼特现在为这个烧脑的问题提供了一个绝妙的答案。他说,利润既非来自对劳动力的剥削,也非来自资本的收益,它是另一个过程的结果。在静态经济中,当循环流转没有依惯例进行时,利润就会出现。

现在我们能看出以不切实际的循环流转作为讨论的起点有多明智了。在所有打破常规的力量中,有一种力量最为重要,那就是把技术或组织创新引入循环流转中,即企业采用全新的或成本更低的制造工艺,或制造出全新的产品。**这些创新产生的收入流无法追溯至劳动力或资源所有者的贡献**。新工艺能使具有创新精神的资本家以更低的成本生产出与竞争对手相同的商品,就像地理条件优越的土地能使其所有者以更低的成本生产出与地理条件差的地主相同的农产品一样。与幸运的地主一样,创新资本家因成本差异获得了"租金",但这种租金并不是源于地理条件或土壤肥沃等方面的自然优势,而是源于创新者的意志和智慧,而且,当其他资本家也掌握了先驱者的诀窍时,这种租金就会消失。因此,这种新收入流不是永久性的租金,而是转瞬即逝的利润。

有创新自然就有创新者,即以新的方式综合利用生产要素的人,他们显然不是因循守旧的"普通"商人。将变革引入经济生活的是另一个阶层的人,或者更准确地说,是另一个群体的人,因为创新者可能来自社会各个阶层。熊彼特选择了一个古老的经济学词汇来描述这些生产的革命者,即**企业家**。因此,企业家及其创新活动是资本主义体系的利润来源。

••

《经济发展理论》不只是对企业家的赞歌。熊彼特在分析创新对循环流转的影响时,不仅阐述了利润来源理论,还阐述了利息和信贷理论,除此之外,他还解释了商业周期。熊彼特说,创新通常是先驱者的工作,但先驱者很少,创新很困难,而追随却很容易。紧随创新者之后的是熊彼特所谓的"模仿者",这样的人有很多。因此,最初的改进会波及整个行业,银行借贷和投资支出的激增会引发繁荣。但创新的普及会消除差异优势,竞争迫使价格下降至新的生产成本水平。当创新成为惯例时,利润随之消失。随着利润的下降,投资也会下降。事实上,当一些模仿者做出了不合时宜或规划不当的投资时,经济可能会出现收缩。

我们之后再讨论熊彼特对商业周期的解释,现在我们感兴趣的是他对企业家功能的强调。请注意,尽管企业家是利润的创造者,但他们不一定是利润的获得者。利润归企业主所有,就跟地租归地主所有一样。熊彼特笔下的企业家的收入份额被他们所开启的过程的动态变化挤压了,他们比李嘉图笔下的资本家还要惨。

此外,企业家精神不是一种专业技能,也不是可以世袭的职位。它是一种特殊的领导力，不是造就将军或政治家的那种魅力四射的领导力，而是一种感知和把握商业优势、不那么受社会尊重的才能。

熊彼特写道：

> 因此，我们应该理解，只有具备专业的知识，才能充分了解这些领导者提供的服务。同时又因为单个企业家和企业家集团的经济地位极不稳定，当企业家的社会地位因为其在经济上的成功而有所提高时，他也只是像一个没有文化根基的暴发户。他们的做法很容易遭到嘲笑，所以我们应该理解，这样的人只是少数……

那么，企业家为何要完成不确定且吃力不讨好的任务呢？熊彼特说："首先，他们有一种找到一个私人王国或王朝的梦想和意志……其次，是一种征服的意志，他们总想证明自己比别人强，总想获得成功，而不是为了获得成功的果实……最后，他们想享受一种乐趣，这种乐趣可以从创造、做事成功或者从施展个人才华和智谋中获得……"

这是对企业家的奇特描绘，他们既像凡勃伦所推崇的那种受工艺本能驱使的人，又像凡勃伦所鄙视的那类具有掠夺欲望的人。当然，斯密笔下的资本家绝不是因为想得到公众的尊重才不断积累资本的，马克思笔下的商业巨头也不是因为迫于复杂的压力而扩张资本的。熊彼特笔下的企业家更接近于体系内浪漫的游侠，他不一定出身于资产阶级，但他渴望成为资产阶级，而且他通过自己的努力实现了愿望,同时为社会注入了活力,使社会不至于变得像托马斯·曼[1]在《布登勃洛克一家》(Buddenbrooks)中所描写的敬畏上帝的商人王国那样沉闷。此外,企业家所扮演的角色要比熊彼特所阐明的广得多,等到最后解释他的愿景时,我们就会明白这一点。

《经济发展理论》开启了熊彼特的学术生涯,但在第一次世界大战后不久,因为要处理政府和企业事务,他的学术生涯曾短暂中断过。1919年,他同意加入德国新社会主义政府成立的工业国有化委员会。一位年轻的经济学家问他:您如此推崇企业,怎么会加入一个想要将其国有化的委员会呢?熊彼特回答说:"当有人想自杀时,有医生在场是件好事。"同年,由奥地利中间派和社民党组建的新政府邀请他担任财政部部长一职,他制订了一项雄心勃勃的计划以稳定奥地利货币,但冲突和分歧迫使他在该计划获得批准之前就辞职了。这项计划很可能失败,因为当时通货膨胀已经势不可挡了。随后,他曾短暂地担任过维也纳私人银行比德尔曼银行的行长,但由于通货膨胀风暴(以及一些同事的欺诈行为),这家银行倒闭了,他这位新行长也负债累累。颇有贵族之风的他没有以破产法做挡箭牌推卸责任,而是还清了债权人的债务,这让他损失惨重,而且在接下来的10年时间里,他继续用自己的收入还债。他当时娶了一位21岁的女士为妻,她是他母亲公寓管理人的女儿,他们已经相恋5年了。不幸的是,婚后不到一年,他妻子就因难产去世了,这使得熊彼特的性格更加

---

[1] 托马斯·曼(Thomas Mann,1875—1955),德国小说家和散文家。

阴郁了。他们的故事令人唏嘘，原本的喜剧故事最终变成了一幕悲剧。他没有向朋友们透露过这位妻子的卑微出身，在结婚前一年，他向朋友们解释说，安妮正在法国和瑞士的学校深造，但事实上，她是在巴黎当女佣。

此后，他开启了真正的职业生涯。先是在日本担任客座教授，然后是在德国，不久后又到了哈佛大学。他的举止和斗篷很快使他成了校园里的标志性人物。在哈佛大学，他迎娶了伊丽莎白·布迪（Elizabeth Boody），后者也是一位经济学家；还是在哈佛大学，他声称萧条是很好的冷水澡，至少有一名年轻学生永远记住了他这句话。

事实上，大萧条可以测试熊彼特的思想。如果资本主义的动力源于企业家的创新，那为什么在20世纪30年代的艰难岁月里，它们的刺激因素消失了呢？凯恩斯曾经说过，萧条反映了商人的预期状态，但其理论不需要解释商人"动物精神"低迷的原因。熊彼特的任务更为艰巨，因为他用一系列的创新和大量的商人来解释繁荣和萧条。因此，当无休止的萧条出现时，他需要解释创新未能及时出现的原因。

熊彼特在1939年出版的上千页两卷本著作《商业周期循环论》（*Business Cycles*）中给出了两种解释。首先，他指出存在三种商业周期，第一种持续的时间很短，第二种持续的时间为7～11年，第三种持续的时间长达50年，与蒸汽机车或汽车等划时代的发明有关。当这三种周期同时触底时，严重的萧条就会出现。其次，从俄国革命到无能的政府政策等外部因素也会产生负面影响，这些因素虽然不属于商业周期理论范畴，但它们恶化了形势。

第10章 熊彼特的自相矛盾

三种周期同时触底导致严重危机的观点从未得到过确凿的证实,但它确实言之有理。不过,熊彼特的这部著作能引起我们的兴趣还有另外一个原因。资本主义和其他任何社会体系一样,不能只靠面包生存。它需要一种信仰——对资本主义创造的、又是资本主义赖以建立的价值观和文明美德的信心。**尽管资本主义体系在经济上取得了成功,但其信仰正在丧失鼓动力。**

于是这部著作又以矛盾的口吻收尾了。纯粹从经济角度看,资本主义还能积累一段时间的资本,事实上,正如熊彼特在倒数第二句中所说的,如果他对三个相互影响的投资周期的设想是正确的,那么未来30年应比过去20年好过得多。接着他写下了令人担忧的最后一句话:"但不要指望社会意识形态的败坏趋势会改变。"

我们在他的《资本主义发展理论》(*The Theory of Capitalist Development*)中看到过相关的暗示,在《商业周期循环论》看到了更多的暗示,但直到1942年他出版了《资本主义、社会主义和民主主义》(*Capitalism, Socialism and Democracy*)一书,我们才看到了他对资本主义未来愿景的完整论述,我们也才改变了对资本主义体系的思考方式。

这本书从马克思开始谈起。奇怪的是,相当自负的熊彼特写这本书与其说是为了丰富自己的学术成果,不如说是为了驳倒他人。凯恩斯是他的头号论敌,因为熊彼特不仅在哲学上反对凯恩斯主张的观点,而且对凯恩斯得到全世界的关注和倾慕,而他只能得到学术同行的认可感到很恼火。更反常的是,他从不给予凯恩斯应得的称赞：当《就业、利息和货币通论》出版时，熊彼特对凯恩斯刮目相看，称凯恩斯是"有史以来致力于经济问题研究的最卓越的人之一"，但不可思议的是，他对这本书很反感，称对它"谈得越少越好"。

但熊彼特真正的论战劲敌不是凯恩斯，而是马克思。熊彼特在学生时代就研究过马克思的学说，还参加过与鲁道夫·希法亭（Rudolf Hilferding）和奥托·鲍威尔（Otto Bauer）等学者组织的研讨会，这两位都是当时最杰出的马克思主义青年学者。熊彼特比任何西方经济学家都更熟悉马克思的著作，因为马克思的大部分著作直到20世纪50年代才出现在英美世界。在哈佛期间，他总是乐于与年轻的同事们讨论马克思，事实上，他对马克思要比对凯恩斯更为宽容！难怪他的《资本主义、社会主义和民主主义》一书从马克思开始谈起，马克思才是唯一真正配得上他的论敌。

这本书前四章的标题分别是先知马克思、社会学家马克思、经济学家马克思、导师马克思，从这几个标题中就能明显看出熊彼特和马克思观点的异同。在马克思看来，资本主义的本质是辩证的变化和自身造就的失衡，这些都被熊彼特所吸纳，事实上，马克思有关资本主义内在发展的思想无疑是熊彼特观点的来源。但马克思认为，资本主义动态发展的原因在于工人阶级和资产阶级之间的斗争，这种斗争不断地挤压剩余价值，刺激所有资本家（而不仅是先驱者）通过运用节省劳动力的创新来挽救利润。

这是熊彼特与马克思分道扬镳之处。熊彼特对资本主义体系提出了另一种看法，他强调了资本主义"布尔乔亚"的一面，而不是其贪得无厌的一面。在熊彼特看来，布尔乔亚是对理性、喜欢享乐的商人的文雅表达，与神气活现、重视荣誉的战士恰好相反。他写道："布尔乔亚生活方式的演变，很容易用休闲服的起源来描述，也最能说明问题。"这句话带有凡勃伦的风格。在熊彼特看来，给资本主义提供至关重要的推动力的并**不是**其核心人物布尔乔亚资本家，而是一个外来的闯入者——领头的企业家。马克思或凡勃伦不认为他们之间有什么差异，但这种差异对熊彼特的解释很关键。

我们不必再赘述熊彼特和马克思的其他分歧了。熊彼特很可能对自己的这位论敌没有确切的评判，但很明显，他把对方描绘为一位特别有智慧的人，他必须直面并击败对方。这正是他要做的。翻开"导师马克思"这一章的最后一页，我们会读到这句话："资本主义能生存下去吗？"他给出的答案让人十分震惊："不，我认为它不能。"

但是，即使资本主义注定要灭亡，那也不可能是出于马克思提出的原因。因此，我们要先来探讨一下熊彼特所说的"**看似合理的资本主义**"概念。什么是看似合理的资本主义？它很像凯恩斯呈现在我们眼前的美妙预测，即实现一个世纪的增长，这是熊彼特所设想的最佳状态。停滞主义者对投资机会消失的担忧被欢乐的浪潮冲散，他们说，征服天空将与征服印度一样伟大；其他经济学家对垄断蔓延的担忧也被抛诸脑后，他们把资本主义创新描述为"持续的创造性破坏飓风"，而推动创新变革的正是"垄断"本身。因此，正面驳斥马克思的舞台已搭建就绪。看似合理的资本主义是一个能持续自我更新进而不断增长的经济体制模式。

但这里出现了熊彼特式的矛盾：资本主义能在经济上取得成功，但不能在社会意识形态上取得成功。这是因为，正如我们已经看到的，资本主义的经济基础创造了符合其意识形态的上层建筑——它是理性而非浪漫的，是好批判而不勇敢的，是为穿西装而非戴盔甲的人设计的。最终，正是这种布尔乔亚的心态、布尔乔亚的思想摧毁了这个体系：

> 资本主义创造了一种批判的心理结构，这个结构在毁坏许许多多其他制度的道德权威之后，最后掉过头来反对它自己；资产阶级人士惊讶地发现，理性主义态度在得到国王和教皇的信任状后没有停步，而是继续攻击私有财产和资产阶级价值的整个体系。

因此，伟大的创业冒险结束了，不是因为工人阶级崛起了，也不是因为体系最终无法控制一系列不断恶化的危机，而是因为氛围发生了变化。个性和性格的力量不断减弱，官僚的力量不断增强。创新本身变成了制度化的做法。资产阶级家庭作为传播资本主义价值观的媒介，也感染了理性主义的疾病。布尔乔亚对自己失去了信心。因此，当表面上看似进展顺利时，"背后却隐藏着缓慢走向另一种文明的趋势"。

我们翻到下一页："社会主义行得通吗？当然。"这完全是熊彼特式的社会主义，是一种良性官僚化的计划经济。我们稍后会简要讨论这种观点。现在我们要注意的是熊彼特论证的高明之处：他在马克思的"地盘上"击败了马克思。虽然在资本主义能否生存这个关键的争论点上，他向马克思投降了。不过他证明，或者至少是指出，资本主义将让位于社会主义是因为他提出的观点，而不是因为马克思提出的原因，就这一点来看，他击败了马克思！马克思得到了一切荣誉，但熊彼特的观点赢得了胜利。

确实是如此吗？这个问题对评价熊彼特非常重要，而且对我们也非常重要，因为我们就是他所描绘的体系里的居民。

对于熊彼特的观点，我们既钦佩又愤怒。无论他是在撩拨资产阶级保守派还是在逗弄马克思主义狂热分子，他都有些装腔作势。他通过自己的著述传播了许多与众不同的奇特观点：马克思是个大保守分子；垄断"扩大了明智者的势力范围，减少了愚蠢者的势力范围"；一个国家越是"完全资本主义化"，就越不具有侵略性——研究19世纪英国帝国主义和20世纪美国外交政策的学者会对这一判断感兴趣。

但我们必须从整体论的角度来看待这些别具一格的观点。其论证有说服力吗？科技大幅进步的前景、商业和政府官僚化的趋势、资产阶级道德的堕落不都是令我们震惊的预言吗？别忘了，这本书出版于1942年。熊彼特的预言能力在他那个时代是无与伦比的，他让那个时代狂热的左派相形见绌，让天真的中间派黯然失色，也让右派不可企及。左派认为资本主义即将灭亡，中间派认为适度的政府支出政策可以一劳永逸地解决资本主义面临的问题，右派认为我们将通往奴役之路。

然而熊彼特的预测良莠不齐，仔细研究后我们会发现，它们不如乍看起来那么令人印象深刻。熊彼特无疑正确地预见到了未来科技大有可为,但他没有预见到从核武器和能源到计算机等科技的性质会对资本主义和投资领域造成相当大的威胁。不可否认,他预测企业官僚作风将蔓延是正确的,但他预测巨型企业的崛起将导致其进取心减弱是错误的:大型跨国公司激烈地争夺世界市场份额的景象与熊彼特预测的资本主义扩张动力减弱不相符。

那么,对扩张的厌倦、信仰的丧失,真的会使资本主义世界消失吗?20世纪60年代末的人会认为,这样的预测确实很有远见,因为当时西方资本主义显然正在向计划经济发展。30年后再看,这一预测就不那么令人信服了。不仅在美国,而且在整个欧洲,我们都见证了资本主义信仰的复苏,因为向计划性的制度发展一开始确实促进了经济增长,但后来发生了通货膨胀,导致最后人们对计划经济本身失去了信心,苏联体系的崩溃则是致命的一击。

当然,熊彼特的观点是着眼于长期的,而我们是在短期框架内评判他的。资本主义信仰的复苏很可能是短暂的,之后向社会主义的转变可能会重启。也许官僚化趋势最终会使企业失去主导权,大型跨国公司将演变为巨型卡特尔,将世界分成若干个私人经济王国,就像一个世纪前的帝国主义国家一样。

这些只不过是推测,但熊彼特的愿景也是一种推测———一种看似合理的资本主义,但不是唯一的一种。他的设想很精彩,但它不是遵从相同的逻辑从体系的先前发展中推演出来的,这是它与李嘉图、斯密或马克思的设想不同的地方。这是因为,从根本上说,**熊彼特的预测不是经济预测**,而是一组有关社会和政治问题的明智断言，而且这些问题无法运用斯密或马克思用以建立其强大理论的方法来预测。这位叛逆的智者打破了对资本主义前景的展望惯例，因为他笔下的资本主义并不遵守资本积累和商人竞争法则；当认为游戏得不偿失时，商人会屈服于文化而非经济压力。事实上，熊彼特最终不是志得意满地指出，经济过程本身不足以决定制度的命运吗？

因此，不能用评判其他世俗哲学家愿景的标准来评判熊彼特的愿景。他做出的与其说是经济预测，不如说是社会预测，是对文化变革之风将吹向何方的判断。熊彼特的贵族品位、孤傲的学术立场、在现实政治和企业中的坎坷经历，都使他比凯恩斯或马克思更适合对事物的变化做出判断。在俗世生活里，凯恩斯太一帆风顺了，而马克思事事不如意。然而，他非凡的洞察力是以牺牲严格的经济逻辑为代价的，而这种逻辑赋予了古典预言家力量。

熊彼特理论的影响令人不安，不仅对资本主义是如此，对经济学亦是如此。经济学家的伟大成就难道不是他们能推断出社会的发展方向吗？经济学不是建立在预测能力基础上吗？熊彼特的设想难道不意味着一切都已经过去了，无论经济学的预测能力如何，它都不再重要了吗？我们将在最后一章讨论这个至关重要的问题。现在我们还要继续讨论这位堂吉诃德式的人物。他的故事还有最后的转折。我们将看到，这一转折不只有助于我们理解熊彼特的一生。

我们再回过头看看熊彼特笔下的资本主义的核心矛盾。他在

《经济发展理论》中把资本主义描绘成一种静态、惰性、不变的"循环流转",以及一种陷入动态变化的体系,这种动态变化后来被称为创造性破坏的飓风。熊彼特怎么会用如此不一致的措辞来描述这个体系呢?把不变的循环流转说成是体系的精髓,又说这个体系是一个持续的自我创造转变过程,他这么做是何用意呢?

我们知道熊彼特的解释:循环流转能使我们理解企业家精神的影响。企业家精神不仅是资本主义内在的驱动力,而且是其利润收入流的独特来源。但还有另一种解释,回想一下,熊彼特理论中的企业家不是来自任何特定的阶层,他们只是拥有创新才能。因此,资本主义"发展"的动力并非来自资本主义内部,而是来自非资产阶级精英主导下的社会动态化!

毫无疑问,熊彼特本人相信"精英"在历史上的重要性,他们是拥有非凡天赋的少数人。让我们看看他在《经济发展理论》中以音乐才子为例对精英的评价:

> 我们可以假定,每个健康的人想唱歌就能唱。在同一族群中,也许有一半的人拥有平均水平的歌唱能力,25%的人低于平均水平,25%的人高于平均水平。在这群高于平均水平的人中,歌唱能力越高的人越少,最后只剩下卡鲁索[1]那样的人。

---

[1] 恩里科·卡鲁索(Enrico Caruso,1873—1921),世界著名意大利男高音歌唱家。

就跟唱歌能力一样，人的领导能力，包括经济领导能力，也有差异。熊彼特说，大约25%的人缺乏这种能力，以致只能从事经济生活中最日常的工作，如商界的职员和普通工作人员。一半的人拥有正常的创新能力，"几乎所有的商业人士"都属于这一群体，他们主要依赖积累的经验行事，但能够适应正常的日常挑战。接下来就是真正的精英了，即"那些具有超常智慧和意志力的人"。

因此，作为社会变迁和发展叙事的历史，是精英影响怠惰社会群体的故事。在不同的社会环境中，发挥影响力所需的才能有所不同——军事人才在封建社会中颇受青睐，经济类人才在市场社会中大有可为，但不管在什么样的社会中，精英的推动力总是存在的。因此，领导阶层构成了一个特殊的群体，位于社会的顶端。具体的领导人可能会改变，但领导阶层不会改变。熊彼特写道："社会上层就像客满的酒店，入住的客人总是在变。"

这又是对马克思的冲击，针对的是马克思有关无产阶级革命力量的思想。熊彼特说，马克思完全错了。无产阶级不能成为变革性力量，因为其人数众多，才能平平。个别的无产阶级人物可能具有领导能力，但领导权本身只能为极少数人所拥有。

也许这就是熊彼特对社会主义的到来如此镇定自若的原因。谁来管理资本主义消亡后的经济呢？当然是有能力的人，而有能力的人就是资产阶级。他写道："这里有一个阶级，依靠产生这个阶级的选择性过程，积聚了能力超凡的人才，成为国家的资产，任何社会组织使用它都是合理的。"因此，这个管理阶级没有任何理由害怕社会主义。管理社会主义体系所需的技能，与管理先进的资本主义体系所需要的技能非常相似，资产阶级精英自然会处于社会顶端。

这是经济学观点吗？从传统的视角来看不是，确切地说它是历史社会学观点。抢占制高点的不是阶级，而是精英。经济学描述的结果出现在奖励市场技能的社会，而不是奖励战场技能、讲坛技能或管理办公室技能的社会，但无论如何，操纵局势的始终是精英。

因此，熊彼特运用他的经济模型呈现了宏大的社会愿景。我们从一开始就在使用的这个词，其本来就是他提出来的。到1950年去世前，他一直在孜孜不倦地从事有关经济思想的研究，而"愿景"是其研究的核心主题。分析也许是经济学家引以为傲的工作，但是，密涅瓦（Minerva）能从朱庇特（Jupiter）的脑袋里蹦出来，分析却不会从经济学家的脑袋里蹦出来。在提出符合逻辑的设想之前，我们会经历一个"预分析"（preanalytic）过程，我们无法逃避这个过程，它不可避免地受植根于我们内心深处的价值观和偏好的影响。熊彼特写道："分析工作……体现在我们看到的事物的形象中，无论在哪里，只要有从特定的角度看待它们的动机，我们看待事物的方式就会受到影响，很难与我们希望看待事物的方式区分开来。"

这是个绝妙的见解，可以用来解释熊彼特本人几乎没有察觉到的事情。这也是马歇尔这位最谨慎、最细心的经济学家没有料到凯恩斯能发现消费流和投资流之间存在重大差异的原因。

我们在马歇尔的《经济学原理》中找到了答案。在谈及**消**

费品的本质时,他把**消费品**和**生产品**做了比较。他指出,这两类产品之间存在"某种显著的差别"。我们屏住呼吸,等待着激动的时刻到来,因为凯恩斯的重要见解就在眼前了。但马歇尔接下来称,这种差异"含糊不清,而且可能没什么实际意义"。为什么?因为他的经济愿景强调的是商品定价的过程,而不是生产对未来增长的影响。此外,从衬衫和机器的定价没有根本区别这个角度来看,马歇尔是对的,他看不出生产前一种物品与生产后一种物品有什么区别。

有没有更引人注目的例子可以说明愿景造成的分析差异?如果马歇尔像凯恩斯一样专注于总产出的路径,他就会看到凯恩斯所看到的,但是,由于他只盯着价格看,便错失了良机。

那么,经济学是对我们希望看到的或不得不看的事物的分析,而不是对明确"存在"的世界的超然和客观的分析吗?我们在下一章讨论经济学家的成就,以及整个经济学的前景时会再次谈及这个问题。

现在绳子上只剩最后一个结没有解开了。我们还记得,少年熊彼特进入了维也纳的一所贵族学校学习,在那里他形成了对他一生至关重要的价值观。我们认为,他把这些价值观融入了他的以精英为核心动力的历史愿景中,我们的这种看法错了吗?当然,这里的精英是贵族,体现的是少数人生而优秀的信念,这是所有贵族社会观的核心。但请注意,熊彼特的少数精英不是通过血缘关系而是通过"智慧和意志"选拔出来的。因此,他们是**有才能的贵族**,熊彼特本人就属于这样的精英阶层。正如熊彼特所设想的那样,历史大剧不仅证明了资本主义的正当性,而且证明了一个群体（熊彼特自己所属的群体）的正当性，这个群体依靠的是比家族或出身更持久、更有价值的东西。因此，个人经历和历史愿景最终统一，使他解开了许多矛盾。

也许熊彼特本人不太喜欢这样的评价，但他也不可能否认。他渴望成为一名伟大的经济学家——他是否实现了愿望尚不清楚。有趣的是，尽管学生和同事们多次恳求，但他从不在课堂上讲授自己的理论。一位学者认为，这是因为熊彼特觉得自己的分析不够充分。我们不知道他是否想成为一个富有远见的人，不过他确实称得上是这样的人。无论是作为分析师还是预言家，对经济学感兴趣的人都应该了解他，这不仅是因为他在这门学科中取得了卓越的成就，还因为他的成就凸显了这门学科的局限性。

第11章

经济学的终结?

第11章 经济学的终结?

我在序言中提醒过读者,经济学的结局可能令人担忧,本章的标题似乎印证了这一点。但我还要提醒读者,"终结"一词有两层含义:一是**终结**,二是**目的**。多年前我写完本书并为它确定书名时,就愉快地选定了这个标题。接下来我们继续讨论这门学科的未来和用途,不过我们要牢记"终结"一词的双重含义。

如何开始这项艰巨的任务呢?我认为最好回到起点,反思经济学到底是什么。不用说,它不只是讨论数字、预测和政府声明等问题,每日经济新闻里都有这些内容。它也不是指经济学专业的学生都熟悉的供求关系图表和方程。经济学的核心是一个解释系统,其目的是启发我们了解被称为经济的复杂社会实体的运作状况,进而了解其存在的问题和未来的发展前景。

到目前为止,对于这些解释性愿景和分析,我们主要强调的是它们的多样性。从重商主义的君主到马歇尔的职员,或者从斯密完全自由的社会到凡勃伦的商人蓄意搞破坏的社会,内容包罗万象,似乎不可能有统一的研究对象。然而,在最后这一章里,我们要从另一个角度来看待它们。我们不再强调它们的表面差异,而是要寻找一个共同的结构核心。

要回答这个问题,我们就必须回到第2章。在这一章里,我们首先探讨了人类自诞生后,在前99%的时间里如何依靠决定其狩猎和采集活动的传统生存下来,但我们很难把这些复杂的规则和禁忌称为"经济学"。公元前4000年到公元前3000年，在建造城市、灌溉系统和大金字塔的社会秩序中出现的更复杂、更具创造性的体系也是如此。正如我们所看到的，现在，人类的物质生活不仅受到传统遗留因素的支配，而且受到强大的新力量的支配。

也许没有比这些社会的崛起更引人注目的事件了，但我们是否需要用"经济学"思想来解释或理解"命令"带来的革命？我认为不需要。举个例子，价格变化一直是经济学解释体系的主要组成部分，但法老的工人切割的石块没有价格可言，金字塔就更没有了。命令以惊人的方式改变了社会，但它并没有带来需要以经济学的全新方式去理解的生产和分配组织。

那么，最终为这种理解社会运作的新方法奠定了基础的是什么呢？正如我们在第2章中所看到的，答案是中世纪传统和封建命令被真正需要新解释模式的社会秩序缓慢替代。这种社会秩序被称为**资本主义**，它以经济作为组织物质生活的手段，以**经济学**作为它的**新解释体系**。

我可以简单地描述资本主义带来的变化。首先，对贪欲的依赖被视为组织生产和分配以满足社会物质需求的主要手段。切记，在此前的任何社会中，追求财富从来都是不合法的，更不用说鼓励个人去追求财富了。当然，国王，可能还有冒险家可以追求财富，下层阶级则从来都不能。

其次，市场的奖惩机制引导资本主义的生产，决定资本主义的分配模式。在狩猎、采集或靠命令维系的社会秩序中不存在这样的机制，也就是说，通过竞争性的买卖提供生活必需品的机制不存在于任何其他社会秩序中。

最后，资本主义是第一个由公私两种界限分明的权力全面指导的社会。公共权力机构（政府）行使权力并制定法律，但它并不是为执行日常生产和分配任务而设立的。这部分权力在很大程度上属于追求利润的个人，他们生产自己想要的东西，雇用那些愿意接受他们提供的工资和工作条件的人，解雇那些不愿意接受的人，但他们不能像建造金字塔的人那样强迫别人劳动，也不能像封建领主那样体罚效率低下的工人。

这三项历史性的创新为所有大经济学家的愿景创造了条件。随着新经济加速摆脱传统和武断命令的拖累，大经济学家的描述和对策也发生了改变，但从斯密到凯恩斯和熊彼特，他们都以社会形态作为他们理论的基础。经济学是资本主义的产物，没有资本主义，它就不可能存在。

那么这一切与本章标题的两个含义，即经济学本身可能终结和经济学最终的目的有什么关系呢？第一个问题的答案在于一个意义深远的变化，这一变化正日益成为经济学家的愿景。最初的变化始于经济学越来越倾向于以抽象的术语描述买卖活动，也许是从第7章中提到的埃奇沃斯用"幸福微积分"描述快乐和痛苦、冯·屠能用公式描述劳动力的"公平工资"开始的。到了马歇尔时代，经济学著作中出现了很多精制的图表，我们也注意到，凯恩斯用代数来描述他的分析结果。

然而，奇怪的是，数学的普及并不是我们这个时代经济学的关键变化。在任何依赖现代技术的社会秩序中，数字比比皆是。所有工业体系都会产生大量的定量信息，也需要这些信息，但在高速生产和即时通信出现之前，这是不可想象的事情。现代经济的相互依赖程度比亚当·斯密的制针工人更高，随着相互依赖性的加强，信息的数量和需求也在大规模增长。统计学和数学就这样进入了现代经济学领域，如果没有它们，人们怎么能把数百万企业的产出汇总成一个名为"国内生产总值"的数字呢？或者怎么能计算出一个名为"价格水平"的数字并以它表示无数商品和服务的平均价格呢？这并不是说数学模型能告诉我们该如何依据大量的信息做出最佳行为，结合了统计学和经济理论的计量经济学的预测力并不以准确性著称。问题是，除了运用各种形式的数学方法来分析经济学领域的诸多问题，没有其他更好的选择了。

然而，尽管数学化的倾向很明显，但它并不是本章所关注的最重要的变化。今天，数学已经渗透进了经济学并将其形式化，也成了其青睐的表达方式，但没有人会真正把数学与经济学混为一谈。在我看来，更深层、更显著的变化是，在经济学的愿景中（实质上是本质），一个新概念出现的频率越来越高了，而一个旧概念出现的频率越来越低了。这个新概念是科学，而这个旧概念是资本主义。

我引用两本教科书里的话来说明这一点，一本是格里高利·曼昆（N. Gregory Mankiw）所著的《经济学原理》(*Principles of Economics*)，另一本是约瑟夫·斯蒂格利茨（Joseph Stiglitz）所著的《经济学》(*Economics*)。两位作者都是经济学领域里的佼佼者，声望极高。他们撰写的教材都是思路明晰、充满智慧和可读

性强的典范。现在我们来看看它们是否印证了我的看法。我首先引用的是曼昆在《经济学原理》导言中写的一句话:

> 经济学家努力以科学家的客观性来探讨他们的主题,他们研究经济的方法与物理学家研究物质和生物学家研究生命的方法非常相似:先提出理论,后收集数据,最后分析这些数据以验证他们的理论。

我们稍后再考虑把科学置于中心地位的意义,我们先来探讨不以资本主义描述经济的观点。我们看看斯蒂格利茨在其两卷本教科书中是如何做的。答案很明显,在这本厚达997页的经济学基础教科书中,"资本主义"一词没有出现过。

有人可能质疑我在有选择地引用,我请质疑的读者去离家最近的公共图书馆一趟,随机选择20世纪50年代前后10年美国经济协会旗舰期刊《美国经济评论》(American Economic Review)或英国经济协会旗舰期刊《经济学杂志》对比一下,我可以保证,质疑的读者会在第二组期刊中发现,有关科学方法的参考文献明显增加,而"资本主义"一词出现的次数急剧减少。因此,无论别人如何质疑,我都必须大胆地指出发生这些变化的原因。

我们先来看看科学。人们期望科学概念成为经济学家愿景中越来越明确的部分,原因不止一个。第一个(绝非最没有说服力的)原因是,研究经济运行的学者就跟研究自然运行的学者一样,探求行为的规律性,把它们视为发现"定律"的首要线索,而定律的发现可能是最重要的科学成就。如果不了解引力定律,我们就无法解释（或预测）行星轨道或飞机的飞行轨迹。问题是，经济行为是否也有类似的定律呢？

我之所以说类似一词，是因为个人行为显然比在太空中移动的物体更复杂。当服装价格上涨时，人们购买的服装数量可能会下降，但若人们的喜好被促销活动所影响，也可能不会出现这样的结果。尽管如此，没有人会否认商品的价格和买家购买的数量之间**普遍**存在着这样的关系：购买数量与商品价格呈反方向变化。

此外，收入和消费品支出、利率和企业投资支出也存在这种大致可预测的刺激反应关系。因此，经济行为具有一定的可预测性，而在政治等社会生活的其他领域里很难甚至不可能找到类似的例子。同样值得注意的是，经济刺激的变化通常会带来反方向的变化，这取决于我们所扮演的角色是什么，即我们是买家还是卖家，这是区分经济生活和非经济生活的另一个特性。事实上，正是这种价格刺激对行为的两极效应，才使市场成了建立社会秩序，而不是引起社会混乱的手段，这种独特的稳定效应再次把经济行为与一些自我平衡的自然过程联系了起来。

因此，人们很早就意识到市场体系与科学所关注的自然过程存在某种相似之处，这并不奇怪。这种相似性无疑极具吸引力。如果经济学能够成为真正的科学分支，那么我们预测事件走向的能力将大大提高，改变事件走向结果的能力亦是如此。物理科学让我们拥有了控制重力的能力，经济科学肯定不会让我们拥有完全控制未来的能力，但它无疑会提高我们预测经济系统运行变化结果的能力，进而促使我们选择最有利的行动方案。既然如此，我们何不为经济学逐渐成为一门科学而欢呼呢?

原因有两个,马歇尔也注意到了其中的一个。尽管他也对经济学中类似科学的方面很着迷,但他告诫说:"经济学不能与精确的物理科学相比,因为它处理的问题涉及微妙的人性变化。"物理学或化学定律描述的是科学家研究的电子和介子的行为规律,但是,这些自然微粒的"行为"与社会科学研究的人类行为之间存在着不可逾越的鸿沟。当科学家们参照电子的行为解释光学现象时,没有人会认为个别电子能"决定"它是否会移动或移动到哪里。而经济学家以买卖双方的行为来解释价格变化时,他们必须假设每个人都按自己的心意行事,否则就无法描述研究对象。总之,除了纯粹的自然反应,如果不考虑个人的决断,就无法理解人的行为,而个人的决断是不可预测的,有可能在最后时刻改变。相比之下,自然元素的"行为"不是这样的,因为物理微粒不会"选择"自身行为。

因此,随意使用"行为"一词很容易把有意识的人和无意识的物体这两种完全不同的事物混为一谈。如果经济学真的是一门科学,我们人类就是机器人,我们无法选择对价格上涨的反应,就跟被磁铁吸附的铁粒子没什么两样。

第二个反对经济学是一门科学的原因看似与第一个完全不同,但实际上只是换了一个角度而已。人类社会生活本质上是政治性的,也就是说,所有社会,一旦从狩猎和采集阶段演变到命令阶段,就会产生剥夺者和被剥夺者,从贵族到奴隶,从阶级到种姓,从有产者到无产者,资本主义也不例外。财富或收入分配等关键的经济问题,是否由像引力一样的社会因素所决定?税收、继承权或血汗工厂的存在是否体现了永恒的自然规律？还是它们是确定我们所处的社会政治秩序的可变因素？

这个问题与曼昆的说法有关。如前所述，曼昆称，经济学家"努力以科学家的客观性来探讨他们的主题"。但是，对继承的财富或过度的贫困等问题保持"客观性"意味着什么呢？这是否意味着这些安排反映了一些必须被接受的社会特性，就像科学家必须接受使用望远镜或显微镜开展研究的安排一样？或者这是否意味着，当我们意识到内心对社会安排的认可或拒绝时，我们可以通过适当的折中，得出真正中立的观点？在这种情况下，即使研究对象不是自然的产物，而是社会的产物，我们是否可以用"科学"一词来描述我们的发现？

答案是不能。当然，在分析经济学试图澄清的许多问题时，科学方法有足够大的运用空间，包括要求经济学家报告他们精心观测的数据。但是，当涉及政策建议时，不可能把经济分析呈现得好像它们是从社会中自然生成的一样，这是因为，社会事物与自然界形成的事物没有可比性。此外，承认在所有的层级社会中都存在权力和服从，并不能使我们把澄清自然问题时追求的客观性用于对社会问题的解释，它只是允许我们用描述自然运作的语言来描述社会运作。如果把这样一种伪科学的观点视为经济学的目的，那确实意味着经济学作为一种世俗哲学的终结。

到这里，我们的讨论把我们引向了本章开头提出的第二个更大的问题：经济学的目的是什么？如果经济学不是一门社会科学，那么它究竟对社会有什么用呢？

我的答案是，它的目的是帮助我们更好地理解资本主义环境，在可预见的未来，我们将很可能不得不在这一环境中塑造我们的集体命运。多年来，我一直支持民主社会主义的理念和目标，做出这样的断言对我而言并非易事，但考虑到 20 世纪社会主义的起伏，很难指望它在 21 世纪能东山再起。事实上，考虑到未来几十年内明显可见的冲突和压力，未来出现的任何社会主义，特别是在欠发达地区，都很有可能再次滋生出政治自大、官僚惰性和容不下其他意识形态的毛病。

可以肯定的是，这些冲突和压力也会危及资本主义社会。生态危机，首先，全球变暖，不仅需要遏制贫困国家气候变化带来的危害，还需要应对更为艰巨的挑战，即减少富裕国家的碳排放（气候变暖的根源）。其次，还有核武器的扩散，以及民族、种族和宗教仇恨，资本主义大国无法置身于这些问题和冲突之外。最后，全球化经济快速增长的问题最初出现在个别资本主义国家内部，但随后脱离了国家控制，成为超国家的存在，对最富有的资本主义国家的主权造成了威胁。总之，对于富裕的资本主义世界以及贫穷的前资本主义世界或前社会主义世界，这样的前景即使称不上令人绝望，也算得上具有威胁性。

∙ ∙

在这样的情况下，愿景和分析的目的是什么呢？在政治领导、外交技巧和社会激励等防止上述压力破坏资本主义社会运作的关键方面，经济学几乎发挥不了什么有益的作用。然而，这门科学具有独特的潜力，它可以提供前瞻性的指引，至少能帮助一些资本主义国家安然度过未来的几十年。

我在此要特别指出一些资本主义国家。最后一次重申,所有资本主义的特征都是资本的驱动、市场体系的引导和约束,以及权力分散到两个相互渗透但各自独立的部门(一般被认为是好事,但也有缺陷)。然而,除此之外,还必须加上能使资本家取得一系列业绩的适应和创新能力,这些能力可以从资本驱动的强度、市场自由度,以及公共和私人领域之间的界限看出来。因此,有相当多的资本主义国家经济结构大致相似,但它们在社会层面的表现却有很大的差异。比如,斯堪的纳维亚和欧洲的资本主义国家在社会层面(在经济层面不一定成功)相当成功,而美国在经济层面表现相当出色,但在社会层面表现极为糟糕。美国顶级公司的高管薪酬是法国或德国的2倍,而美国穷人的向上流动性仅为这些国家的一半,是瑞典的1/3。第一个比较指向的是贪婪的文化;第二个比较指向的是社会的冷漠。这样的组合对致力于减少未来几十年压力的任何国家在制度上都没有任何参考意义,更不用说成为领导世界的典范了。

重生的经济学对资本主义的社会层面最有用。经济分析本身不能为我们提供照亮未来道路的火炬,但经济愿景可以启发我们理解资本主义结构如何发掘其新动力、如何提高其灵活性和如何发展其社会责任。总之,在压力即将来临的时刻,经济学的目的应该是,促使人们理解资本主义在社会层面和经济层面均取得成功的必要性和可能性。

毫无疑问,这一影响深远的计划会遭到反对,因为实现它需要非凡的政治领导力,而落实这一愿景所需的大部分知识都属于其他专业领域,包括心理学、社会学和政治学。

确实如此。单凭经济学不能引导一个缺乏必要领导的国家,但若没有开明和广博的经济学自我定义的启发,领导会缺乏明确的方向。毫无疑问,这种新经济学会吸收其他社会研究分支领域的知识,但要使 21 世纪经济学的用处比得上 19 世纪和 20 世纪初的经济学,我们就必须进一步深化和拓展它,尤其是考虑到今天的经济学只剩了些干瘪残渣,我们更应该这么做。鉴于本章标题中"终结"一词的两种含义,本书就是要把这一充满希望的愿景献给未来的经济学。

延伸阅读指南

按照流行的说法,阅读经济学著述很枯燥无趣。老实说,大多数情况下确实如此。读者必须做好心理准备,有可能很长时间都看不到一句令人耳目一新的话。阅读完一些经典的经济学著作需要具备骆驼的耐力和信徒的耐心。

但并非所有经济学著作都是这样的。即使对初学者来说,也有很多充满活力、发人深省和振奋人心的著述,还有更多生动有趣、说服力强、值得品读的重要著述,我要推荐的正是它们。一份简短的荐书清单无法罗列出经济学各个领域的所有佳作,因此只能选出一部分。它们是很优秀的入门书,读者可以以它们为起点探查经济学领域的分支。其中的一些著作晦涩难懂,但没有无法阅读的,也没有不值得阅读的。出于这样或那样的原因,我喜欢阅读它们,我总是从中获益良多。顺便提一下,下面推荐的许多著作都有平装本。[1]

---

[1] 平装重印本上市的速度太快了,很难掌握相关的信息。我在已有平装本的著作的右上角加上了一个星号"＊"。

你可能想先阅读一本经济学教科书,看看经济学究竟讲什么。假如你准备在闲暇时阅读,以学习而非娱乐为目的,那么可以试一试。优秀的经济学教科书有十多本,我推荐保罗·A. 萨缪尔森(Paul A. Samuelson)的《经济学》(Economics, McGraw-Hill, New York),它无疑是当代最有名的经济学著作。这本书语言生动,内容丰富,不易读懂,你必须深入研读它,不能草草浏览一遍了事。有的人想读更简单一些的入门教科书,我推荐莱斯特·瑟罗(Lester Thurow)和我合著的《经济学的秘密》(Economics Explained, Touchstone Books, Simon & Schuster, Inc., New York, 1998)[*]一书。

推荐经济学史的阅读书目不容易,换句话说,推荐一本涵盖整个领域、内容详尽、注重经济思想整体脉络的书不容易。马克·布劳格(Mark Blaug)所著的《经济理论的回顾》(Economic Theory in Retrospect, Cambridge University Press, 1978)非常出色,但阅读它需要大量的经济理论知识储备。著名的《韦斯利·米切尔讲义》(Lecture Notes of Wesley Mitchell)已由奥古斯都·凯利(Augustus Kelley)出版,书名为《经济理论的类型》(Types of Economic Theory),它们都是非常优秀的读物,但遗憾的是,它们的售价很高,而且品质在一定程度上被编辑拉低了,因为编辑把每个主题的最后版本都加了进去,无休止的重复破坏了米切尔行云流水般的阐述,破坏了知识的连贯性。熊彼特去世后出版的《经济分析史》(History of Economic Analysis, Oxford University Pres, New York, 1954)是领域内的杰作,是真正百科全书式的经济分析调查。这部著作与熊彼特本人一样,既出色又固执已见。非专业人士会读得很慢；我怀疑大多数经济学家从未通读过它。最后，我推荐我写的《世俗哲学教学资料》(Teachings from the Worldly Philosophy, W. W. Norton, New York, 1996)*，这本书介绍了大经济学家的选集，并穿插了我本人的评论。

卡尔·波兰尼 (Karl Polanyi) 所著的《大转型》(The Great Transformation, Farrar & Rinehart, New York, 1944)*对资本主义的兴起这一主题做了精彩的探讨。波兰尼的这本书主要研究的是把18世纪的市场理念强加给非市场导向的世界后所面临的困难，但它也涉及在当代推行市场理念的困难，非常有意思。着重从另一个方面讨论同一主题的著作是《宗教与资本主义的兴起》(Religion and the Rise of Capitalism, Harcourt, Brace, New York, 1937)*，它的作者是卓越的历史学家R.H.托尼 (R. H. Tawney)，他以无与伦比的风格写就了这样一部极具思想深度的著作。马克斯·韦伯 (Max Weber) 的《新教伦理与资本主义精神》(The Protestant Ethic and the Spirit of Capitalism, G. Allen & Unwin, London, 1930)*是该领域的另一部经典之作，但它对读者的要求更高。想大致了解资本主义演进史的人可以读一读威廉·米尔伯格 (William Milberg) 和我本人合著的《经济社会的形成》(The Making of Economic Society, Prentice-Hall, Englewood Cliffs, N.J., 1998)*一书。

想了解更多历史背景的读者，可参阅 H. 皮雷纳 (H. Pirenne) 所著的《中世纪欧洲经济和社会史》(Economic and Social History of Medieval Europe, Harcourt, Brace, New York, 1937)*，或者两卷

本的《剑桥欧洲经济史》(Cambridge Economic History of Europe, Cambridge University Press, London, 1952), 里面收录了诸多经济历史学家撰写的精彩文章。要享受阅读的乐趣,我推荐大卫·兰德斯 (David Landes) 所著的《解放的普罗米修斯》(The Unbound Prometheus, Cambridge University Press, Cambridge, 1969)*和他备受赞誉的《国富国穷》(The Wealth and Poverty of Nations, W.W. Norton, New York, 1998), 或者保罗·曼图 (Paul Mantoux) 所著的《18世纪的工业革命》(The Industrial Revolution in the Eighteenth Century, Harcourt, Brace, New York, 1928)*, 这也是一部很经典的著作。

想阅读斯密之前的经济著述的人,也有很多有趣的选择。图个乐呵的读者可以选择伯纳德·曼德维尔所著的《蜜蜂的寓言》(The Fable of the Bees, Penguin Classics, New York, 1970)。想系统地了解经济科学兴起史的读者可以选择威廉·莱维 (William Letwin) 所著的《科学经济学的起源》(The Origins of Scientific Economics, Doubleday, New York, 1964) 和罗纳德·米克 (Ronald Meek) 所著的《重农主义经济学》(The Economics of Physiocracy, Harvard University Press, 1963), 后者虽然是一本专业书籍, 但写得极为生动精彩。我也要提一提C.B.麦克弗森 (C. B. MacPherson) 所著的《占有性个人主义的政治理论》(The Political Theory of Possessive Individualism, Oxford University Press, New York, 1962) 一书, 顾名思义, 这不是一本"经济学"著作, 但它对理解经济问题极具启发性。最后我要推荐的是法国历史学家费尔南·布罗代尔 (Fernand Braudel) 的多卷本经典大作（Harper & Row, New York, 1967—1979），它们都属于必读类书籍。

对于想了解亚当·斯密生平及其思想的读者，格拉斯哥大学为庆祝《国富论》出版200周年，斥巨资出版了一部内容丰富、卷帙浩繁的斯密精选集，其中由A.斯金纳（A. Skinner）和E.威尔逊（E. Wilson）编辑的《随笔》（*Essays*, Clarendon Press, Oxford, 1975）卷尤其值得一读。也可以购买现代文库（Modern Library）中的《国富论》（*Wealth*）。若有人想多了解一些斯密的著述，包括《道德情操论》的"精华"和斯密的其他著作，可以阅读我所著的《亚当·斯密的精华》（*The Essential Adam Smith*, W. W. Norton, New York, 1985）*。

想了解马尔萨斯和李嘉图生平及其学术思想的读者也会遇到与斯密研究者类似的问题。非经济学专业的读者可选择的余地很少。凯恩斯在《传记随笔》（*Essays in Biography*, Horizon Press, New York, 1951）中对马尔萨斯做了精彩的简短描述，米切尔在前面提到的《讲义》中对李嘉图的论述也很吸引人。由皮耶罗·斯拉法（Piero Sraffa）精心编辑的多卷本《大卫·李嘉图全集》（*Works of David Ricardo*, Cambridge University Press, London, 1951）已经出版，最后一卷包含了大量有趣的传记资料。我要提醒读者，没有做好受挫的心理准备，千万不要轻易阅读这些著作，因为里面全是抽象的论证，很不容易读懂。不过，要是读者确实好奇的话，可以试着读一读斯拉法编辑的第二卷，其中重现了马尔萨斯的《政治经济学原理》，而且每一段都附有李嘉图的苛刻评论，这是两位友好对手间的巅峰对决。关于马尔萨斯本人及其人口理论,可阅读《人口原理》(On Population, Modern Library, New York, 1960)一书,历史学家格特鲁德·希梅尔法布(Gertrude Himmelfarb)为这本书撰写了十分有趣的导言,而且这本书比任何一本论述人口问题的现代书籍都优秀。最近,多伦多大学出版社出版了塞缪尔·亨廷顿(Samuel Huntington)的千页巨著《马尔萨斯》(Malthus, University of Toronto Press, Toronto, 1997),这本书对每一位有志在人口学领域有所建树的学者都至关重要。

读一些乌托邦主义者的著作意义不大,不如读一读弗兰克·曼努埃尔(Frank Manuel)所著的《巴黎的先知》(The Prophets of Paris, Harvard University Press, 1962),或者亚历山大·格雷(Alexander Gray)所著的《社会主义传统》(The Socialist Tradition, Longmans, Green, London, 1946)。我就是通过这两本书了解圣西门和傅立叶的思想的。格雷喜欢写一些琐事,而且语言诙谐生动,这样的风格很适合写奇特的人物。这本书明显偏袒乌托邦主义,反对"科学"社会主义。如果想深入探究这一领域,可以读原著。不过,我要提醒一句:它们的篇幅都长得令人无法忍受。F. 波德莫尔(F. Podmore)著有老派传记《罗伯特·欧文》(Robert Owen, Appleton, New York, 1907), G. D. H. 科尔(G. D. H. Cole)也写了一本《罗伯特·欧文》(Robert Owen, E. Benn, London, 1925),这本传记更真实,但可读性较差。不过,这两位作者都没有公正地对待传奇人物罗伯特·欧文,也许欧文本人撰写的《罗伯特·欧文的一生》(The Life of Robert Owen, Knopf, New York, 1920)才是有关他的最佳传记。

接下来轮到约翰·斯图尔特·穆勒了。他的《自传》（*Autobiography*, Columbia University Press, New York, 1944）虽然经典, 但篇幅过长。迈克尔·帕克（Michael Packe）为他撰写了一部优秀的传记（Macmillan, New York, 1954）。对穆勒感兴趣的读者, 可以参考弗里德里希·A.哈耶克编著的《约翰·斯图尔特·穆勒与哈丽雅特·泰勒通信集》（*Mill and Harriet Taylor, John Stuart Mill and Harriet Taylor*, University of Chicago Press, Chicago, 1951）, 这部著作展示了有关穆勒的很多资料。想从新的视角了解穆勒的读者, 可参考格特鲁德·希梅尔法布所著的《论自由与自由主义》（*On Liberty and Liberalism*, Knopf, New York, 1974）。穆勒在经济学领域做出了很大的贡献, 他的《政治经济学原理》（*Principles of Political Economy*, University of Toronto Press, Toronto, 1965）文笔优美, 行文流畅, 对现代读者仍很有吸引力。班坦图书公司（Bantam）出版的平装本《约翰·斯图尔特·穆勒著作精选集》（*The Essential Works of John Stuart Mill*）包含了他撰写的《自传》（*Autobiography*）和大名鼎鼎的《论自由》（*Essay on Liberty*）*。

关于马克思的著述浩如烟海。读者可阅读近期出版的一些优秀传记, 我个人最喜欢的是大卫·麦克莱伦（David McLellan）所著的《卡尔·马克思》（*Karl Marx*, Harper & Row, New York, 1973）, 以及他为纽约维京出版社（Viking）的"现代大师（Modern Masters, New York, 1975）系列"丛书撰写的有关马克思的小书, 这本书篇幅不长, 但写得非常精彩。最后我还要推荐一本老书, 即埃德蒙·威尔逊（Edmund Wilson）所著的《去芬兰车站》(*To the Finland Station*, Harcourt, Brace, New York, 1940)*。这是马克思和恩格斯的传记,是对他们工作的回顾,也是对一般历史著述的批判,最值得称道的是它的风格让人有读小说的感觉。

有关马克思理论的最佳入门读物可能来自马克思本人,尤其是《资本论》(*Capital*)第一卷。纽约兰登书屋出版的新版(*Vintage*, New York, 1977)*特别棒。"读完"这本书后,可接着阅读大卫·麦克莱伦编辑的简约版《政治经济学批判大纲》(*Grundrise*, Harper Torchbook, New York, 1971)*。接下来可以阅读罗伯特·塔克(Robert Tucker)所著的马克思理论读本(W. W. Norton, New York, 1978)。再下来也许是保罗·M.斯威齐(Paul M. Sweezy)所著的《资本主义发展理论》(*The Theory of Capitalist Development*, Monthly Review Press)*。在此之后便是庞杂的文献了,无法指出其中的佼佼者。很抱歉,我要再次提到我的著作,即《马克思主义:赞成与反对》(*Marxism, For And Against*, W. W. Norton, New York, 1983)。

没有专门写维多利亚时代经济学家的著作。感兴趣的读者可以读一读阿尔弗雷德·马歇尔所著的《经济学原理》(*Principles of Economics*, Macmillan, New York, 1948)。这本书虽然厚重,但读起来并不难,最大的障碍不是知识,而是耐心。顺便说一句,凯恩斯在《传记随笔》中对马歇尔和埃奇沃斯的生平有精彩的记述。

地下派经济学家有很多引人入胜的著述。亨利·乔治已经过时了,但他所著的《进步与贫困》(*Progress and Poverty*,

Doubleday, New York, 1926）仍然很有感染力，而且此书有很多内容是以新闻工作者的风格写就的，甚至这种风格被运用得有些过头了。霍布森比他更严肃、更专注，他所著的《帝国主义》（*Imperialism*, G. Allen & Unwin, London, 1938）比列宁那本著名的同名小册子更切题、更有趣。

凡勃伦本人有很多引人注目的著述，能接受他风格的人可以读一读。并不是每个人都能接受他的风格，但他的狂热信徒总是在引用他说过的话，把它们视如珍宝。《有闲阶级论》（*The Theory of the Leisure Class*, Modern Library, New York, 1934）*是他最有名的著作，但我要推荐的是《袖珍版凡勃伦精选集》（*The Portable Veblen*, Viking Press, New York, 1950），马克斯·勒纳（Max Lerner）为此书撰写了出色的导言，清晰地介绍了凡勃伦及其基本思想。这本书本身就涵盖了凡勃伦的各种著述。关于凡勃伦的思想，我强烈推荐杰克·迪金斯（Jack Diggins）的力作《野蛮的吟游诗人》（*The Bard of Savagery*, Seabury Press, New York, 1978）。马修·约瑟夫森（Matthew Josephson）所著的《敛财大亨》（*The Robber Barons*, Harcourt, Brace, New York, 1934）*则生动地描绘了那个时代。

凯恩斯的传记主要有两本：一本是罗伊·哈罗德（Roy Harrod）所著的《约翰·梅纳德·凯恩斯的一生》（*Life of John Maynard Keynes*, Harcourt, Brace, New York, 1951），这本传记内容全面，但有些浮夸；另一本是罗伯特·斯基德斯基勋爵（Lord Robert Skidelsky）所著的《约翰·梅纳德·凯恩斯》（*John Maynard Keynes*, Viking, New York, 1986），这本传记原本打算

出版三卷，但最终只出版了前两卷。读者也可以直接阅读凯恩斯本人的著作，经由他文采斐然、条理清晰的著述了解他。《和约的经济后果》(Economic Consequences of the Peace, Harcourt, Brace, New York, 1920) 和《说服论》(Essays in Persuasion, Harcourt, Brace, New York, 1951) 都是了解他风格和思想的优秀入门读物。

关于资本主义向何处去和经济学向何处去的问题，我第一个推荐的仍然是约瑟夫·熊彼特所著的《资本主义、社会主义和民主主义》(Capitalism, Socialism and Democracy, Harper, New York, 1947)。想在熊彼特观点的基础上进一步探究的读者，可以参考我所著的《资本主义的本质和逻辑》(Nature and Logic of Capitalism)*。就熊彼特的生平而言，罗伯特·洛林·艾伦 (Robert Loring Allen) 所著的两卷本《打开的门》(Opening Doors, Transactions Publishers, New Brunswick, N.J., 1991) 最值得阅读。

本书最后一章探讨的是经济学的本质问题，这个问题又牵扯到了技术问题。不过，我建议感兴趣的读者参阅下面列出的这些"不简单"但非常重要的著作。黛博拉·雷德曼 (Deborah Redman) 所著的《经济学与科学哲学》(Economics and the Philosophy of Science, Oxford, New York, 1991) 巧妙地展示了经济学和科学哲学是如何逐渐恢复友好关系的，是对历史感兴趣的人的必读书籍。菲利普·米洛夫斯基 (Philip Mirowski) 所著的《比光更热》(More Heat than Light, Cambridge University Press, New York, 1989) 一书对"经济学是社会科学"这一观点提出了极具挑衅性、争议性但也非常有价值的批判。托马斯·迈耶 (Thomas Mayer) 所著的《经济学中的真实性和精确性》(Truth *versus Precision in Economics*, Edw. Elgar, U.K., 1993）是关于这一主题的最优秀、最公正也是最具批判性的著作，读者从书名中就能看出这一点。

最后要推荐的是一篇概述当代经济学如何沿着历史路径走来以及可能走上哪些不同路线的难得佳作。[1]其作者是挪威经济学家埃里克·S. 赖纳特（Erik S. Reinert），他的英文很棒。想了解他更多信息的读者可以致信奥斯陆大学（University of Oslo）发展与环境中心（Center for Development and the Environment），地址：挪威奥斯陆，邮编：N-0317，布林登，邮政信箱：1116。赖纳特写了很多关于这一主题的小册子和论文，都非常有趣，但我首先想推荐的是他所著的小册子《政府的作用》（*The Role of the State*），读完它，你肯定会获益良多。

---

[1] 应为埃里克·S. 赖纳特于2004年发表的工作论文《富国为什么富：论经济政策史》（*How Rich nations got Rich. Essays in the History of Economic Policy*）。

作者简介

罗伯特·L.海尔布罗纳自1936年进入哈佛大学接触了经济学后，就一直在研究大经济学家的生平及其思想。他以优异的成绩毕业并被授予了大学优等生荣誉学会会员资格（Phi Beta Kappa）后，在政府和企业任职，践行经济学理论。后来他进入了美国社会研究新学院继续深造，完成了研究生学业。他的第一部著作《世俗哲学家》于1953年出版后便大获成功，并被翻译成了30多种语言，成为数十所学院和大学推荐的经济学入门阅读书籍。《21世纪的资本主义》（*Twenty-First Century Capitalism*）和《未来愿景》（*Visions of the Future*）也被学术界和普通大众广泛阅读。海尔布罗纳博士是社会研究新学院的诺曼·托马斯（Norman Thomas）经济学讲席教授，曾应许多商界人士、政府和大学邀请发表演讲，并获得过许多荣誉，包括当选为美国经济协会副主席和被纽约州人文委员会（New York State Council of the Humanities）提名为年度学者。他是和平与安全经济学家（Economists for Peace and Security）理事。海尔布罗纳于2005年在纽约逝世，享年85岁。

激发个人成长

多年以来,千千万万有经验的读者,都会定期查看熊猫君家的最新书目,挑选满足自己成长需求的新书。

读客图书以"激发个人成长"为使命,在以下三个方面为您精选优质图书:

1. 精神成长

熊猫君家精彩绝伦的小说文库和人文类图书,帮助你成为永远充满梦想、勇气和爱的人!

2. 知识结构成长

熊猫君家的历史类、社科类图书,帮助你了解从宇宙诞生、文明演变直至今日世界之形成的方方面面。

3. 工作技能成长

熊猫君家的经管类、家教类图书,指引你更好地工作、更有效率地生活,减少人生中的烦恼。

每一本读客图书都轻松好读,精彩绝伦,充满无穷阅读乐趣!

认准读客熊猫

读客所有图书,在书脊、腰封、封底和前后勒口都有"**读客熊猫**"标志。

两步帮你快速找到读客图书

1. 找读客熊猫

2. 找黑白格子

马上扫二维码,关注**"熊猫君"**

和千万读者一起成长吧!